Langenscheidt

# Französisch
# in 30 Tagen

von Fabienne Schreitmüller

Langenscheidt

Berlin · München · Wien · Zürich · New York

# Impressum

Herausgegeben von der Langenscheidt-Redaktion
Fachlektorat: Anke Simon
Zeichnungen: Artur Ruducha
Bildnachweis:
Coverfoto: Fotolia (Landschaft); Corbis (Person)
S. 15: Indigo Images
S. 55: Digital Vision/Getty Images/Flash Press Media
S. 107: Indigo Images
S. 159: Indigo Images

www.langenscheidt.de

© 2010 by Langenscheidt KG, Berlin und München
Satz: Publisher, Warschau
Druck: Mercedes-Druck, Berlin
Bindung: Stein + Lehmann, Berlin

Printed in Germany

ISBN 978-3-468-28027-6

# Einführung

Herzlich willkommen zu Ihrem neuen Sprachkurs „Französisch in 30 Tagen". Wir freuen uns, dass Sie mit uns Französisch lernen möchten.

## Für wen ist dieser Sprachkurs geeignet?

Sie sind Anfänger und möchten sich möglichst schnell und effektiv Grundkenntnisse der französischen Sprache aneignen? Oder Sie haben früher bereits Französisch gelernt und möchten nun Ihre verschütteten Sprachkenntnisse wieder auffrischen? Oder Sie haben keine Zeit, einen Französisch-Kurs zu besuchen? Dann sind Sie genau richtig bei „Französisch in 30 Tagen", denn dieser Sprachkurs ist speziell für das Selbststudium für Anfänger und Wiedereinsteiger entwickelt worden. Wir möchten Sie beim Selbstlernen auf bestmöglichem Wege unterstützen, daher finden Sie in diesem Kurs besonders viele leicht verständliche Erklärungen, Lerntipps sowie zahlreiche Übungen mit Lösungen. Wenn Sie diesen Sprachkurs erfolgreich durchgearbeitet haben, sind Sie in der Lage, sich zu allgemeinen Themen und in einfachen, alltäglichen und routinemäßigen Situationen auf Französisch zu verständigen. Das entspricht dem Niveau A2 des europäischen Referenzrahmens.

## Wie ist der Sprachkurs aufgebaut?

Der Sprachkurs besteht aus **30 aufeinander aufbauenden Lektionen**, die sich **vier großen thematischen Bereichen** mit je sechs bis acht Lektionen zuordnen lassen. Im ersten Bereich „Basics" lernen Sie, grundlegende Situationen auf Französisch zu meistern, z. B. Begrüßungen. Weitere thematische Bereiche sind Alltag, Reise und Beruf.
Durch die 30 Lektionen führt Sie eine unterhaltsame **Fortsetzungsgeschichte**. Nina, eine junge Kölnerin, kommt nach Grenoble zu Ihrem Cousin Pierre und seiner Frau Pauline. Sie wird in Grenoble in einer Werbeagentur arbeiten. Nina wohnt zunächst bei ihrem Cousin, lernt die Stadt kennen und schließt Freundschaften. Gemeinsam unternehmen sie eine Reise nach Marokko, mit Hotelsuche und Sightseeing.
Hauptfiguren:
Nina Schramm, 28 Jahre alt, aus Köln; Pierre, ihr Cousin; Pauline, seine Ehefrau.
Der Sprachkurs startet mit dem Kapitel **Tipps zum Französischlernen**. Ein

# Einführung

kleines Quiz erlaubt Ihnen herauszufinden, welcher Lerntyp Sie sind. Dann verraten wir Ihnen nützliche Tipps, um das Hören, Lesen, Sprechen und Schreiben in der Fremdsprache zu erleichtern.

Sollten Sie lieber gleich loslegen wollen, überspringen Sie das erste Kapitel einfach und starten direkt bei Lektion 2.

Übung macht bekanntlich den Meister, daher möchten wir Sie anregen, in regelmäßigen Abständen bereits Gelerntes zu wiederholen. Am Ende jedes thematischen Bereiches finden Sie deshalb jeweils eine **Wiederholungslektion** und einen kurzen **Zwischentest**. Hier können Sie selbst testen, inwieweit Sie den Stoff schon beherrschen oder herausfinden, wo noch etwas Übungsbedarf besteht. Im letzten thematischen Bereich („Beruf") gibt es anstelle des Zwischentests einen Abschlusstest, der den Stoff des gesamten Kurses testet.

Um Sie beim Selbstlernen nicht alleine zu lassen, stellen wir Ihnen am Ende des Buches einen umfangreichen Anhang zur Verfügung. Sie finden dort eine systematische Kurzgrammatik zum Nachschlagen, praktische Verbtabellen, Lösungen zu allen Übungen und Tests, Transkriptionen der Hörtexte sowie ein alphabetisches Wörterverzeichnis aller im Kurs vorkommenden Wörter mit Angabe der Lautschrift.

## ▪▪ Wie ist eine Lektion aufgebaut?

Zu Beginn jeder Lektion stellen wir Ihnen die **Lernziele** vor, damit Sie wissen, was Sie erwartet. Dann folgt ein **Dialog**, der Sie mit dem neuen Wortschatz und der neuen Grammatik vertraut macht. Lesen Sie zuerst den Dialog und hören Sie sich dabei die Vertonung auf der CD an. Versuchen Sie, im ersten Schritt die Gesamtbedeutung des Dialogs zu erschließen, ohne sich an jedem (noch) unbekannten Wort aufzuhalten. Wenn Sie die anschließenden **Fragen zum Dialog** beantworten, werden Sie sehen, dass Sie schon eine ganze Menge verstanden haben. Im **Lernwortschatz** finden Sie sodann die wichtigsten neuen Vokabeln der Lektion übersichtlich in alphabetischer Reihenfolge dargestellt. Die Vokabeln des Lernwortschatzes sollten Sie sich gut einprägen, denn sie werden in den folgenden Lektionen als bekannt vorausgesetzt. Eine vollständige Liste aller im Kurs verwendeten Vokabeln finden Sie im Anhang im alphabetischen Wörterverzeichnis, das Ihnen auch eine Lautschrift bietet, wenn Sie einmal die Aussprache eines Wortes nachschlagen möchten.

# Einführung

In der Rubrik **Grammatik & Redemittel** werden die neuen Grammatikthemen in leicht verständlicher Weise erklärt. Von dort aus führen Verweise zur systematischen Kurzgrammatik im Anhang, wo Sie das jeweilige Grammatikthema bei Bedarf noch vertiefen können. Falls Sie einen grammatischen Fachbegriff nachschlagen möchten, finden Sie auf S. 216 eine nützliche Terminologie-Übersicht mit praktischen Beispielen.

Nun sind Sie an der Reihe: In der Rubrik **Übungen** trainieren Sie das bisher Gelernte in vielfältiger Weise. An den Symbolen können Sie leicht erkennen, welchen Schwerpunkt eine Übung verfolgt: Hören, Sprechen, Lesen oder Schreiben. Auf der letzten Seite einer Lektion haben wir für Sie in der Rubrik **Kulturtipp** interessante und wissenswerte Informationen über Land & Leute zusammengestellt.

Die Rubrik **Was können Sie schon?** am Schluss jeder Lektion erlaubt Ihnen, Ihren Lernerfolg selbst einzuschätzen. Anhand der Smileys können Sie hier notieren, was Ihnen schon leicht fällt, was einigermaßen klappt und was Sie noch weiter üben möchten. Die Verweise geben Ihnen die jeweils passenden Übungen an.

## Welche Symbole werden verwendet?

 Dieser Text bzw. diese Übung befindet sich auf der CD. Die erste Zahl gibt die Nummer der CD an, die zweite Zahl die Tracknummer, hier also CD 1, Tracknummer 2. Die Dialoge von Lektion 2 bis 13 haben wir für Sie in zwei Sprechgeschwindigkeiten aufgenommen. Einmal in „normal schneller" Alltagssprache und einmal etwas langsamer.

 Übung mit Schwerpunkt Sprechen

 Übung mit Schwerpunkt Hören

 Übung mit Schwerpunkt Lesen

 Übung mit Schwerpunkt Schreiben

 Verweis zur Kurzgrammatik | Übung | Lektion

 wichtiger Grammatikhinweis

 Kulturtipp

Viel Spaß und Erfolg beim Französischlernen wünschen Ihnen die Autorin und Ihre Langenscheidt-Redaktion.

# Inhaltsverzeichnis

| | | |
|---|---|---|
| **Einführung** | | 3 |
| **Aussprache** | | 12 |
| **Abkürzungen** | | 14 |

## ▪▪ Basics – Los geht's mit Französisch!

**Lektion 1**     **Tipps zum Französischlernen** .................................................. 16

**Lektion 2**     **Begrüßungen** ........................................................................... 22
**Kommunikation:** jemanden begrüßen | nach dem Befinden fragen und darüber Auskunft geben | bei Verständnisproblemen nachfragen
**Grammatik:** die Personalpronomen | das Präsens der Hilfsverben *être* und *avoir* | die Grundzahlen bis 20
**Kulturtipp:** Bonjour

**Lektion 3**     **Kennenlernen und Small Talk** ................................................ 28
**Kommunikation:** das Alter angeben | über Berufe sprechen | jemanden vorstellen
**Grammatik:** das Präsens der Verben auf *-er* | der Artikel | das Substantiv | die Grundzahlen bis 99
**Kulturtipp:** Les présentations

**Lektion 4**     **Im Café** ..................................................................................... 34
**Kommunikation:** Getränke bestellen | sich bedanken | um etwas bitten und sich entschuldigen | über Familienmitglieder sprechen
**Grammatik:** die Verben auf *-er* mit Besonderheiten | der Teilungsartikel | die Intonationsfrage
**Kulturtipp:** Cafés, bars et bureaux de tabac

**Lektion 5**     **Sie können schon viel mehr Französisch, als Sie denken!**    40
**Kommunikation:** Internationalismen und Anglizismen erkennen | über alltägliche Freizeitbeschäftigungen sprechen
**Grammatik:** das Präsens der Verben *faire* und *aller* | der Plural des Substantivs | Falsche Freunde und Internationalismen
**Kulturtipp:** La langue française et la francophonie

**Lektion 6**     **Wiederholen und üben Sie** ...................................................... 46

**Zwischentest 1** ................................................................................................. 52

# Inhaltsverzeichnis

## ▪▪ Alltag – Französisch für jeden Tag

| | | |
|---|---|---|
| **Lektion 7** | **Einkaufen** ............................................................................... | 56 |
| | **Kommunikation:** über Geschäfte und Produkte reden | nach dem Preis fragen | Lebensmittel einkaufen | Mengen angeben **Grammatik:** die Verben auf *-er* mit Besonderheiten: *acheter* und *payer* | Mengenangaben mit *de* | die Verneinung (I) **Kulturtipp:** Faire les courses | |
| **Lektion 8** | **Essen gehen** .......................................................................... | 62 |
| | **Kommunikation:** im Restaurant etwas bestellen und bezahlen | den Kellner etwas fragen und seine Empfehlungen verstehen | eine Speisekarte lesen **Grammatik:** die Verben auf *-re* | der Imperativ | der Fragesatz mit *est-ce que* **Kulturtipp:** Au restaurant | |
| **Lektion 9** | **Freizeit in der Stadt** ............................................................ | 68 |
| | **Kommunikation:** Vorschläge machen | über Geschmäcker und Vorlieben reden | sich über Freizeitmöglichkeiten informieren **Grammatik:** Modalverben und Infinitivergänzung | die Possessivadjektive **Kulturtipp:** Les loisirs | |
| **Lektion 10** | **Sport** ........................................................................................ | 74 |
| | **Kommunikation:** sich über verschiedene Sportarten unterhalten | über die eigenen sportlichen Fähigkeiten und Interessen sprechen **Grammatik:** die Verben auf *-ir* mit Stammerweiterung | Formen und Stellung des Adjektivs | das Modalverb *savoir* **Kulturtipp:** Le sport en France | |
| **Lektion 11** | **Neue Freundschaften schließen** .................................... | 80 |
| | **Kommunikation:** jemanden einladen und eine Einladung annehmen oder ablehnen | eine Person beschreiben | Farben benennen **Grammatik:** besondere Formen des Adjektivs | die Farbadjektive | die Verneinung (II) | das Verb *sortir* **Kulturtipp:** L'apéritif et la pétanque | |

# Inhaltsverzeichnis

| **Lektion 12** | **Wohnungssuche** ................................................................. | 86 |
|---|---|---|

**Kommunikation:** über Erfahrungen bei der Wohnungssuche sprechen | eine Wohnung beschreiben | über Ereignisse aus der Vergangenheit berichten
**Grammatik:** das Passé composé | die Verneinung: Zusammenfassung
**Kulturtipp:** Maisons et déco

| **Lektion 13** | **Krank sein** ................................................................. | 92 |
|---|---|---|

**Kommunikation:** beim Arzt zurechtkommen | Körperteile benennen | über Krankheiten und Beschwerden sprechen
**Grammatik:** das Passé composé mit *être* | der Fragesatz: Inversionsfrage und Zusammenfassung | die Interrogativpronomen
**Kulturtipp:** La santé

| **Lektion 14** | **Wiederholen und üben Sie** ................................................................. | 98 |
|---|---|---|
| **Zwischentest 2** | ................................................................. | 104 |

## ▋▋ Reise – Französisch für unterwegs

| **Lektion 15** | **Eine Reise planen** ................................................................. | 108 |
|---|---|---|

**Kommunikation:** über Reisen, andere Länder und deren Bewohner reden | eine Reise planen und buchen | die Wochentage benennen
**Grammatik:** die Präpositionen des Ortes | Ländernamen
**Kulturtipp:** Tourisme en France

| **Lektion 16** | **Verkehrsmittel** ................................................................. | 114 |
|---|---|---|

**Kommunikation:** über Reisevorbereitungen sprechen | das Datum nennen | das richtige Verkehrsmittel finden | Monate benennen
**Grammatik:** das Verb *voir* | das direkte Objektpronomen | die Grundzahlen bis unendlich | die Datumsangabe
**Kulturtipp:** Les transports

# Inhaltsverzeichnis

**Lektion 17** **Nach dem Weg fragen** .................. 120
**Kommunikation:** nach dem Weg fragen | genaue Ortsangaben machen | über Absichten sprechen | jemandem Hilfe anbieten
**Grammatik:** das Futur composé | das Interrogativadjektiv *quel* | das Verb *venir* | das Passé récent
**Kulturtipp:** Les jours fériés en France

**Lektion 18** **Im Hotel** .................. 126
**Kommunikation:** sich an einer Hotelrezeption anmelden | nach einem Zimmer fragen | Fragen zur Ausstattung eines Hotels stellen | zeitliche Angaben machen
**Grammatik:** die reflexiven Verben | das Demonstrativadjektiv
**Kulturtipp:** Passer une nuit en France

**Lektion 19** **Wetter** .................. 132
**Kommunikation:** über das Wetter reden | ein Geschenk übergeben und annehmen | jemandem zum Geburtstag gratulieren
**Grammatik:** die Adverbialpronomen *y* und *en* | das Verb *dire* | die Konjunktion *que*
**Kulturtipp:** Curiosités

**Lektion 20** **Postkarten** .................. 138
**Kommunikation:** eine Postkarte schreiben | Zukunftspläne äußern | etwas bewerten | die Jahreszeiten benennen
**Grammatik:** das Futur simple | das indirekte Objektpronomen
**Kulturtipp:** Le langage familier

**Lektion 21** **Im Notfall** .................. 144
**Kommunikation:** in einer Notfallsituation reagieren | einen Krankenwagen oder die Polizei rufen | Menschen und Sachen miteinander vergleichen
**Grammatik:** die Vergleichsformen | die unregelmäßigen Verben im Futur simple
**Kulturtipp:** En cas de problèmes

**Lektion 22** **Wiederholen und üben Sie** .................. 150
**Zwischentest 3** .................. 156

# Inhaltsverzeichnis

## ▪ Beruf – Französisch für den Beruf

| | | |
|---|---|---|
| **Lektion 23** | **Telefonieren** .................................................................................. | 160 |

**Kommunikation:** ein geschäftliches oder privates Telefonat führen | Nachrichten hinterlassen | über die Arbeit sprechen
**Grammatik:** das Imparfait | die Infinitivkonstruktionen | das Indefinitadjektiv *tout*
**Kulturtipp:** Le numéro de téléphone

| | | |
|---|---|---|
| **Lektion 24** | **E-Mails und Briefe schreiben**..................................................... | 166 |

**Kommunikation:** E-Mails lesen und schreiben | Telekommunikationsmittel und Bürogeräte benennen | über Computerprobleme und das Internet sprechen
**Grammatik:** das Verb *croire* | weitere Verben im Imparfait | die Relativpronomen *que*, *qui*, *où* und der Relativsatz
**Kulturtipp:** Écrire un e-mail

| | | |
|---|---|---|
| **Lektion 25** | **Termine vereinbaren** ................................................................... | 172 |

**Kommunikation:** eine Besprechung organisieren | einen Termin vereinbaren
**Grammatik:** Passé composé oder Imparfait | die Uhrzeit
**Kulturtipp:** Le monde du travail

| | | |
|---|---|---|
| **Lektion 26** | **Kontakte knüpfen** ........................................................................ | 178 |

**Kommunikation:** über Kleidung sprechen | Kontakte und Beziehungen aufbauen | Vorschläge machen
**Grammatik:** die Verben *mettre* und *connaître* | die Konjunktion *si* | das Adverb
**Kulturtipp:** Entre midi et deux

| | | |
|---|---|---|
| **Lektion 27** | **Besprechungen** ............................................................................. | 184 |

**Kommunikation:** eine Besprechung eröffnen, moderieren, abschließen und zusammenfassen
**Grammatik:** der Konditional Präsens | der Bedingungssatz mit *si* | das Interrogativpronomen *lequel*
**Kulturtipp:** L'économie française

# Inhaltsverzeichnis

| | | |
|---|---|---|
| **Lektion 28** | **Lebenslauf** ................................................................. | 190 |
| | **Kommunikation:** einen Lebenslauf verstehen | über das Bildungssystem in Frankreich sprechen | die eigenen Sprachkompetenzen beschreiben | |
| | **Grammatik:** das Verb *lire* | der Subjonctif | der Ausdruck *il faut* | |
| | **Kulturtipp:** De la maternelle à l'université | |
| **Lektion 29** | **Arbeitssuche und Bewerbung** ................................. | 196 |
| | **Kommunikation:** eine Bewerbung schreiben | Wertungen, Eindrücke und Wünsche ausdrücken | ein berufliches Profil beschreiben | |
| | **Grammatik:** der Subjonctif der unregelmäßigen Verben | der Subjonctif: Zusammenfassung | |
| | **Kulturtipp:** Poser sa candidature ! | |
| **Lektion 30** | **Wiederholen und üben Sie** ...................................... | 202 |
| **Abschlusstest** | .................................................................................... | 208 |

## ⦂ Anhang

| | |
|---|---|
| **Grammatische Fachausdrücke** ............................................................. | 216 |
| **Kurzgrammatik** ..................................................................................... | 218 |
| **Verbtabellen** ......................................................................................... | 239 |
| **Lösungen und Hörtexte** ....................................................................... | 242 |
| **Alphabetisches Wörterverzeichnis** .................................................... | 265 |

# Aussprache

## Vokale

| | | | |
|---|---|---|---|
| a | [a] | helles **a** wie in *Mann* | s**a**le, b**a**lle |
| | [ɑ] | dunkleres und längeres **a** wie in *sah* | phr**a**se, g**â**teau |
| e | [e] | geschlossenes **e** wie in *Idee*, nur nicht ganz so lang | parl**é**, dang**er**, mang**ez**, d**e**ssin |
| | [ɛ] | ein offenes **e** wie das deutsche **ä** in *Fälle* | s**e**c, fr**è**re, t**ê**te, n**ei**ge, l**ai**t |
| | [ə] | stummes **e** wie ein sehr kurzes **ö**, ähnlich wie in *dank**e**, Flasch**e**,* oft – besonders am Wortende – kaum zu hören | m**e**, v**e**nir, rout**e** |
| i | [i] | geschlossenes **i** wie in *sie*, nur nicht ganz so lang | m**i**di, st**y**lo, ven**i**r |
| | [o] | geschlossenes **o** wie in *Brot*, nur nicht ganz so lang | r**o**se, idi**o**t, cad**eau**, d**ô**me |
| o | [ɔ] | offenes **o** wie in *Nord* | d**o**rmir, L**au**re |
| | [ø] | geschlossenes **ö** wie in *böse*, nicht ganz so lang | p**eu**, **eu**ro |
| | [œ] | offenes **ö** wie in *können* | s**œu**r, h**eu**re |
| u | [u] | geschlossenes **u** wie in *tun* | r**ou**e, **ou**vrir |

## Nasale

| | | |
|---|---|---|
| [ã] | nasal gesprochenes **a** | da**ns**, e**nt**endre |
| [ɛ̃] | nasal gesprochenes **e** | cous**in**, sy**m**pa, fa**im** |
| [õ] | nasal gesprochenes **o** | b**on**, m**on**, to**m**ber |
| [ɔ̃] | nasal gesprochenes **ö** (je nach Region) | parf**um**, l**un**di |

## Halbvokale

| | | |
|---|---|---|
| [j] | deutsches **j** wie in **J**acke | vie**ill**e, b**i**en, pa**y**er |
| [w] | kurzes gleitendes **u**, wie im Englischen *warning* | **ou**i, m**oi**s, cro**y**ez |
| [ɥ] | kurzes gleitendes **ü** | n**ui**t, n**ua**ge |

## Konsonanten

| | | | |
|---|---|---|---|
| p | [p] | stimmloses **p** ohne Behauchung, fast wie deutsches *b* | **p**arc, a**pp**étit |
| t | [t] | stimmloses **t** ohne Behauchung, fast wie deutsches *d* | **t**ard, **th**é, cha**tt**e |

# Aussprache

| | | | |
|---|---|---|---|
| **k** | [k] | stimmloses **k** ohne Behauchung, fast wie deutsches *g* | **c**roire, **qu**oi, |
| **b** | [b] | weiches **b** wie in **b**aden | **b**ar, a**bb**é |
| **d** | [d] | weiches **d** wie in La**d**en | **d**ehors, mo**d**e |
| **g** | [g] | weicher **g**-Laut wie in lie**g**en | **g**rand, merin**gu**e |
| **f** | [f] | wie deutsches **f** | **f**amille, **ph**oto |
| **v** | [v] | wie deutsches *w* | **v**enir, endi**v**e |
| **s** | [s] | stimmloses **s** wie in Ta**ss**e | **s**a, rou**ss**e, **c**ette, **ç**a, na**t**ion |
| **ch** | [ʃ] | stimmloser **sch**-Laut wie in Ti*sch* | **ch**er**ch**er, va**ch**e |
| **z** | [z] | stimmhaftes **s** wie in **s**ehen | bi**s**e, **z**ébre |
| **j** | [ʒ] | stimmhafter **sch**-Laut wie in Eta*g*e | **j**aune, voya**g**e |
| **l** | [l] | wie deutsches *l* | **l**ibre, a**ll**er |
| **m** | [m] | wie deutsches *m* | **m**erci, co**mm**ent |
| **n** | [n] | wie deutsches *n* | **n**on, a**nn**ée |
| **gn** | [ɲ] | **nj**-Laut wie in Champa*gn*er | li**gn**e |
| **ng** | [ŋ] | **ng**-Laut wie in *lang* (fremdsprachige Wörter) | campi**ng** |
| **r** | [R] | meist wie ein deutsches im Rachen gesprochenes **r**, wie in **R**atte (das **r** nicht rollen!) | **r**oute, ma**rr**on |

■ **Bindungen** *(liaisons)*

Konsonanten am Wortende werden nur ausgesprochen, wenn das folgende Wort mit einem Vokal oder einem stummen **h** beginnt. Für eine **liaison** müssen die gebundenen Wörter dem Sinn nach zusammengehören.

Notwendige Bindungen sind:

| | |
|---|---|
| Artikel + Substantiv: | **les_hôtels** |
| Pronomem + Substantiv: | **ces_idées** |
| Zahlwort + Substantiv: | **trois_éléphants** |
| Adjektiv + Substantiv: | **(un) petit_enfant** |
| Pronomem + Verb: | **vous_allez** |
| nach den Präpositionen **chez**, **dans**, **en**, **sans**, **sous**: | **chez_eux** |
| nach den Adverbien **très**, **tout**, **plus**, **moins**: | **très_utile** |

Nach **et** und vor behauchtem **h** gibt es keine Bindung.

# Aussprache und Abkürzungen

### ■ *H muet und h aspiré*

Im Französischen wird das **h** zwar nicht ausgesprochen. Dennoch unterscheidet man zwischen zwei **h**-Lauten am Wortanfang:

– Das **h muet** (*stummes h*) wird so ausgesprochen, als würde das Wort mit dem folgenden Vokal beginnen, d. h., Bindung und Apostrophierung müssen angewandt werden: **l'hôtel**, **les_hôtels**.

– Das **h aspiré** (*behauchtes h*) wird nicht ausgesprochen, zählt aber wie ein gesprochener Konsonant, d. h., es gibt keine Bindung und keine Apostrophierung: **le héros**, **les héros** oder **le haricot**, **les haricots**.

### ■ Abkürzungen

*ca.* circa
*f* Femininum
*fPl* Femininum Plural
*fSg* Femininum Singular
*m* Maskulinum
*m/f* Maskulinum oder Femininum
*mPl* Maskulinum Plural
*mSg* Maskulinum Singular
*Sg* Singular
*ugs.* umgangsprachlich
*usw.* und so weiter

# Basics

# 1 Tipps zum Französischlernen

## ▚ Welcher Lerntyp sind Sie?

Nicht jeder Mensch lernt gleich. Finden Sie anhand der vorgegebenen Aussagen heraus, welcher Lerntyp Sie sind, und gestalten Sie Ihr Lernverhalten entsprechend. Probieren Sie jedoch auch Lernmethoden anderer Lerntypen aus, auch wenn sie Ihnen zunächst fremd erscheinen. Das kann Sie zu unerwartet guten Lernergebnissen bringen. Kreuzen Sie an, was auf Sie zutrifft. Mehrere Aussagen sind dabei möglich.

### Hörtyp
- ☐ Sie können Vorträgen gut folgen und merken sich den Inhalt.
- ☐ Sie hören gern Hörbücher oder lassen sich Dinge erklären.
- ☐ Sie hören sich schnell in eine gesprochene Fremdsprache ein.
- ☒ Sie haben im Deutschen wenig Probleme, verschiedene Dialekte zu verstehen.

### Lese- und Sehtyp
- ☐ Sie lesen gern und nehmen den Inhalt über die Augen auf.
- ☐ Sie wissen, auf welcher Seite eine Vokabel steht und was vor ihr und nach ihr folgt.
- ☐ Sie prägen sich neue Wörter über visuelle Eselsbrücken ein.
- ☐ Sie lesen sich Grammatikregeln mehrmals durch.

### Schreibtyp
- ☐ Sie markieren sich Stichwörter und schreiben sie heraus.
- ☐ Sie machen gern schriftliche Übungen.
- ☐ Sie möchten schnell E-Mails in der neuen Sprache schreiben können.
- ☐ Sie mögen Vokabellisten und Mindmaps (Gedankenkarten).

### Handlungs- und Sprechtyp
- ☐ Sie möchten eine neue Sprache aktiv anwenden.
- ☐ Sie möchten gern Muttersprachler kennenlernen.
- ☐ Sie sprechen gern und kümmern sich zunächst nicht um die richtige Grammatik.
- ☐ Sie probieren neue Wörter und Sätze gern in Rollenspielen aus.

# Tipps zum Französischlernen 1

## :: Tipps zum Wortschatzlernen

Basics

Sind Sie schon mal in einer Wohnung gewesen, in der an fast jedem Gegenstand ein kleines Zettelchen mit einem fremdsprachigen Begriff klebte? Hier versucht jemand sicherlich mit Erfolg, sich die Dinge des täglichen Gebrauchs in einer anderen Sprache einzuprägen. Die Technik hat Methode. Sie werden fortwährend an den fremden Begriff erinnert, indem Sie das Objekt anschauen oder in die Hand nehmen und das dazugehörige Wort im Kopf formulieren oder laut aussprechen. Es wird nicht lange dauern und Sie wissen, dass der Toilettenspülkasten *le réservoir de chasse d'eau*, das Nudelholz *le rouleau à pâtisserie* oder der Schraubenschlüssel *la clé* heißt.

Ist Ihnen diese Art des Vokabellernens ein wenig zu mühsam, können Sie auch auf das Lernen mit Vokabelheften, Karteikarten, Mindmaps oder Wortschatzbüchern zurückgreifen oder neue Medien wie Computer, Nintendo und das Internet zu Hilfe nehmen.

Beim Vokabellernen empfiehlt sich z. B. ein aus vier oder fünf Fächern bestehender Karteikasten. Schreiben Sie auf die Vorderseite der Karteikärtchen den deutschen Begriff, Ausdruck oder Satz und die entsprechende Übersetzung auf die Rückseite, wobei es immer ratsam ist, Verben und Adjektive im Zusammenhang mit häufig verwendeten Präpositionen zu lernen. Sprechen Sie sich die Wörter und Sätze laut vor! Auch Substantive sollten mit einem Beispielsatz verbunden werden, da sie sich so besser merken lassen. Noch nicht gelernte Begriffe bleiben im vorderen Fach; Wackelkandidaten in den mittleren. Erreicht ein Kärtchen das letzte Fach, sollte es sicher im Gedächtnis verankert sein.

# 1 Tipps zum Französischlernen

## ▪▪ **Tipps zum Lesen**

Eine wichtige Aufgabe beim Erlernen einer neuen Sprache ist das Lesen. Besonders am Anfang sollte es bewusst durchgeführt und vor allem regelmäßig geübt werden. Sie haben drei Möglichkeiten, die Sie abwechselnd anwenden sollten.

Stellen Sie sich drei Autos vor: einen schnellen Sportwagen, einen großen Mittelklassewagen und ein kleines Stadtauto. Am Anfang Ihrer Lernkarriere können Sie sich erst einen Kleinwagen leisten: Sie lesen einzelne Begriffe langsam und sprechen sie wiederholt laut aus. Schauen Sie im Wörterverzeichnis oder in einem Wörterbuch nach, wenn Ihnen die Aussprache nicht geläufig ist – keine Angst vor der Lautschrift; die paar Sonderzeichen haben Sie schnell drauf –, oder lassen Sie sich die Begriffe in einem Wörterbuch mit Sprachausgabe vorsprechen. Warten Sie nicht zu lange mit dem Umsteigen auf den Mittelklassewagen und fangen Sie an, ganze Sätze, erst langsam, dann etwas schneller zu lesen, wobei es nicht schaden kann, schon gleich zu Beginn auf den landestypischen Sprachrythmus zu achten. Fühlen Sie sich dann schon wohler auf den fremdländischen Straßen, lesen Sie größere Abschnitte am Stück und wagen – wenn Sie so wollen – als letztes den Schritt in den Sportwagen. Doch bedenken Sie: Es gibt keinen Grund, so schnell zu fahren wie die Einheimischen. Genießen Sie die Sprachlandschaft bei mittlerem Lesetempo und halten Sie bei einzelnen Begriffen inne – es besteht sonst die Gefahr, dass Ihnen die Schönheit der individuellen Wörter entgeht – und lesen Sie zügig, um auch mal ein gutes Stück voranzukommen.

# Tipps zum Französischlernen

## Tipps zum Sprechen

In engem Zusammenhang mit dem Lesen steht das Sprechen. Es ist der schwierigste Teil beim Erlernen einer fremden Sprache, da in der Regel kein Einheimischer in der Nähe weilt, der mitfühlend die eigenen Fehler verbessert. Aber vielleicht ist ein Mitlerner in der Nähe, der sich glücklich schätzen würde, jemanden zum Wortaustausch zu haben. Treffen Sie sich zu Hause oder in einem Café und versuchen Sie, etwas Small Talk in ihrer „neuen" Sprache zu betreiben. Nur Mut! Oder lesen Sie sich die Dialoge des Lehrbuchs gegenseitig laut vor und lernen Sie sie eventuell sogar auswendig.

Sollte sich allerdings niemand finden, der die Dialoge mit Ihnen rollenverteilt einstudiert, tun Sie es selbst. Übernehmen Sie eine Rolle, überlegen Sie, was man in der jeweiligen Situation außerdem sagen könnte, führen Sie Unterhaltungen mit imaginären Partnern, doch achten Sie darauf, dass Ihnen dabei niemand zuhört oder zusieht. Man könnte Sie für „sonderbar" halten.

Warum versuchen Sie es nicht einmal mit Liedtexten oder Spielfilmen? Kaufen Sie sich Ihren französischen Lieblingsfilm auf DVD, schauen Sie ihn auf Französisch und klicken Sie vor allem die französischen Untertitel an. Wenn Sie nun gelegentlich anhalten und einzelne Sätze oder Passagen herausschreiben und lernen, können Sie diese als Ansatzpunkt für ein kleines Rollenspiel nehmen. Versetzen Sie sich in die jeweilige Situation und „unterhalten" Sie sich mit den Schauspielern. Diese Art der Kommunikation können Sie auch mit sich selbst betreiben, beim Joggen oder unter der Dusche.

# 1 Tipps zum Französischlernen

## ▪▪ Tipps zum Hören

Wesentlich einfacher als das Sprechen ist das Hören. Hier bieten die modernen Medien mittlerweile eine unglaubliche Fülle von Möglichkeiten, von denen man vor einigen Jahren kaum zu träumen wagte.

Wer zu Hause eine Flatrate fürs Internet besitzt, der sollte gelegentlich einen ausländischen Sender anklicken und online Radio hören. Sie glauben kaum, wie wundervoll belebend es sein kann, den lebhaften Unterhaltungsprogrammen im Radio am Spätnachmittag zu lauschen. Auch wenn Sie zunächst wegen der Schnelligkeit des Gesprochenen nicht viel verstehen, akzeptieren Sie es. Wichtig ist zunächst nur, dass Sie der Sprache, die Sie erlernen wollen, lauschen und dass Sie ihren Klang hören. Sie werden unweigerlich – und das kann ja auch nicht schaden – in Urlaubsstimmung geraten.

Hören und Verstehen ist wie Jogging. Wer sich als Anfänger einen Marathon zumutet, wird bald keuchend am Straßenrand stehen. Geben Sie sich Zeit und haben Sie Geduld: Steter Wortschwall trainiert das Hirn. Will heißen: Je mehr Sie sich der gesprochenen Sprache aussetzen, je mehr Sie mal konzentriert, mal beiläufig zuhören, desto schneller wird sich Ihr Hörverständnis verbessern. Sie bekommen ein Gefühl für Wörter und Sprachmelodie. Wenn Sie Hörbücher lieben oder gern DVDs schauen, halten Sie die Scheibe gelegentlich an und hören Sie einzelne Passagen gezielt mehrere Male hintereinander. Sie werden sehen: Schon beim dritten Mal verstehen Sie erheblich mehr. Und wenn Sie dazu noch den Text zu Hilfe nehmen – falls er Ihnen vorliegt – werden Sie einen wahren Verständnisschub erfahren.

# Tipps zum Französischlernen

## Tipps zum Schreiben

Das Schreiben ist eine einfache, aber sehr effektive Lernübung. Schon das bloße Abschreiben von Vokabeln oder Dialogen verbessert nicht unwesentlich Ihr Sprachverständnis und hilft Ihnen, sich die jeweiligen Wörter oder Passagen einzuprägen.

Sie können zunächst die Übungen oder auch die Dialoge im Lehrbuch abschreiben. Diese kann man dann durchaus variieren oder ganz neu gestalten. Kleine Szenen in verschiedenen Situationen auf Papier zu bringen, ist eine hervorragende Übung nicht nur für angehende Dramatiker. Es sollte nur jemand gefunden werden, der das Geschriebene durchliest und auf eventuelle Fehler hinweist.

Natürlich soll dies einem elektronischen Gedankenaustausch nicht im Wege stehen. Versuchen Sie einen E-Mailpartner zu finden und schreiben Sie sich regelmäßig kleine Botschaften. Das können ganz banale Alltagsdinge sein; Sie werden sehen, dass das gar nicht so einfach ist. Schon allein einen Einkaufszettel für Tochter oder Ehemann in der neuen Sprache zu verfassen, erfordert mitunter ein reges imaginäres Blättern im Wörterbuch. Machen Sie es sich zur Regel, kleine Mitteilungen an Familienmitglieder, Freunde oder Bekannte auf Französisch zu schreiben oder schalten Sie die automatische Spracherkennung Ihres Handys um und überraschen Sie Ihre Freunde mit „ausländischen" SMS. Wer weiß, ob der eine oder andere nicht ebenso ausländisch zurückschreibt.

# 2 Begrüßungen

## ⋮⋮ In dieser Lektion lernen Sie:

- jemanden zu begrüßen
- nach dem Befinden zu fragen und darüber Auskunft zu geben
- bei Verständnisproblemen nachzufragen

### Bienvenue à Grenoble

1/2
1/3

*Pierre et sa cousine – Nina – sont à la gare.*

| | |
|---|---|
| Pierre | Ah salut Nina ! |
| Nina | Bonjour Pierre. |
| Pierre | Bienvenue à Grenoble ! Ça va ? |
| Nina | Merci. Oui et toi ? |
| Pierre | Oui, je vais bien. Tu as fait bon voyage ? |
| Nina | Oui, mais je suis fatiguée maintenant. |
| Pierre | Toi, tu es fatiguée ? Non ? |
| Nina | Le voyage dure neuf heures… |
| Pierre | Cologne–Grenoble, c'est neuf heures de train. Wouah ! |
| Nina | Oui, c'est vrai. |
| Pierre | On va à l'appart. Ma femme est à la maison, elle nous attend. Elle est contente de faire ta connaissance. |
| Nina | Comment ? Je ne comprends pas. |
| Pierre | Je répète plus doucement. Nous allons à l'appartement. |
| Nina | Je comprends. |
| Pierre | Pauline est à la maison. Elle nous attend. |
| Nina | D'accord. |
| Pierre | Elle est contente de te rencontrer. |
| Nina | Moi aussi. |
| Pierre | Alors, on y va ! |
| Nina | Tu as une voiture ? |
| Pierre | Oui, elle est au parking. Donne tes bagages, si tu veux. |
| Nina | Tu es un vrai gentleman. Merci. |

# Begrüßungen 2

## Fragen zum Dialog

**Kreuzen Sie an.**

|   | richtig | falsch |
|---|---|---|
| 1. Pierre et Nina sont à la maison. | ☐ | ☒ |
| 2. Nina est fatiguée. | ☒ | ☐ |
| 3. Pauline est à la gare. | ☐ | ☒ |
| 4. Pierre a une voiture. | ☒ | ☐ |
| 5. Nina est la cousine de Pierre. | ☒ | ☐ |

## Willkommen in Grenoble

*Pierre und seine Cousine – Nina – sind am Bahnhof.*

| | |
|---|---|
| Pierre | Ah, hallo Nina! |
| Nina | Guten Tag, Pierre. |
| Pierre | Willkommen in Grenoble! Wie geht's? |
| Nina | Danke. Gut und dir? |
| Pierre | Ja, es geht mir gut. Hast du eine gute Fahrt gehabt? |
| Nina | Ja, aber jetzt bin ich müde. |
| Pierre | D u bist müde? Tatsächlich (Nein)? |
| Nina | Die Reise dauert neun Stunden … |
| Pierre | Köln–Grenoble, das sind neun Stunden Zugfahrt. Wow! |
| Nina | Ja, das stimmt. |
| Pierre | Wir gehen in die Wohnung. Meine Frau ist zu Hause, sie wartet auf uns. Sie freut sich (ist glücklich), dich kennenzulernen. |
| Nina | Wie bitte? Ich verstehe nicht. |
| Pierre | Ich wiederhole langsamer. Wir gehen in die Wohnung. |
| Nina | Ich verstehe. |
| Pierre | Pauline ist zu Hause. Sie wartet auf uns. |
| Nina | Einverstanden. |
| Pierre | Sie freut sich, dich zu treffen. |
| Nina | Ich mich auch. |
| Pierre | Also, gehen wir! |
| Nina | Hast du ein Auto? |
| Pierre | Ja, es ist im Parkhaus. Gib dein Gepäck, wenn du willst. |
| Nina | Du bist ein richtiger Gentleman. Danke. |

Basics

# 2 Begrüßungen

## Lernwortschatz

| | | | |
|---|---|---|---|
| à la maison | *zu Hause* | faire la connaissance de | *kennenlernen* |
| aller (on va) | *gehen; fahren (man geht/fährt)* | fatigué(e) | *müde* |
| alors | *also* | femme *f* | *(Ehe-)Frau* |
| appartement *m* (*ugs.* appart) | *Wohnung* | gare *f* | *Bahnhof* |
| | | heure *f* | *Stunde* |
| attendre (elle attend) | *warten (sie wartet)* | je vais bien | *es geht mir gut* |
| | | maintenant | *jetzt* |
| aussi | *auch* | mais | *aber* |
| bagages *mPl* | *Gepäck* | merci | *danke* |
| bienvenue | *willkommen* | ne… pas | *nicht* |
| bon | *gut* | non | *nein (hier: tatsächlich)* |
| c'est vrai | *das stimmt* | | |
| ça va ? | *wie geht's?* | nous | *wir; uns* |
| chouette | *toll* | on (*ugs.*) | *wir* |
| comment ? | *wie (bitte)?* | on y va ! | *gehen wir!* |
| comprendre (je comprends) | *verstehen (ich verstehe)* | oui | *ja* |
| | | parking *m* | *Parkhaus; Parkplatz* |
| content(e) | *glücklich* | rencontrer | *treffen; begegnen* |
| cousine *f*, cousin *m* | *Cousine, Cousin* | répéter (je répète) | *wiederholen (ich wiederhole)* |
| d'accord | *einverstanden* | si tu veux | *wenn du willst; wenn du möchtest* |
| donner (donne !) | *geben (gib!)* | | |
| (plus) doucement | *langsam(er)* | te | *dich* |
| durer (il dure) | *dauern (er dauert)* | train *m* | *Zug* |
| et | *und* | voiture *f* | *Auto* |
| faire (fait) | *machen (gemacht)* | voyage *m* | *Reise* |
| | | vrai(e) | *richtig; echt* |

| Sich begrüßen und verabschieden | |
|---|---|
| bonjour | *guten Morgen; guten Tag; guten Abend* |
| salut | *hallo; tschüs* |
| au revoir | *auf Wiedersehen; auf Wiederhören* |

# Begrüßungen 2

## Grammatik und Redemittel

### ■ Die Personalpronomen → § 7.1.2, § 7.1.3

|         | unbetont | betont |
|---------|----------|--------|
| ich     | je       | moi    |
| du      | tu       | toi    |
| er      | il       | lui    |
| sie     | elle     | elle   |
| wir     | nous     | nous   |
| ihr/Sie | vous     | vous   |
| sie mPl | ils      | eux    |
| sie fPl | elles    | elles  |

Vor Vokal oder stummen **h** wird **je** zu **j'**.

Betonte Personalpronomen können vor einem Subjekt (**Lui**, **il est fatigué**. *Er ist müde*.), als Subjekt eines Satzes ohne Verb (**Moi aussi**. *Ich auch*.), nach einer Präposition (**avec elle** *mit ihr*) oder bei Wendungen wie **C'est toi** ? *Bist du das*? stehen.

Haben Sie bemerkt, dass die Höflichkeitsform die 2. Person Plural **vous** ist?
**Vous** avez une voiture ? *Haben Sie/Habt ihr ein Auto?*
Wie im Dialog wird das Wörtchen **on** (3. Person Singular) in der Alltagssprache oft im Sinne von **nous** verwendet:
**Nous** sommes là. *oder* **On** est là. *Wir sind da*.

### ■ Das Präsens der Hilfsverben *être* und *avoir* → § 8.1.4

|          | être *sein* | avoir *haben* |
|----------|-------------|---------------|
| je/j'    | suis        | ai            |
| tu       | es          | as            |
| il/elle  | est         | a             |
| nous     | sommes      | avons         |
| vous     | êtes        | avez          |
| ils/elles| sont        | ont           |

vingt-cinq

# 2 Begrüßungen

### ■ Die Grundzahlen bis 20

| 0 zéro   | 7 sept    | 14 quatorze |
| -------- | --------- | ----------- |
| 1 un     | 8 huit    | 15 quinze   |
| 2 deux   | 9 neuf    | 16 seize    |
| 3 trois  | 10 dix    | 17 dix-sept |
| 4 quatre | 11 onze   | 18 dix-huit |
| 5 cinq   | 12 douze  | 19 dix-neuf |
| 6 six    | 13 treize | 20 vingt    |

## ∷ Übungen

**1 Was passt zusammen? Verbinden Sie.**

1. je    suis
2. nous  avons
3. on    a
4. ils   sont
5. tu    as
6. vous  êtes
7. j'    ai

a) sont
b) ai
c) avons
d) as
e) a
f) suis
g) êtes

1/4

**2 Lesen Sie die Wendungen laut vor. Überprüfen Sie Ihre Aussprache mithilfe der CD.**

1. Ça va ?
2. Salut.
3. Bonjour.
4. Comment ?
5. Au revoir.
6. Je vais bien.

**3 Ergänzen Sie die Sätze mit den richtigen Personalpronomen.**

1. C'est ___toi___ ?
   a) toi    b) il    c) tu
2. ___Lui___, il est content.
   a) Lui    b) Elle    c) Nous
3. ___Moi___, je ne comprends pas.
   a) Toi    b) Lui    c) Moi

# Begrüßungen 2

**4 Welche Zahlen hören Sie? Notieren Sie die Zahlen und schreiben Sie sie aus.**
1. _dix huit_
2. _sept_
3. _treize_
4. _quinze_

## Bonjour

**Bonjour** können Sie im Französischen vormittags, nachmittags oder abends im Sinne von *guten Morgen*, *guten Tag* oder *guten Abend* verwenden. Wollen Sie sich verabschieden, dann sagen Sie **au revoir**. Allerdings können Sie sowohl zur Begrüßung als auch zur Verabschiedung abends auch **bonsoir** und ganztägig **salut** sagen. Sagen Sie **salut** aber nur, wenn Sie Ihr Gegenüber duzen.
Zur Begrüßung gehören auch die Küsschen – zwischen zwei und vier, je nach Region – auf die Wange, **la bise**. Der Franzose erkundigt sich auch gerne nach dem Befinden seines Gesprächspartners, ohne dabei eine genaue Antwort zu erwarten. **Salut, ça va ?** *Hallo, wie geht's?* gehört fast zur Standardbegrüßung. Sie können auch fragen: **Comment vas-tu ?** bzw. **Comment allez-vous ?**, wenn Sie die Person siezen oder mehrere Personen ansprechen. Die Antwort lautet dann: **Je vais bien.** bzw. **Nous allons bien.**

*Kulturtipp*

## Was können Sie schon?

| | 🙂 😐 🙁 | |
|---|---|---|
| ▪ jemanden begrüßen und verabschieden<br>▪ fragen, wie es jemandem geht<br>▪ sagen, wie es Ihnen geht | ☐ ☐ ☐ | → Ü2 |
| ▪ sagen, dass Sie etwas nicht verstehen | ☐ ☐ ☐ | → Ü2<br>→ Ü3 |
| ▪ bis 20 zählen | ☐ ☐ ☐ | → Ü4 |

vingt-sept

# 3 Kennenlernen und Small Talk

## In dieser Lektion lernen Sie:

- das Alter anzugeben
- über Berufe zu sprechen
- jemanden vorzustellen

## À la maison

*Pierre et Nina arrivent à l'appartement.*
*Pauline – la femme de Pierre – les attend à la porte.*

| | |
|---|---|
| Pierre | C'est nous ! Voici Nina, ma cousine. |
| Pauline | Ah, tu es la cousine de Pierre ! Moi, je m'appelle Pauline. |
| Nina | Enchantée. |
| Pierre | Et je te présente Dimitri. |
| Nina | Vous avez des enfants ? |
| Pierre | Non. Dimitri, c'est le chat de la maison. |
| Nina | Vous avez un chat ! |
| Pierre | Il est vieux. Il a 15 ans. |
| Pauline | Et toi, Nina, tu as quel âge ? |
| Nina | J'ai 28 ans. Et toi ? |
| Pauline | J'ai 25 ans. Nina, tu es donc à Grenoble pour le travail ? |
| Nina | Oui, je travaille pour une agence de marketing. |
| Pauline | Tu es assistante de marketing ? |
| Nina | Oui. Je commence dans quatre semaines. |
| Pauline | Et pendant deux semaines, tu habites chez nous ! |
| Nina | C'est ça. Et toi, tu travailles où ? |
| Pauline | Je suis coiffeuse. |
| Nina | Alors Pierre a de la chance. Il est toujours beau. |
| Pierre | Mais je suis toujours beau ! Avec ou sans coiffeuse à la maison. |
| Nina | Tu travailles où maintenant, Pierre ? |
| Pierre | Je suis employé dans une grande entreprise. |

# Kennenlernen und Small Talk 3

## Fragen zum Dialog

**Ergänzen Sie die Aussagen.**
1. Pauline a _25_ ans. de
2. Nina a un travail à _une agence marketing_
3. Nina a _28_ ans.
4. Pierre et Pauline ont un _chat_ – Dimitri.
5. Dimitri a _15_ ans.

## Zu Hause

*Pierre und Nina kommen in der Wohnung an. Pauline – Pierres Ehefrau – wartet an der Tür auf sie.*

| | |
|---|---|
| Pierre | Wir sind es! Hier ist Nina, meine Cousine. |
| Pauline | Ah, du bist Pierres Cousine! I c h heiße Pauline. |
| Nina | Sehr erfreut. |
| Pierre | Und ich stelle dir Dimitri vor. |
| Nina | Ihr habt Kinder? |
| Pierre | Nein. Dimitri ist die Katze des Hauses. |
| Nina | Ihr habt eine Katze! |
| Pierre | Er ist alt. Er ist 15 Jahre alt. |
| Pauline | Und du, Nina, wie alt bist du? |
| Nina | Ich bin 28 Jahre alt. Und du? |
| Pauline | Ich bin 25 Jahre alt. Nina, du bist also wegen der Arbeit in Grenoble? |
| Nina | Ja, ich arbeite für eine Marketingagentur. |
| Pauline | Bist du Marketingassistentin? |
| Nina | Ja. Ich fange in vier Wochen an. |
| Pauline | Und zwei Wochen lang wohnst du bei uns! |
| Nina | So ist es. Und du, wo arbeitest du? |
| Pauline | Ich bin Friseuse. |
| Nina | Dann hat Pierre Glück. Er ist immer hübsch. |
| Pierre | Aber ich bin immer hübsch! Mit oder ohne Friseuse im Haus. |
| Nina | Wo arbeitest du jetzt, Pierre? |
| Pierre | Ich bin Angestellter in einem großen Unternehmen. |

Basics

# 3 Kennenlernen und Small Talk

## Lernwortschatz

| | | | |
|---|---|---|---|
| à | in; an | grand(e) | groß |
| âge m | Alter | habiter | wohnen |
| agence f de marketing | Marketingagentur | maison f | Haus |
| | | métier m | Beruf |
| an m, année f | Jahr | ou | oder |
| arriver | ankommen | où | wo; wohin |
| avec | mit | pendant | während |
| avoir de la chance | Glück haben | porte f | Tür |
| beau, belle | schön; hübsch | pour | für |
| c'est | das ist | présenter | vorstellen |
| c'est ça | das stimmt | quel(le) | welche(r/s) |
| chat m | Katze | s'appeler | heißen |
| chez | bei | sans | ohne |
| commencer | beginnen, anfangen | semaine f | Woche |
| dans | in | te | dir |
| de | von | toujours | immer |
| donc | also | travail m | Arbeit |
| enchanté(e) | (sehr) erfreut | travailler | arbeiten |
| enfant m/f | Kind | vieux, vieille | alt |
| entreprise f | Unternehmen | voici | hier ist |

| **Berufe** | |
|---|---|
| employé m, employée f | Angestellter, Angestellte |
| assistant m, assistante f | Assistent, Assistentin |
| journaliste m/f | Journalist, Journalistin |
| secrétaire m/f | Sekretär, Sekretärin |
| coiffeur m, coiffeuse f | Friseur, Friseuse |
| chanteur m, chanteuse f | Sänger, Sängerin |
| acteur m, actrice f | Schauspieler, Schauspielerin |
| policier m, policière f | Polizist, Polizistin |
| ouvrier m, ouvrière f | Arbeiter, Arbeiterin |
| technicien m, technicienne f | Techniker, Technikerin |

# Kennenlernen und Small Talk 3

## Basics

### :: Grammatik und Redemittel

**■ Das Präsens der Verben auf -er** → § 8.1.1

|           | **présenter** *vorstellen* |
|-----------|----------------------------|
| je        | présent**e**               |
| tu        | présent**es**              |
| il/elle   | présent**e**               |
| nous      | présent**ons**             |
| vous      | présent**ez**              |
| ils/elles | présent**ent**             |

Ebenso werden **arriver** *ankommen*, **habiter** *wohnen*, **travailler** *arbeiten* konjugiert.

**■ Der Artikel** → § 1.1, § 1.2

|              | **Bestimmter Artikel**                        | **Unbestimmter Artikel** |
|--------------|-----------------------------------------------|--------------------------|
| **Singular** | **le** *der*                                  | **un** *ein*             |
|              | **la** *die*                                  | **une** *eine*           |
|              | **l'** *der, die* (vor Vokal oder stummem **h**) |                        |
| **Plural**   | **les** *die*                                 | **des** -                |

Haben Sie bemerkt, dass es im Französischen nur zwei Geschlechter gibt (Maskulinum und Femininum) und dass **des** keine Entsprechung im Deutschen hat: **des enfants** *Kinder*?

**■ Das Substantiv** → § 3.1

Das Anhängen von **-e** ans Maskulinum ist bei Personenbezeichnungen das Zeichen des Femininums: **cousin** *m*, **cousine** *f Cousin, Cousine*. Achten Sie auf die unregelmäßigen Endungen mancher Substantive (siehe Kasten **Berufe**).

# 3 Kennenlernen und Small Talk

## ■ Die Grundzahlen bis 99

| 20 vingt | 40 quarante | 80 quatre-vingt(s) |
|---|---|---|
| 21 vingt et un(e) | 50 cinquante | 81 quatre-vingt-un(e) |
| 22 vingt-deux | 60 soixante | 90 quatre-vingt-dix |
| 30 trente | 70 soixante-dix | 91 quatre-vingt-onze |
| 31 trente et un(e) | 71 soixante et onze | |

Ist Ihnen aufgefallen, dass z. B. 70 von 60 + 10 kommt?

Die Altersangabe wird mithilfe des Verbs **avoir** *haben* gebildet:
Il **a** 30 ans. *Er ist 30 Jahre alt.*

## ◾ Übungen

**1 Ergänzen Sie die passende Form des Verbs.**
1. Delphine et Stéphane _____ à Paris. (arriver)
2. Elle me _____ son cousin Jean. (présenter)
3. Vous _____ dans le marketing ? (travailler)
4. Le film _____ deux heures. (durer)
5. Nous _____ à Paris. (habiter)

1/8

**2 Hören Sie die französischen Telefonnummern und notieren Sie die fehlenden Zahlen. Lesen Sie anschließend die vollständigen Nummern laut vor.**
1. 03.05.84.45.46
2. 02.40.81.36.74
3. 06.94.67.76.30
4. 04.48.86.33.21

**3 Erkennen Sie die Berufsbezeichnungen? Bringen Sie die Buchstaben in die richtige Reihenfolge.**
1. FESOCIFEU — (La) COIFFEUSE
2. CERITCA — ~~ACTEUR~~ ACTRICE
3. CILIOPER — POLICIER
4. CUHARNTE — CHANTEUR
5. ARESECÉTIR — SECRÉTAIRE

# Kennenlernen und Small Talk 3

**4 Welche Person aus dem Dialog wird hier beschrieben? Raten Sie.**
Je m'appelle ___Nina___ .

## Les présentations

Wollen Sie sich im Französischen vorstellen, dann sagen Sie einfach, wie Sie heißen: **je m'appelle…** *ich heiße …* oder **je suis…** *Ich bin …* Man hat Sie vielleicht vorher gefragt: **Comment t'appelles-tu ?** *Wie heißt du?*, wenn man Sie duzt, oder **Comment vous appelez-vous ?** *Wie heißen Sie?*, wenn man Sie siezt. Wollen Sie jemanden vorstellen, dann sagen Sie **c'est…** *das ist …* oder **voici…** *hier ist …* Anschließend können Sie den Vornamen der Person nennen: **C'est Marie**. *Das ist Marie.* Wenn Sie formeller sein wollen, dann sagen Sie **Madame** *Frau*, **Monsieur** *Herr* oder **Mademoiselle** *Fräulein*, also zum Beispiel: **Voici Monsieur Martin**. Denken Sie daran, dass **Mademoiselle** sehr üblich ist, allerdings nur bei jungen oder unverheirateten Frauen! Übrigens: Die Franzosen können ihren Gesprächspartner mit Vornamen ansprechen und ihn dabei trotzdem siezen.

*Kulturtipp*

## Was können Sie schon?

☺ ☹ ☹

| | | |
|---|---|---|
| ■ jemanden nach seinem Beruf fragen<br>■ sagen, wo Sie wohnen | ☐☐☐ | → Ü1 |
| ■ Telefonnummern notieren | ☐☐☐ | → Ü2 |
| ■ Berufsbezeichnungen erkennen und richtig schreiben | ☐☐☐ | → Ü3 |
| ■ verstehen, wenn jemand sich vorstellt | ☐☐☐ | → Ü4 |

*Tu travailles où ?*
*J'habite à Darmstadt*
*dans la rue Goethe / Je suis coiffeuse*
*Je travaille pour une agence de marketing.*
*Je suis employé dans une grande entreprise.*

# 4  Im Café

## ■■ In dieser Lektion lernen Sie:

- Getränke zu bestellen
- sich zu bedanken, um etwas zu bitten und sich zu entschuldigen
- über Familienmitglieder zu sprechen

  **Un café, s'il vous plaît !**

*Pierre et Nina sont au café.*

| | |
|---|---|
| Pierre | Tu prends une boisson chaude ? |
| Nina | Oui. Un café avec du lait. |
| Pierre | Moi, je préfère un café crème. Et tu manges quelque chose ? |
| Nina | Je ne sais pas. Tu commandes quelque chose ? |
| Pierre | (*regarde la carte*) Ils ont de la salade, des sandwichs, de l'omelette, des croque-monsieur, des croissants… |
| Nina | Croque quoi ? |
| Pierre | Croque-monsieur. C'est un sandwich avec des toasts, du jambon et du fromage. |
| Nina | Oh non merci. Rien pour moi. |
| Pierre | (*au serveur :*) Un café au lait et un café crème, s'il vous plaît. |
| Serveur | Vous mangez quelque chose ? |
| Pierre | Non merci. (*à Nina :*) Au fait, comment vont tes parents ? |
| Nina | Bien. Ils sont en vacances dans le Sud. Et chez toi ? |
| Pierre | Mon frère travaille à Paris. |
| Nina | À Paris ? |
| Pierre | Oui. Et mon père est déjà à la retraite… |
| Serveur | Et voilà les cafés. |
| Pierre | Merci. |

*Le serveur renverse un café.*

| | |
|---|---|
| Pierre | Zut ! J'ai du café partout. |
| Serveur | Oh, excusez-moi ! Je vous apporte tout de suite un autre café. |
| Nina | Tu es marrant avec la tache, Pierre. |
| Pierre | Merci, je sais. |

# Im Café

## Fragen zum Dialog

**Kreuzen Sie an.**

|  | oui | non |
|---|---|---|
| 1. Pierre et Nina sont à la gare ? | ☐ | ☐ |
| 2. Nina commande un croissant ? | ☐ | ☐ |
| 3. Pierre a un frère ? | ☐ | ☐ |

## Einen Kaffee bitte!

*Pierre und Nina sind im Café.*

| | |
|---|---|
| Pierre | Nimmst du ein warmes Getränk? |
| Nina | Ja. Einen Kaffee mit Milch. |
| Pierre | Ich trinke lieber (bevorzuge) einen Kaffee mit aufgeschäumter Milch. Und isst du etwas? |
| Nina | Ich weiß nicht. Bestellst du etwas? |
| Pierre | (*schaut in die Karte*) Sie haben Salat, Sandwiches, Omelett, *Croque-monsieur*, Croissants … |
| Nina | *Croque* was? |
| Pierre | *Croque-monsieur*. Das ist ein Sandwich mit Toast, Schinken und Käse. |
| Nina | Ach, nein danke. Nichts für mich. |
| Pierre | (*zum Kellner:*) Einen Milchkaffee und einen Kaffee mit aufgeschäumter Milch bitte. |
| Ober | Essen Sie etwas? |
| Pierre | Nein danke. (*zu Nina:*) Übrigens, wie geht es deinen Eltern? |
| Nina | Gut. Sie sind im Urlaub in Südfrankreich (im Süden). Und bei dir? |
| Pierre | Mein Bruder arbeitet in Paris. |
| Nina | In Paris? |
| Pierre | Ja. Und mein Vater ist schon in Rente … |
| Ober | Und hier sind die Kaffees. |
| Pierre | Danke. |

*Der Ober verschüttet einen Kaffee.*

| | |
|---|---|
| Pierre | Mist! Ich habe überall Kaffee. |
| Ober | Oh, Entschuldigung! Ich bringe Ihnen sofort einen anderen Kaffee. |
| Nina | Du siehst lustig aus (bist lustig) mit dem Fleck, Pierre. |
| Pierre | Danke, ich weiß. |

# 4  Im Café

## ∷ Lernwortschatz

| | |
|---|---|
| à la retraite | *in Rente, pensioniert* |
| apporter | *bringen* |
| au fait | *übrigens* |
| autre | *andere(r/s)* |
| bien | *gut* |
| boisson *f* | *Getränk* |
| café *m* | *Kaffee; Café* |
| café *m* crème | *Kaffee mit aufgeschäumter Milch* |
| carte *f* | *(Speise-)Karte* |
| chaud(e) | *warm* |
| commander | *bestellen* |
| croissant *m* | *Croissant* |
| croque- -monsieur *m* | *Käse-Schinken-Toast* |
| déjà | *schon* |
| en vacances | *im Urlaub* |
| excusez-moi ! | *Entschuldigung! (Plural oder Höflichkeitsform)* |
| fromage *m* | *Käse* |
| jambon *m* | *Schinken* |
| je ne sais pas | *ich weiß nicht* |
| lait *m* | *Milch* |
| manger | *essen* |
| marrant(e) | *lustig* |
| omelette *f* | *Omelett* |
| partout | *überall* |
| préférer | *bevorzugen; lieber haben* |
| prendre (tu prends) | *nehmen (du nimmst)* |
| quelque chose | *etwas* |
| quoi | *was* |
| regarder | *schauen; sehen* |
| renverser | *verschütten* |
| rien | *nichts* |
| s'il te plaît | *bitte (bei einer Person)* |
| s'il vous plaît | *bitte (Plural oder Höflichkeitsform)* |
| salade *f* | *Salat* |
| serveur *m* | *Kellner* |
| Sud *m* | *Süden; Südfrankreich* |
| tache *f* | *Fleck* |
| tout de suite | *sofort; gleich* |
| voilà | *hier ist/sind* |
| vous | *euch/Ihnen* |
| zut ! | *Mist!* |

| **Familie** | |
|---|---|
| famille *f* | *Familie; Verwandschaft* |
| père *m*, mère *f* | *Vater, Mutter* |
| parents *mPl* | *Eltern* |
| frère *m*, sœur *f* | *Bruder, Schwester* |
| fils *m*, fille *f* | *Sohn, Tochter* |
| grands-parents *mPl* | *Großeltern* |
| grands-père *m* | *Großvater* |
| grands-mère *f* | *Großmutter* |
| petit-fils *m* | *Enkel* |
| petit-fille *f* | *Enkelin* |
| oncle *m*, tante *f* | *Onkel, Tante* |

# Im Café  4

## ▰ Grammatik und Redemittel

■ **Verben auf -er mit Besonderheiten** → § 8.1.1

|           | **préférer** *bevorzugen* | **s'appeler** *heißen* |
|-----------|---------------------------|------------------------|
| je        | préf**è**re               | m'appe**ll**e          |
| tu        | préf**è**res              | t'appe**ll**es         |
| il/elle   | préf**è**re               | s'appe**ll**e          |
| nous      | préférons                 | nous appelons          |
| vous      | préférez                  | vous appelez           |
| ils/elles | préf**è**rent             | s'appe**ll**ent        |

Das Verb **s'appeler** *heißen* ist im Französischen reflexiv. Es steht, wie in der Tabelle, immer in Verbindung mit einem Reflexivpronomen (→ **L18**).
Aufgrund der Aussprache werden **manger** *essen* und **commencer** *beginnen* in der 1. Person Plural zu **nous mangeons** und **nous commençons**.

■ **Der Teilungsartikel** → § 1.3

|               | **Singular**                      | **Plural**                    |
|---------------|-----------------------------------|-------------------------------|
| **Maskulinum**| **du** (de + le) jambon *Schinken*|                               |
| **Femininum** | **de la** crème *Creme*           |                               |
|               | Vor Vokal und stummem **h**:      | **des** croissants *Croissants* |
|               | **de l'**alcool *m Alkohol*       |                               |
|               | **de l'**omelette *f Omelett*     |                               |

Im Französischen gibt es einen weiteren Artikel, den Teilungsartikel, der bei unbestimmten Mengen (**manger du jambon** *Schinken essen*) und bei manchen Wendungen wie **faire du sport** *Sport treiben* verwendet wird.

■ **Die Intonationsfrage** → § 10
Haben Sie schon erkannt, wie Sie im Französischen eine Frage stellen können? Heben Sie einfach die Stimme am Ende des Aussagesatzes an.
**Ils sont à Grenoble.** *Sie sind in Grenoble.*
**Ils sont à Grenoble ?** *Sind Sie in Grenoble?*

*est déjà à la retraite*

# 4 Im Café

## ▪▪ Übungen

**1 Setzen Sie den richtigen Teilungsartikel ein.**
1. Tu me donnes _de la_ salade, s'il te plaît.
2. Vous avez _du_ café au lait ?
3. Nous mangeons _des_ spaghettis.
4. Je prends _de l'_ omelette.

**2 Kreuzen Sie an, wie die Nasallaute ausgesprochen werden. Hören Sie anschließend die Wörter und sprechen Sie sie nach.**

|  | [ɛ̃] wie in tr**ain** | [õ] wie in jamb**on** | [ɑ̃] wie in m**an**ger |
|---|---|---|---|
| 1. les par**en**ts |  |  | ☒ |
| 2. le cous**in** | ☒ |  |  |
| 3. l'**on**cle |  | ☒ |  |
| 4. la t**an**te |  |  | ☒ |
| 5. le gr**an**d-père |  |  | ☒ |
| 6. l'**en**fant |  |  | ☒ |

**3 Lesen Sie die Sätze und streichen Sie die falsche Verbform durch.**
1. Nous ~~mange~~ | mangeons des bonbons.
2. Je m'appelle | ~~nous appelons~~ Armelle.
3. Vous ~~commandes~~ | commandez un café ?
4. Son père ~~préfères~~ | préfère la bière.
5. Raymond commence | ~~commençons~~ dans trois semaines.

**4 Schauen Sie sich zuerst die Speisekarte an. Stellen Sie dann Fragen zu den nummerierten Wörtern wie in dem Beispiel:** *Tu prends un café ?* **Achten Sie dabei auf die Betonung.**

| Boissons | Snacks |
|---|---|
| café *m* | croissant *m* (3.) |
| café *m* crème | muffin *m* |
| thé *m* (1.) | sandwich *m* |
| eau *f* | croque-monsieur *m* |
| coca cola *m* | omelette *f* (4.) |
| limonade *f* (2.) | salade *f* (5.) |

_thé au lait_

# Im Café 4

## Cafés, bars et bureaux de tabac

Bars, Cafés und **bureaux de tabac** *Tabakgeschäfte* gehören zur französischen Kultur. Es sind Begegnungsorte für Menschen jeder Nationalität, jedes Alters und jeder sozialen Herkunft. Die **habitués** *Stammgäste* kommen fast jeden Tag, morgens, in der Mittagspause oder nach Feierabend.

Im **bureau de tabac** können Sie sowohl Zigaretten (daher der Name), Briefmarken, Zeitungen und Zeitschriften kaufen als auch Lotto spielen. Wenn Sie ein bisschen Zeit haben, setzen Sie sich doch an die Theke und trinken Sie einen **petit noir** *Espresso*. Sie werden dabei die letzten Neuigkeiten aus dem Stadtteil erfahren! Sie können Snacks wie **quiche** *eine Art Zwiebelkuchen*, **croque-monsieur** *Käse-Schinken-Toast* oder **sandwich jambon-beurre** *Sandwich mit Schinken und Butter* essen.

Übrigens: Rauchen dürfen Sie seit Anfang 2008 nur noch vor der Tür.

## Was können Sie schon?

| | ☺ ☹ ☹ | |
|---|---|---|
| höflich um etwas bitten<br>ein Getränk oder ein kleines Gericht bestellen | ☐☐☐ | → Ü1 |
| Nasallaute verstehen und richtig aussprechen | ☐☐☐ | → Ü2 |
| verstehen, wie jemand heißt | ☐☐☐ | → Ü3 |
| in einem Gespräch etwas über sich erzählen<br>jemanden fragen, was er trinken oder essen möchte | ☐☐☐ | → Ü3 |

*Basics — Kulturtipp*

trente-neuf

# 5 Sie können schon viel mehr Französisch, als Sie denken!

## :: In dieser Lektion lernen Sie:

- Internationalismen und Anglizismen zu erkennen
- Fallen mit „falschen Freunden" zu vermeiden
- über alltägliche Freizeitbeschäftigungen zu sprechen

## Footing ou shopping ?

1/14
1/15

*Pierre et Nina préparent le week-end.*

| | |
|---|---|
| Pierre | Tu as une idée pour ce week-end ? |
| Nina | On va en ville ? On fait du shopping ? |
| Pierre | Oh, non… |
| Nina | Tu proposes autre chose ? |
| Pierre | On fait du sport ? On va au resto ? On joue aux cartes ? |
| Nina | J'ai une idée : on fait un footing. |
| Pierre | Ok. Tu as des baskets ? |
| Nina | J'ai des chaussures de sport… |
| Pierre | Oui, des baskets. Un jogging ? |
| Nina | Un jogging ? |
| Pierre | Oui, des vêtements de sport ! |
| Nina | Je ne comprends rien. Tu parles français ? |
| Pierre | Oui… Enfin presque. |
| Nina | Après le sport, on va au restaurant ? |
| Pierre | Oui, super ! Et avant, tu retrouves Pauline en ville et vous faites du shopping entre filles. |
| Nina | Bonne idée ! |
| Pierre | Pauline adore faire les magasins, manger une glace. |
| Nina | Moi, j'adore les gâteaux et les baisers. |
| Pierre | Moi aussi, j'adore les baisers… Toi, tu trouves des baisers en ville ? |
| Nina | Tu es surpris ? Oui, dans une pâtisserie. C'est blanc… Avec du sucre. |
| Pierre | Tu veux dire des meringues… Excellent ! |

# Sie können schon viel mehr Französisch, als Sie denken! 5

## Fragen zum Dialog

**Ergänzen Sie die Sätze. Kreuzen Sie die richtige Lösung an.**

1. Nina propose
   a) un gâteau.   b) des meringues.   c) du sport.
2. Pauline adore
   a) les verres.   b) les desserts.   c) les chats.
3. Pierre et Nina ont
   a) des chaussures.   b) des vêtements.   c) des idées.

## Jogging oder Shopping!

*Pierre und Nina bereiten das Wochenende vor.*

| | |
|---|---|
| Pierre | Hast du eine Idee für dieses Wochenende? |
| Nina | Gehen wir in die Stadt? Gehen wir shoppen? |
| Pierre | Ach, nein … |
| Nina | Schlägst du etwas anderes vor? |
| Pierre | Machen wir Sport? Gehen wir ins Restaurant? Spielen wir Karten? |
| Nina | Ich habe eine Idee: Wir gehen joggen. |
| Pierre | Ok. Hast du *baskets* (Turnschuhe)? |
| Nina | Ich habe Turnschuhe … |
| Pierre | Ja, *baskets*. Einen *jogging* (Jogginganzug)? |
| Nina | Einen *jogging* (Jogginganzug)? |
| Pierre | Ja, Sportbekleidung! |
| Nina | Ich verstehe nichts. Sprichst du französisch? |
| Pierre | Ja … Naja, fast. |
| Nina | Gehen wir nach dem Sport ins Restaurant? |
| Pierre | Ja, super! Und davor triffst du Pauline in der Stadt und ihr geht unter Frauen (Mädchen) shoppen. |
| Nina | Gute Idee! |
| Pierre | Pauline liebt es, durch die Geschäfte zu bummeln, ein Eis zu essen. |
| Nina | Und i c h liebe Kuchen und Baisers. |
| Pierre | I c h liebe auch *baisers* … Findest d u *baisers* in der Stadt? |
| Nina | Bist du überrascht? Ja, in einer Konditorei. Das ist weiß … Mit Zucker. |
| Pierre | Ach, *meringues* meinst du … Prima! |

quarante et un 41

# 5 Sie können schon viel mehr Französisch, als Sie denken!

## Lernwortschatz

| | | | |
|---|---|---|---|
| adorer | *sehr lieben; sehr mögen* | proposer | *vorschlagen* |
| après | *nach* | retrouver | *wiederfinden; treffen* |
| autre chose | *etwas anderes* | restaurant m (ugs. resto) | *Restaurant* |
| avant | *vorher; davor* | sucre m | *Zucker* |
| basket f | *Sportschuh* | surpris(e) | *überrascht* |
| blanc, blanche | *weiß* | trouver | *finden* |
| bon(ne) | *gut* | un peu | *ein bisschen* |
| chaussure f de sport | *Sportschuh* | vêtement m | *Kleidungsstück; Bekleidung* |
| en ville | *in die/der Stadt* | vouloir dire | *meinen* |
| entre | *unter; zwischen* | (tu veux dire) | *(du meinst)* |
| excellent ! | *prima!* | week-end m | *Wochenende* |
| fille f | *Mädchen* | | |
| gâteau m | *Kuchen* | | |
| jogging m | *Jogginganzug* | | |
| jouer | *spielen* | | |
| ne… rien | *nichts* | | |
| parler | *sprechen* | | |
| parler français | *französisch sprechen* | | |
| pâtisserie f | *Konditorei* | | |
| préparer | *vorbereiten* | | |

| **Falsche Freunde** | |
|---|---|
| baiser m | Kuss |
| *Baiser* | meringue f |
| glace f | Eis |
| *Glas* | verre m |
| tache f | Fleck |
| *Tasche* | sac m |
| banque f | Bank f |
| *Bank m* | banc m |

# Sie können schon viel mehr Französisch, als Sie denken!

**5**

*Basics*

## :: Grammatik und Redemittel

### ■ Das Präsens von *faire* und *aller*

Haben Sie schon gesehen, wie viel Sie mit diesen Verben ausdrücken können? Hier sind die Konjugationen:

|         | **faire** *machen; tun* | **aller** *gehen; fahren* |
|---------|-------------------------|---------------------------|
| je      | fai**s**                | **vais**                  |
| tu      | fai**s**                | **vas**                   |
| il/elle | fai**t**                | **va**                    |
| nous    | fai**sons**             | all**ons**                |
| vous    | fai**tes**              | all**ez**                 |
| ils/elles | **font**              | **vont**                  |

### ■ Das Substantiv – Die Pluralbildung → §3.2

Durch das Anhängen von **-s** an ein Substantiv setzen Sie dieses in den Plural:
**le restaurant** *das Restaurant*     **les restaurants** *die Restaurants*.
Endet das Substantiv bereits auf **-s**, **-x** oder **-z**, bleibt es unverändert:
**le fils** *der Sohn*     **les fils** *die Söhne*.
Achten Sie auf die Substantive mit Endungen auf **-eau**, deren Pluralform **-eaux** ist:
**le gâteau** *der Kuchen*     **les gâteaux** *die Kuchen*.
(Ebenso: **le bureau** *das Büro* oder **le cadeau** *das Geschenk*)

### ■ Falsche Freunde und Internationalismen

Haben Sie auch viele Wörter im Dialog verstanden, ohne sie vorher gelernt zu haben? Es sind internationale Wörter – Internationalismen –, die oft aus dem Lateinischen, Griechischen oder Englischen stammen. Sie sind daher sehr hilfreich. Passen Sie allerdings auf die sogenannten falschen Freunde auf, wie **la glace** *das Eis*, aber *das Glas* **le verre** (siehe Kästchen **Falsche Freunde**)!

### ■ Ausdrücke mit *faire*

| | |
|---|---|
| **faire** du sport | *Sport treiben* |
| **faire** du footing | *joggen* |
| **faire** les magasins | *(durch die Geschäfte) bummeln* |
| **faire** du shopping | *bummeln, shoppen* |

quarante-trois 43

## 5 Sie können schon viel mehr Französisch, als Sie denken!

### ::Übungen

**1 Setzen Sie zuerst die Substantive in den Plural bzw. in den Singular. Lesen Sie anschließend Ihre Lösungen laut vor und überprüfen Sie Ihre Aussprache anhand der CD.**

1/16

| Singular | Plural |
|---|---|
| 1. l'enfant | les _enfants_ |
| 2. la _fille_ | les filles |
| 3. l' _omelette_, f | les omelettes |
| 4. le gâteau | les _gâteaux_ |
| 5. l'heure, f | les _heures_ |
| 6. le verre | les _verres_ |
| 7. l' _entreprise_, f. | les entreprises |

**2 Erkennen Sie diese internationalen Wörter? Verbinden Sie sie mit der passenden deutschen Entsprechung.**

1. le supermarché — a) die Karte
2. l'hôtel — b) das Restaurant
3. la banque — c) das Hotel
4. la police — d) der Supermarkt
5. le restaurant — e) die Bank
6. la carte — f) die Polizei

**3 Hören Sie gut zu. Was fällt Ihnen bei diesen Wörtern auf? Kreuzen Sie die richtige Aussage an.**

1/17

1. ☐ Sie werden wie im Englischen ausgesprochen.
2. ☒ Sie wurden „französiert".

**4 Übersetzen Sie die kurzen Sätze.**

1. Ich treibe Sport. _Je fais du sport_
2. Wir gehen in die Stadt. _Nous allons en ville_
3. Gehst du einkaufen? _Tu fais les courses?_

# Sie können schon viel mehr Französisch, als Sie denken! 5

## La langue française et la francophonie

1970 wurde die Internationale Organisation der Frankofonie gegründet, deren Ziel es ist, die französische Sprache und Kultur zu fördern und zu schützen. Ihr gehören 56 Mitgliederstaaten – und damit rund 200 Millionen Menschen – in Europa, Nordamerika und Afrika an. Französisch ist Landessprache in Frankreich, Belgien (Wallonien und Brüssel), in einigen Kantonen der Schweiz, in Luxemburg (neben Luxemburgisch und Deutsch), in Monaco, in der Provinz Quebec in Kanada und in Haiti. Darüber hinaus ist Französisch Amtssprache in vielen west- und zentralafrikanischen Staaten sowie Verkehrssprache unter anderem in Nordafrika und Arbeitssprache der Vereinten Nationen und der Europäischen Union.

Aufgrund des steigenden Einflusses der amerikanischen Kultur strömen seit Ende des Zweiten Weltkriegs viele angelsächsische Wörter in die französische Sprache. **Parking**, **t-shirt**, **fast-food**, **cool** oder **week-end** gehören schon längst zur Alltagssprache und haben sogar einen festen Platz im französischen Wörterbuch! Als Reaktion darauf hat Frankreich 1994 u. a. eine Quote für französischsprachige Musik in den Medien eingeführt. Somit müssen im Radio mindestens 40 % frankofone Musik gespielt werden. Große Namen wie Jacques Brel oder Édith Piaf bleiben dadurch im Alltag präsent.

## Was können Sie schon?

☺ ☺ ☹

| | ☺ ☺ ☹ | |
|---|---|---|
| ■ bekannte Wörter richtig schreiben und aussprechen | | → Ü1 |
| ■ internationale Wörter lesen und verstehen | | → Ü2 |
| ■ Anglizismen und falsche Freunde verstehen | | → Ü3 |
| ■ über alltägliche Freizeitbeschäftigungen sprechen ■ sagen, dass Sie Sport treiben | | → Ü4 |

# 6 Wiederholen und üben Sie

## Hier wiederholen Sie:

- Standardbegrüßungen und Höflichkeitsfloskeln zu verwenden
- einfache mündliche Aussagen und kurze Dialoge zu verstehen
- sich vorzustellen (Name, Beruf, Alter, Adresse, Telefonnummer)
- Ihre Familie und Ihren Alltag zu beschreiben
- einfache Fragen zu stellen und zu beantworten

**1 Hören Sie den kurzen Dialog und kreuzen Sie die richtige Antwort an.**

|   | oui | non |
|---|---|---|
| 1. Christelle commande un thé ? | ☒ | ☐ |
| 2. Marie commande les boissons ? | ☐ | ☒ |
| 3. Le serveur apporte un café ? | ☐ | ☒ |
| 4. Marie prend un coca ? | ☒ | ☐ |
| 5. Christelle commande aussi du lait ? | ☐ | ☒ |

1/18

**2 Lesen Sie nun den Dialog aus Übung 1 und übernehmen Sie die Rolle von Christelle.**

*Marie et Christelle sont dans un café.*

1/19

| Marie | Christelle, tu commandes quelque chose ? |
| Christelle | Oui, une boisson chaude. Et toi, Marie ? |
| Marie | Je ne sais pas. |
| Christelle | Ah oui, je prends un thé ! |
| Marie | Moi, je préfère un coca. |
| Christelle | (*au serveur :*) Un thé et un coca cola, s'il vous plaît. |
| Serveur | Je vous les apporte tout de suite. (*Cinq minutes après*) Et voilà les boissons ! |
| Christelle | (*au serveur :*) Oh, du sucre aussi, s'il vous plaît. |
| Serveur | Oui. Tout de suite. |
| Christelle | Merci. |

46  quarante-six

# Wiederholen und üben Sie 6

**3 Hören Sie gut zu und achten Sie auf die Aussprache der Wörter. Kreuzen Sie die richtigen Laute an. Mehrere Antworten sind möglich.**

|  | [y] wie in t**u** | [u] wie in n**ou**s | [ʒ] wie in **j**e | [ʃ] wie in **ch**at |
|---|---|---|---|---|
| 1. bonjour |  | ☒ | ☒ |  |
| 2. sucre | ☒ |  |  |  |
| 3. cousin |  | ☒ |  |  |
| 4. jouer |  | ☒ | ☒ |  |
| 5. chouette |  | ☒ |  | ☒ |
| 6. voyage |  |  | ☒ |  |
| 7. tache |  |  |  | ☒ |

Basics

**4 Was sagen Sie im Französischen? Überprüfen Sie Ihre Antworten mithilfe der CD.**
1. … wenn Sie jemanden morgens begrüßen?  *bonjour*
2. … wenn Sie jemanden abends begrüßen?  *bon soir*
3. … wenn Sie einen guten Freund begrüßen?  *Salut*
4. … wenn Sie sich verabschieden?  *au revoir*
5. … wenn Sie jemanden nach seinem Befinden fragen?  *ça va?*
6. … wenn Sie jemandem sagen wollen, wie Sie heißen?  *Je m'apelle*
7. … wenn Sie etwas nicht verstanden haben?  *Je n'ai pas compris*
  *Je ne*

**Regel 1: Das Substantiv**
*Durch Anhängen von ___e___ (a) ans Substantiv wird bei vielen Personenbezeichnungen das Femininum gebildet. Ein ___s___ (b) am Wortende ist das Zeichen des Plurals.*

**5 Falsche Freunde. Welches Wort passt nicht in die Reihe? Kreuzen Sie es an.**
1. a) ☒ la tache    b) ☐ le sac    c) ☐ les bagages
2. a) ☐ la glace    b) ☒ le verre    c) ☐ le dessert
3. a) ☐ la banque    b) ☐ l'euro    c) ☒ le banc

# 6 Wiederholen und üben Sie

**6 Kreuzworträtsel. Finden Sie das richtige Lösungswort.**

1. Man trägt sie an den Füßen.
2. Man braucht sie für den Urlaub.
3. Dazu gehören die Eltern, Kinder, Großeltern.
4. Er arbeitet in einer Fabrik.
5. Man geht zum Essen gerne hin.

1. basquettes
2. billets
3. famille
4. e...
5. restaurant

Lösungswort: _elles_

**7 Füllen Sie Ihren eigenen Stammbaum aus.**

grands-parents : Helga + Sieghard

grands-parents : Waltraud + Erhard

oncles/tantes : Steffen + Mike

mon père : Hauke

ma mère : Gabi

oncles/tantes : Gregor + Silke

cousins/cousines : Anna-Charlotte

moi : Bruna

frères/sœurs : Paula

cousins/cousines : Pauline

**Regel 2: Die Grundzahlen**

*Die Zahl 70 wird aus 60 + 10 gebildet, 80 aus _____ (a) und 90 aus _____ (b).*

**8 Die französischen Departements werden alphabetisch nummeriert. Schreiben Sie die Zahlen aus. Wenn Sie Lust haben, können Sie sich anschließend auf einer Karte anschauen, wo die Departements liegen.**

1. Das *Morbihan* steht auf Platz 56
2. Die *Lozère* steht auf Platz 48
3. Das *Var* steht auf Platz 83
4. Das *Val-d'Oise* steht auf Platz 95

# Wiederholen und üben Sie 6

1/22

**9 Christian, Gérard und Isabelle stellen sich vor. Hören Sie sich die CD an und ergänzen Sie die fehlenden Angaben auf den Visitenkarten.**

Basics

1.
**Christian Lalune**
_coiffeur_
23, rue de l'Hôtel de Ville
56 000 Vannes
Tél. : 02._97_.54.66._12_

2.
**Gérard Crochet**
_le quenicien_
___ b, rue du tunnel
33 000 Bordeaux
Tél. : 05._56_.81.30.22

3.
**Isabelle Maurice**
_Journaliste_
_18_, avenue Charles de Gaulle
33 63 100 Clermont-Ferrand
Tél. : 04._23_.56.41.76
E-mail : maurice@orange.fr

**10 Schreiben Sie jetzt Ihre eigene Visitenkarte mit Namen, Beruf, Adresse und Telefonnummer und lesen Sie sie laut vor.**

> Bonjour!
> Je m'apelle H. Sch.
> J'habite à
> 64 285 Darmstadt
> Rue Goethe N°20a
> Mon numéro de telephone est 049-6151-1011776
> le numéro

**Regel 3: Die Artikel**
Sie kennen schon den ___unbest.___ (a) Artikel (**un, une, des**),
den bestimmten Artikel (_____, _____, _____, _____) (b) und den
Teilungsartikel (_____, _____, _____, _____) (c).

**11 Kreuzen Sie den richtigen Artikel an.**

1. _____ chat est à la maison.  ☐ Du  ☒ Le  ☐ La
2. J'ai _____ frère.  ☐ le  ☐ du  ☒ un
3. Fabrice fait _____ tennis.  ☒ du  ☐ le  ☐ de la
4. Nous allons à _____ hôtel.  ☐ du  ☐ le  ☒ l'
5. Il mange _____ chips.  ☐ du  ☐ de la  ☒ des

# 6 Wiederholen und üben Sie

**Regel 4: Die Bindungen**
*Endet ein Begleiter mit einem Konsonant, wird dieser vor einem Substantiv, das mit* __einem Vokal__ *(a) oder* __mit h__ *(b) beginnt, ausgesprochen.*

**12 Setzen Sie zuerst die Wörter in den Plural und lesen Sie anschließend Ihre Lösung vor.**

1. la banque — les banques
2. un enfant — des enfants
3. la maison — les maisons
4. une idée — des idées
5. la porte — les portes
6. l'hôtel — les hôtels
7. le policier — les policiers

**Regel 5: Die Personalpronomen**
*Im Französischen gibt es die unbetonten Personalpronomen* _____ *(a).*
***Moi, toi, lui/elle, nous, vous, eux/elles*** *sind* __die betont.__ *(b) Personalpronomen.*

**13 Lesen Sie die Sätze und kreisen Sie das richtige Personalpronomen ein.**
1. (Il) | Lui | Ils a 20 ans.
2. Elle | (Toi) | Je tu es chanteuse.
3. C'est à il | (vous) | je.
4. Il travaille avec je | (elle) | il.
5. Eux | (Nous) | Toi faisons les courses aujourd'hui.

**Regel 6: Die Intonationsfrage**
*Die Betonungsfrage wird gebildet, indem Sie die Stimme am Ende der Aussage* __heben__.

**14 Bilden Sie mündlich aus den Aussagesätzen der Übung 13 Intonationsfragen. Kontrollieren Sie Ihre Betonung mithilfe der CD.**

1/23

# Wiederholen und üben Sie

**15 So viel Small Talk können Sie schon. Verbinden Sie die Frage mit der richtigen Antwort.**

1. Vous travaillez où ?
2. Vous avez quel âge ?
3. Comment vous vous appelez ?
4. Vous parlez français ?
5. Vous habitez où ?
6. Vous avez des enfants ?
7. Vous allez bien ?

a) Oui. _un peu_
b) J'habite à Lyon.
c) Je travaille chez un coiffeur.
d) Oui, je vais bien.
e) J'ai deux enfants.
f) Je m'appelle Charlotte.
g) J'ai 26 ans.

**Regel 7: Die Verben**

1. Verben, die im Infinitiv auf **-er** enden, haben im Präsens die Endungen: _e_ _es_ _e/t_ _ons_ _ez_ _ent_.
2. Die Hilfsverben ___avoir___ (a) und ___être___ (b) sind unregelmäßig.

**16 Ergänzen Sie die Sätze mit dem Verb in Klammern.**

1. Je _prépare_ (préparer) un gâteau.
2. Patricia et Fabien _parlent_ (parler) doucement.
3. Nous _jouons_ (jouer) au monopoly.
4. Ils ne _trouvent_ (trouver) pas la maison.
5. Le concert _dure_ (durer) trois heures.
6. Vous _travaillez_ (travailler) dans une grande entreprise.

**17 Schreiben Sie die richtige Infinitivform der Verben.**

1. nous mangeons — _manger_
2. tu répètes — _répéter_
3. vous faites — _faire_
4. il va — _aller_
5. je préfère — _préférer_
6. ils sont — _être_
7. j'ai — _avoir_

# Zwischentest 1

**1 Erkennen Sie die Berufe? Lesen Sie die Beschreibungen.**

1. Je suis une femme. Je travaille dans une grande entreprise. J'ai un chef. Je travaille sur des projets avec mon chef.
   Je suis _____ assistante _____.
2. Patrick travaille dans une voiture. Il a un uniforme. Le numéro de téléphone de son travail est le 17.
   Il est _____ policier _____.
3. Lucie travaille pour le cinéma. Elle fait des films.
   Elle est _____ actrice _____.

__/3

**2 Ordnen Sie die folgenden Ausdrücke richtig zu.**

a) à Paris.
1. Je fais      b) du vélo.
               c) au cinéma.
2. Je vais     d) du tennis.
               e) au restaurant.

__/5

**3 Sprechen Sie die Antworten aus der Übung 1 laut und deutlich aus. Überprüfen Sie Ihre Aussprache mithilfe der CD.**

1/24

__/3

**4 Lesen Sie die Wörter und kreuzen Sie an, ob eine Bindung nötig ist. Kontrollieren Sie Ihre Aussprache anhand der CD.**

1/25

|  | mit Bindung zwischen Artikel und Substantiv | ohne Bindung |
|---|---|---|
| 1. un employé | ☒ | ☐ |
| 2. des femmes | ☐ | ☒ |
| 3. un appartement | ☒ | ☐ |
| 4. un café | ☐ | ☒ |
| 5. un homme | ☒ | ☐ |

__/5

# Zwischentest 1

## 5 Was hören Sie? Kreuzen Sie an.

1/26

1. commen**c**er
   a) ☒ [s] wie in **s**alut       b) ☐ [z] wie in **z**éro
2. dem**an**der
   a) ☐ [a] wie in **a**voir     b) ☐ [õ] wie in mais**on**     c) ☒ [ã] wie in d**an**s
3. arriv**er**
   a) ☐ [ɛ] wie in fr**è**re     b) ☒ [e] wie in l**es**
4. m**an**ger
   a) ☐ [õ] wie in mais**on**   b) ☒ [ã] wie in d**an**s
5. renver**s**er
   a) ☒ [s] wie in **s**alut       b) ☐ [z] wie in **z**éro

__/5

## 6 Hören Sie die Wörter und wiederholen Sie das Lösungswort.

1/27

1. Bei welchem Wort hören Sie ein stimmloses **s** wie in **s**alut?
   a) ☒ boisson       b) ☐ cousin       c) ☐ maison
2. Bei welchem Wort hören Sie **f**?
   a) ☐ voyage       b) ☒ fille        c) ☐ vélo
3. Bei welchem Wort hören Sie **sch**?
   a) ☐ bagages     b) ☐ journaliste  c) ☒ chat
4. Bei welchem Wort hören Sie ein stimmhaftes **s** wie in **z**éro?
   a) ☐ salade       b) ☒ cousine     c) ☐ croissant
5. Bei welchem Wort hören Sie **a**?
   a) ☐ oncles       b) ☐ enfants     c) ☒ parents

__/5

## 7 Schreiben Sie die Zahlen, die Sie hören, auf.

1/28

1. 31    31    31
2. 99    99    99
3. 25    25    25
4. 48    48    48
5. 93    93    93

__/5

cinquante-trois  53

# Zwischentest 1

### 8 Setzen Sie den richtigen Artikel ein.
1. Nous faisons ____du____ sport.
2. ____Le____ coiffeur est en vacances.
3. Julie commande __un__ croissant.
4. Le serveur nous apporte __deux / des__ sandwichs.
5. J'habite dans ____une____ grande ville.

__/5

### 9 Schreiben Sie die Sätze wie im Beispiel um.
1. Nous mangeons.
   *On mange.*
2. Nous habitons à Marseille.
   On habite
3. Nous sommes en vacances.
   On est
4. Nous faisons une pause.
   On fait
5. Nous arrivons à la gare.
   On arrive
6. Nous regardons un film.
   On regarde

__/5

### 10 Kreuzen Sie an. Mehrere Antworten sind möglich.

|  | Singular | | Plural | |
| --- | --- | --- | --- | --- |
|  | Femininum | Maskulinum | Femininum | Maskulinum |
| 1. journaliste | ☒ | ☒ | ☐ | ☐ |
| 2. boissons | ☐ | ☐ | ☐ | ☒ |
| 3. employée | ☒ | ☐ | ☐ | ☐ |
| 4. verre | ☐ | ☒ | ☐ | ☐ |
| 5. gare | ☒ | ☐ | ☐ | ☐ |
| 6. sucre | ☐ | ☒ | ☐ | ☐ |
| 7. techniciennes | ☐ | ☐ | ☒ | ☐ |
| 8. restaurants | ☐ | ☐ | ☐ | ☒ |
| 9. secrétaire | ☒ | ☒ | ☐ | ☐ |

__/9

__/50

Alltag

# 7 Einkaufen

## In dieser Lektion lernen Sie:

- über Geschäfte und Produkte zu reden
- nach dem Preis zu fragen
- Lebensmittel einzukaufen

## Les courses

*Pierre, Nina et Pauline ont prévu une fondue pour ce soir.*

| | |
|---|---|
| Pierre | Zut, on n'a pas de pain. |
| Nina | Ce n'est pas grave. On va à la boulangerie… |
| Pierre | Oui ! Et après, on passe à la boucherie. |
| Nina | Quoi ? Tu n'as pas de viande pour la fondue ? |
| Pierre | Non, dans le frigo…, j'ai un pot de confiture, une bouteille d'eau et des œufs, je crois. |
| Nina | Pierre ! On va faire les courses, alors ? |
| Pierre | Oui, je fais une liste de courses : il faut du pain, une livre de viande, un kilo de pommes de terre, des fruits et de l'huile. |
| Nina | Et moi, je paie un bon dessert pour ce soir ! |
| Pierre | C'est gentil ! Tu achètes le dessert et moi, pendant ce temps, j'achète le reste. |

*À la boulangerie-pâtisserie*

| | |
|---|---|
| Nina | Je voudrais une baguette et un gâteau, s'il vous plaît. |
| Vendeuse | Un Paris-Brest au chocolat par exemple ? C'est un gâteau avec beaucoup de crème chantilly et de chocolat. |
| Nina | Mon cousin adore ça ! Il coûte combien ? |
| Vendeuse | 15 euros. Ça fait 16,50 euros au total. |
| Nina | Parfait. Voilà 20 euros. Au revoir. |

*Nina ouvre la porte du magasin.*

| | |
|---|---|
| Vendeuse | Madame ! Vous oubliez la monnaie ! |
| Nina | Oh, merci ! |

# Einkaufen 7

## Fragen zum Dialog

**Verbinden Sie die passenden Satzteile.**
1. Dans le frigo, Pierre a     a) la baguette et le gâteau.
2. Nina paie     b) le chocolat et la crème chantilly.
3. À la boulangerie-pâtisserie, Nina oublie     c) un pot de confiture, une bouteille d'eau et des œufs.
4. Pierre, le cousin de Nina, adore     d) la monnaie.

## Einkäufe

*Pierre, Nina und Pauline haben für heute Abend ein Fleischfondue geplant.*

| | |
|---|---|
| Pierre | Mist, wir haben kein Brot. |
| Nina | Das ist nicht schlimm. Wir gehen in die Bäckerei … |
| Pierre | Ja! Und danach gehen wir kurz in die Metzgerei. |
| Nina | Was? Du hast kein Fleisch für das Fondue? |
| Pierre | Nein, im Kühlschrank … habe ich ein Glas Marmelade, eine Flasche Wasser und Eier, glaube ich. |
| Nina | Pierre! Wir gehen also einkaufen? |
| Pierre | Ja, ich mache eine Einkaufsliste: Wir brauchen (man benötigt) Brot, ein Pfund Fleisch, ein Kilo Kartoffeln, Obst und Öl. |
| Nina | Und i c h bezahle einen schönen Nachtisch für heute Abend! |
| Pierre | Das ist nett! Du kaufst den Nachtisch und ich kaufe in der Zeit den Rest. |

*In der Bäckerei-Konditorei*

| | |
|---|---|
| Nina | Ich möchte ein Baguette und einen Kuchen bitte. |
| Verkäuferin | Einen Paris-Brest mit Schokolade zum Beispiel? Das ist ein Kuchen mit viel Schlagsahne und Schokolade. |
| Nina | Mein Cousin liebt das. Wie viel kostet er? |
| Verkäuferin | 15 Euro. Das macht insgesamt 16,50 Euro. |
| Nina | Perfekt. Hier sind 20 Euro. Auf Wiedersehen. |

*Nina macht die Tür des Geschäfts auf.*

| | |
|---|---|
| Verkäuferin | Madame! Sie vergessen das Wechselgeld! |
| Nina | Oh, danke! |

# 7 Einkaufen

## Lernwortschatz

| | |
|---|---|
| acheter (j'achète, tu achètes) | kaufen (ich kaufe, du kaufst) |
| au total | insgesamt |
| aujourd'hui | heute |
| beaucoup | viel |
| ça | das |
| ça fait … | das macht … |
| ce soir | heute Abend |
| chocolat *m* | Schokolade |
| combien | wie viel |
| confiture *f* | Marmelade |
| courses *fPl* | Einkäufe; Besorgungen |
| coûter | kosten |
| crème *f* chantilly | Schlagsahne |
| croire (je crois) | glauben (ich glaube) |
| dessert *m* | Nachtisch |
| faire les courses | einkaufen gehen |
| frigo *m* | Kühlschrank |
| fruits *mPl* | Obst; Früchte |
| gentil(le) | nett; freundlich |
| grave | schlimm |
| il faut | man braucht; man benötigt |
| liste *f* (de courses) | (Einkaufs-)Liste |
| monnaie *f* | Wechselgeld; Kleingeld |
| œuf *m* | Ei |
| oublier | vergessen |
| ouvrir (elle ouvre) | aufmachen (sie macht auf) |
| pain *m* | Brot |
| par exemple | zum Beispiel |
| parfait(e) | perfekt |
| Paris-Brest *m* | Kuchen mit Sahne |
| passer | (vorbei)schauen |
| payer (je paie) | (be)zahlen (ich bezahle) |
| pendant ce temps | in der Zeit; währenddessen |
| pot *m* | Topf; Glas |
| prévoir (prévu) | planen (geplant) |
| reste *m* | Rest |
| viande *f* | Fleisch |
| vouloir (je voudrais) | wollen (ich möchte; ich hätte gern) |

### Mengenangaben

| | |
|---|---|
| un kilo de pommes | ein Kilo Äpfel |
| deux kilos de poires | zwei Kilo Birnen |
| un sac de pommes de terre | ein Sack Kartoffeln |
| une livre de carottes | ein Pfund Möhren |
| une bouteille d'huile | eine Flasche Öl |

### Geschäfte

| | |
|---|---|
| boucherie *f* | Metzgerei |
| boulangerie *f* | Bäckerei |
| épicerie *f* | Lebensmittelgeschäft; Tante-Emma-Laden |
| magasin *m* | Laden, Geschäft |
| magasin *m* de chaussures | Schuhgeschäft |
| magasin *m* de vêtements | Bekleidungsgeschäft |
| pâtisserie *f* | Konditorei |

# Einkaufen

## :: Grammatik und Redemittel

### ■ Verben auf -er mit Besonderheiten: *acheter* und *payer* → §8.1.1

|         | **acheter** *kaufen* | **payer** *bezahlen* |
|---------|----------------------|----------------------|
| je/j'   | ach**è**te           | pa**ie**             |
| tu      | ach**è**tes          | pa**ies**            |
| il/elle | ach**è**te           | pa**ie**             |
| nous    | achetons             | payons               |
| vous    | achetez              | payez                |
| ils/elles | ach**è**tent       | pa**ient**           |

### ■ Mengenangaben mit *de* → §1.3

Bestimmte Mengenangaben werden mit einem Substantiv, z. B. **un kilo** *ein Kilo*, oder einem Adverb (**beaucoup** *viel*, **un peu** *ein bisschen*) gefolgt von der Präposition **de** (oder **d'** vor Vokal oder stummem **h**) gebildet:
**un kilo de viande**  *ein Kilo Fleisch*
**un peu de pain**  *ein bisschen Brot*

### ■ Die Verneinung (I) → §11

Die Verneinung besteht aus zwei Teilen **ne… pas** (oder **n'… pas** vor Vokal oder stummem **h**), die das konjugierte Verb umschließen:
Il **ne** va **pas** en ville. *Er geht nicht in die Stadt.*   aller en ville
Ce **n'**est **pas** grave. *Das ist nicht schlimm.*

! Haben Sie gewusst, dass die Franzosen das **ne** in der gesprochenen Sprache oft weglassen? Sie sagen:
C'est **pas** grave.

Unbestimmter Artikel und Teilungsartikel werden mit **ne… pas de** *kein* verneint:
Il prend **un** dessert.  Il **ne** prend **pas d**e dessert.  *Er nimmt keinen Nachtisch.*
Il achète **de l'**eau.  Il **n'**achète **pas d'**eau.  *Er kauft kein Wasser.*

Alltag

cinquante-neuf   59

*le kilo    la livre*

# 7 Einkaufen

## Übungen

**1 Hören Sie den Dialog zwischen einem Gemüsehändler und einer Kundin auf dem Wochenmarkt. Kreuzen Sie an.**

|  | vrai | faux |
|---|---|---|
| 1. La cliente achète des carottes. | ☒ | ☐ |
| 2. Aujourd'hui, le marchand a des poires. | ☐ | ☒ |
| 3. La cliente paie 15 euros. | ☒ | ☐ |

1/31

**2 Hören Sie noch einmal die Sätze aus der Übung 1, bei denen die Kundin ihr Obst und Gemüse kauft, und wiederholen Sie sie.**

1/32

**3 Verneinen Sie die Sätze.**
1. Patricia va à la boucherie.
   *Patricia ne va pas à la boucherie*
2. Martine ouvre le sac.
   *Martine n'ouvre pas le sac*
3. Nous achetons du pain.
   *Nous n'achetons pa du pain*
4. Je regarde un film.
   *Je ne regarde pas un film.*
5. Vous allez en ville aujourd'hui ?
   *Vou n'allez pas en ville aujourd'hui ?*

**4 Welches Wort passt nicht in die Reihe?**
1. a) la boucherie          b) la femme              c) la viande
2. a) le parking            b) la boulangerie        c) le pain
3. a) les pommes            b) le magasin            c) les chaussures
       de terre                de chaussures            de sport
4. a) la pâtisserie         b) le gâteau             c) la cousine
5. a) les portes            b) les fruits            c) l'épicerie

60  soixante

# Einkaufen 7

## ▪▪ Faire les courses

Der Franzose verpasst selten seinen wöchentlichen Besuch im **supermarché** *Supermarkt*, denn er findet dort alles: vom Pflaster über Autoreifen, Lebensmittel, Reinigungs- und Pflegeprodukte, Pflanzen, frischen Fisch, Geschirr, Handwerkerbedarf, Schmuck- und Kosmetikartikel bis hin zu Sportbekleidung oder Hausschuhen! Der Supermarkt hat sich sogar zum **hypermarché** entwickelt, an den Geschäfte im Eingangsbereich angekoppelt werden, wie **salon de coiffure** *Friseursalon*, **pressing** *Reinigung*, **magasin de chaussures** *Schuhgeschäft* oder **bijouterie** *Schmuckgeschäft*. Sie finden hier also eine Stadt in der Stadt! Einen Nachteil hat es: Ihr Einkauf dauert lange. Der neueste Trend ist allerdings der Einkauf online, insbesondere in Großstädten. Sie können im Internet bestellen und Ihre Einkäufe werden Ihnen frei Haus geliefert.

Neben den Supermärkten sind auch die Wochenmärkte sehr beliebt, insbesondere in Südfrankreich. Buntes Treiben, zahlreiche Farben, zauberhafte Düfte zeichnen sie aus. Wenn Sie in der Provence sind, gehen Sie auf den **marché** *Markt* und lassen sich von den Lavendel-Produkten verzaubern!

*Kulturtipp*

*Alltag*

## ▪▪ Was können Sie schon?

☺ 😐 ☹

| | | |
|---|---|---|
| ▪ ein kurzes Gespräch zwischen Käufer und Verkäufer verstehen | | → Ü1 |
| ▪ auf dem Wochenmarkt selbst etwas bestellen | | → Ü2 |
| ▪ sagen, was Sie tun und nicht tun | | → Ü3 |
| ▪ sagen, was Sie wo kaufen können | | → Ü4 |

# 8 Essen gehen

## ❚❚ In dieser Lektion lernen Sie:

- im Restaurant etwas zu bestellen und zu bezahlen
- den Kellner etwas zu fragen und seine Empfehlungen zu verstehen
- eine Speisekarte zu lesen

## Bon appétit !

*Nina, Pierre et Pauline sont au restaurant « Chez Raymond ».*

| | |
|---|---|
| Pierre | *(à la serveuse :)* Bonsoir. Une table pour trois personnes, s'il vous plaît. |
| Serveuse | Oui. Par ici. Voilà les cartes. |
| Pierre | Qu'est-ce que vous prenez, les filles ? |
| Nina | Un plat typique de la région. |
| Pierre | Prends le plat du jour, la tartiflette ! C'est délicieux ! |
| Nina | Qu'est-ce que c'est ? |
| Pierre | C'est un plat au four avec des pommes de terre, des oignons et du fromage. C'est souvent avec du vin blanc. |
| Pauline | Et qu'est-ce qu'on boit avec ce repas ? |
| Pierre | Attends ! *(Pierre appelle la serveuse :)* S'il vous plaît ! Qu'est-ce que vous nous recommandez ? |
| Serveuse | Le menu du jour à 18 euros. Vous avez une entrée, un plat principal et le choix entre du fromage ou un dessert. |
| Pierre | Moi, je prends le menu avec un dessert au chocolat ! |
| Nina et Pauline | Nous, le plat du jour ! |
| Pierre | *(à la serveuse :)* Et en boisson ? |
| Serveuse | Regardez la carte des vins ! Je vous recommande un vin rouge. |
| Pierre | D'accord. Apportez-nous un vin du pays et une carafe d'eau, s'il vous plaît. |
| *En fin de soirée* | |
| Pierre | *(à la serveuse :)* L'addition, s'il vous plaît ! |
| Serveuse | Oui, je vous l'apporte. |

# Essen gehen 8

## Fragen zum Dialog

**Lesen Sie die Fragen und kreuzen Sie die richtige Antwort an.**
1. Comment s'appelle le restaurant ? ☒ « Chez Raymond » ☐ « La tartiflette »
2. Combien coûte le menu du jour ? ☐ 12 euros ☒ 18 euros
3. Qu'est-ce que Pierre commande ? ☒ du vin et de l'eau ☐ de la bière

## Guten Appetit!

*Nina, Pierre und Pauline sind im Restaurant „Chez Raymond".*

| | |
|---|---|
| Pierre | *(zur Kellnerin:)* Guten Abend. Einen Tisch für drei Personen bitte. |
| Kellnerin | Ja. Hier bitte. Hier sind die Speisekarten. |
| Pierre | Was nehmt ihr, Mädels? |
| Nina | Ein typisches Gericht aus der Region. |
| Pierre | Nimm das Tagesgericht, die *Tartiflette*! Das ist lecker! |
| Nina | Was ist das? |
| Pierre | Das ist ein Ofengericht mit Kartoffeln, Zwiebeln und Käse. Das ist oft mit Weißwein. |
| Pauline | Und was trinkt man zu diesem Essen? |
| Pierre | Warte. *(Pierre ruft die Kellnerin:)* (Kommen Sie) Bitte. Was empfehlen Sie uns? |
| Kellnerin | Das Tagesmenü für 18 Euro. Sie haben eine Vorspeise, ein Hauptgericht und die Wahl zwischen Käse oder einem Dessert. |
| Pierre | Ich nehme das Menü mit einem Schokoladendessert! |
| Nina und Pauline | Wir das Tagesgericht! |
| Pierre | *(zur Kellnerin:)* Und als Getränk? |
| Kellnerin | Schauen Sie in die Weinkarte. Ich empfehle Ihnen einen Rotwein. |
| Pierre | Einverstanden. Bringen Sie uns bitte einen Landwein und eine Karaffe Wasser. |

*Gegen Ende des Abends*

| | |
|---|---|
| Pierre | *(zur Kellnerin:)* Die Rechnung bitte! |
| Kellnerin | Ja, ich bringe sie Ihnen. |

*Alltag*

# 8 Essen gehen

## Lernwortschatz

| | |
|---|---|
| addition f | Rechnung |
| appeler | rufen |
| boire | trinken |
| bon appétit ! | guten Appetit! |
| carafe f | Karaffe |
| carte f | Speisekarte |
| ce | diese(r/s) |
| choix m | (Aus-)Wahl |
| délicieux, délicieuse | lecker |
| eau f | Wasser |
| fin f | Ende |
| four m | Ofen |
| ici | hier |
| oignon m | Zwiebel |
| personne f | Person |
| plat m | Gericht |
| qu'est-ce que c'est ? | was ist das? |
| recommander | empfehlen |
| région f | Region |
| serveuse f | Kellnerin; Bedienung |
| soirée f | Abend |
| souvent | oft |
| table f | Tisch |
| tartiflette f | Ofengericht mit Kartoffeln, Zwiebeln und Käse |
| typique | typisch |
| vin m blanc | Weißwein |
| vin m du pays | Landwein |
| vin m rouge | Rotwein |

### Speisekarte

| | |
|---|---|
| carte f des vins | Weinkarte |
| menu m | Menü |
| menu m du jour | Tagesmenü |
| entrée f, hors m d'œuvre | Vorspeise |
| crudités fPl | gemischter Salat; Rohkost |
| salade f | Salat |
| saucisson m | Salami |
| plat m principal | Hauptgericht |
| plat m du jour | Tagesgericht |
| viande f | Fleisch |
| poisson m | Fisch |
| légumes mPl | Gemüse |
| fromage m | Käse |
| dessert m | Nachtisch |
| glace f | Eis |

### Mahlzeiten

| | |
|---|---|
| repas m | Mahlzeit; Essen |
| petit déjeuner m | Frühstück |
| déjeuner m | Mittagessen |
| goûter m | Zwischenmahlzeit (meist für Kinder) |
| dîner m | Abendessen |

# Essen gehen 8

## Grammatik und Redemittel

### Die Verben auf *-re* → § 8.1.3

|  | **attendre** *warten* | **prendre** *nehmen* | **boire** *trinken* |
|---|---|---|---|
| je/j' | atten**ds** | pren**ds** | bois |
| tu | atten**ds** | pren**ds** | bois |
| il/elle | atten**d** | pren**d** | boi**t** |
| nous | atten**dons** | **prenons** | **buvons** |
| vous | atten**dez** | **prenez** | **buvez** |
| ils/elles | atten**dent** | **prennent** | **boivent** |

Wie **prendre** wird auch **comprendre** *verstehen* konjugiert.

### Der Imperativ → § 8.6

Der Imperativ drückt eine Aufforderung aus. Seine Formen sind die 2. Person Singular (ohne **-s** für Verben auf **-er**) und die 1. und 2. Person Plural des Präsens.

| **regarder** | *schauen* | **attendre** | *warten* |
|---|---|---|---|
| regard**e** ! | *Schau!* | atten**ds** ! | *Warte!* |
| regard**ons** ! | *Schauen wir!* | atten**dons** ! | *Warten wir!* |
| regard**ez** ! | *Schaut!/Schauen Sie!* | atten**dez** ! | *Wartet!/Warten Sie!* |

### Der Fragesatz mit *est-ce que* → § 10

In der gesprochenen Sprache können Sie Fragen mit **est-ce que** stellen.
**Est-ce que** ist unveränderlich und steht am Anfang der Frage bzw. direkt hinter dem Fragewort. Die Wortstellung bleibt wie im Aussagesatz.
**Est-ce que** tu prends du fromage ? *Nimmst du Käse?*
**Où est-ce que** tu vas ? *Wohin gehst du?*

Vor einem Vokal oder einem stummen **h** wird **est-ce que** zu **est-ce qu'**.
**Est-ce qu'**il veut du fromage ? *Will er Käse?*

*Alltag*

# 8 Essen gehen

## Übungen

**1 Stellen Sie sich vor, Sie sind im Restaurant. Hören Sie die Antworten des Kellners und kreuzen Sie jeweils die passende an.**

|   | Réponse 1 | Réponse 2 |
|---|---|---|
| 1. Qu'est-ce que vous nous recommandez ? | ☒ | ☐ |
| 2. Vous avez un plat typique ? | ☐ | ☒ |
| 3. Qu'est-ce que c'est ? | ☐ | ☒ |

**2 Kreuzen Sie die passende Verbform an.**

1. a) ☐ Appelons  la serveuse !
   b) ☐ Appeler
2. a) ☐ Regardez  la carte des desserts !
   b) ☐ Regarder
3. a) ☐ Prend  du pain !
   b) ☐ Prends

**3 Ergänzen Sie den Text mit den Verben in Klammern.**

J'_____ (1. aimer) bien le restaurant « Le Moulin ». Nous n'_____ (2. attendre) pas. Le serveur _____ (3. arriver) tout de suite et nous _____ (4. commander) le menu du jour. Nous _____ (5. prendre) souvent un dessert. Moi, je _____ (6. prendre) une mousse au chocolat et ma femme _____ (7. prendre) une glace. Nous _____ (8. boire) toujours un café après le repas.

**4 Geben Sie einem Freund Gesundheitstipps. Bilden Sie dafür Sätze im Imperativ und überprüfen Sie sie mithilfe der CD.**

Sagen Sie ihm, das …

1. … er Obst und Gemüse essen soll.
2. … er Sport treiben soll.
3. … er viel Wasser trinken soll.
4. … er Fisch essen soll.

# Essen gehen

## Au restaurant

Wenn Sie in Frankreich essen gehen wollen, finden Sie sicherlich das passende Restaurant. Die Franzosen sind sehr anspruchsvoll, was die Originalität, das Aussehen und den Geschmack des Essens betrifft.

Nachdem der Kellner Ihnen das Tagesangebot von einer mit der Hand beschriebenen Tafel vorgelesen oder Ihnen die Speisekarte gebracht hat, können Sie bestellen. Allerdings sollten Sie mindestens zwei Gänge wählen. Das Tagesmenü, bestehend aus Vorspeise, Hauptgericht und Käse oder Nachtisch, ist oft eine preiswertere Alternative. Zu jedem Gang gibt es natürlich den passenden Wein! Lassen Sie sich vom **sommelier** *Weinkellner* beraten, bevor Sie etwas falsch machen.

Nachdem Sie nach der **addition** *Rechnung* gefragt haben, wird Ihnen der Kellner diese auf einem kleinen Teller bringen. Achten Sie auch darauf, dass die Preise **service compris** *inklusive Bedienung* sind. Der Kellner wird dann das Tellerchen abholen, auf das Sie das Geld gelegt haben. Wollen Sie ein **pourboire** *Trinkgeld* hinterlassen? Dann legen Sie es ohne jeglichen Kommentar auf den Tisch, bevor Sie gehen.

*Kulturtipp — Alltag*

## Was können Sie schon?

| | ☺ | ☺ | ☹ | |
|---|---|---|---|---|
| die Empfehlungen eines Kellners verstehen | | | | → Ü1 |
| Aufforderungen verstehen | | | | → Ü2 |
| einen kurzen Kommentar zu einem Restaurant abgeben | | | | → Ü3 |
| einem Freund Tipps geben | | | | → Ü4 |

# 9 Freizeit in der Stadt

## :: In dieser Lektion lernen Sie:

- Vorschläge zu machen
- über Geschmäcker und Vorlieben zu reden
- sich über Freizeitmöglichkeiten zu informieren

### Séance de 20 heures

1/37
1/38

*Pauline lit le programme du week-end dans le journal.*

| | |
|---|---|
| Pauline | Tu as vu dans le journal ? Il se passe beaucoup de choses en ville ce soir : concert de rock à la salle des spectacles, pièce de théâtre en anglais. |
| Nina | Non, pas d'anglais. Je préfère apprendre le français ici ! |
| Pauline | Je continue. Il y a un super film au ciné à la séance de 20 heures, un karaoké avec des chansons françaises au bar « Le navire ». |
| Nina | Tu ne veux pas venir au ciné avec moi ? |
| Pauline | Si, pourquoi pas. |
| Nina | Mais je ne connais pas le programme. |
| Pauline | Le film dont je te parle est un beau film romantique. |
| Nina | Ah non ! |
| Pauline | Quels sont tes films préférés, Nina ? |
| Nina | Mes films préférés sont les films d'action. Et toi ? |
| Pauline | Mon film préféré est « Titanic ». |
| Nina | Qu'est-ce qu'on décide alors ? |
| Pauline | On peut peut-être demander à Pierre. |
| Nina | Pierre, tu veux venir au cinéma ce soir ? |
| Pierre | Volontiers. |
| Pauline | Tu préfères voir un film d'action ou un film romantique ? |
| Pierre | Mais quelle question ! Un film romantique bien sûr ! |

# Freizeit in der Stadt　　　　　　　　　　　　　　　9

## ﹗﹗ Fragen zum Dialog

**Beantworten Sie die Fragen.**
1. Qu'est-ce que Pauline lit ?
   *le programme du week-end dans le journal.*
2. Qu'est ce qu'il y a au bar « Le navire » ?
   *un karaoké avec des chansons françaises.*
3. Qu'est-ce que Nina veut faire ?
   *Elle veut venir au ciné avec Pauline et Pierre.*

## 20-Uhr-Vorstellung

*Pauline liest das Wochenendprogramm aus der Zeitung vor.*

| | |
|---|---|
| Pauline | Hast du dir die Zeitung angeschaut? Es ist viel los (es passieren viele Sachen) heute Abend in der Stadt: Rockkonzert im Konzertsaal, Theaterstück auf Englisch. |
| Nina | Nein, kein Englisch. Ich lerne hier lieber Französisch! |
| Pauline | Ich lese weiter (fahre fort). Es gibt einen super Film in der 20-Uhr-Vorstellung im Kino, ein Karaoke mit französischen Liedern in der Bar „Le navire". |
| Nina | Willst du nicht mit mir ins Kino gehen? |
| Pauline | Doch, warum nicht. |
| Nina | Aber ich kenne das Programm nicht. |
| Pauline | Der Film, von dem ich rede, ist ein schöner romantischer Film. |
| Nina | Ach nein! |
| Pauline | Was sind deine Lieblingsfilme, Nina? |
| Nina | Meine Lieblingsfilme sind Actionfilme. Und deine (du)? |
| Pauline | Mein Lieblingsfilm ist „Titanic". |
| Nina | Wofür (was) entscheiden wir uns dann? |
| Pauline | Wir können vielleicht Pierre fragen. |
| Nina | Pierre, willst du heute Abend mit ins Kino kommen? |
| Pierre | Gerne. |
| Pauline | Möchtest du lieber einen Actionfilm oder einen romantischen Film sehen? |
| Pierre | Aber was für eine Frage! Einen romantischen Film natürlich! |

Alltag

# 9 Freizeit in der Stadt

## Lernwortschatz

| | | | |
|---|---|---|---|
| apprendre | *lernen* | pourquoi pas | *warum nicht* |
| bar *m* | *Bar* | pouvoir | *können, dürfen* |
| bien sûr | *natürlich* | préféré(e) | *Lieblings …* |
| chanson *f* | *Lied* | programme *m* | *Programm* |
| connaître | *kennen* | quel(le) | *welche(r/s)* |
| (je connais) | *(ich kenne)* | question *f* | *Frage* |
| continuer | *fortfahren* | rock *m* | *Rock* |
| | *(hier: weiterlesen)* | romantique | *romantisch* |
| décider | *entscheiden* | salle *f* | *Saal* |
| demander | *fragen* | séance *f* | *Vorstellung* |
| dont | *von dem;* | si | *doch* |
| | *wovon* | venir | *(mit)kommen* |
| en anglais | *auf Englisch* | volontiers | *gerne* |
| français(e) | *französisch* | vouloir | *wollen* |
| film *m* | *Film* | voir (vu) | *sehen (gesehen)* |
| film *m* d'action | *Actionfilm* | | |
| film *m* préféré | *Lieblingsfilm* | | |
| heure *f* | *Uhr; Stunde* | | |
| il se passe | *es ist viel los* | | |
| beaucoup | | | |
| de choses | | | |
| il y a | *es gibt* | | |
| journal *m* | *Zeitung* | | |
| karaoké *m* | *Karaoke* | | |
| lire (elle lit) | *lesen (sie liest)* | | |
| peut-être | *vielleicht* | | |
| pièce *f* de théâtre | *Theaterstück* | | |

### Freizeitaktivitäten

| | |
|---|---|
| loisirs *mPl* | Freizeit |
| exposition *f* | Ausstellung |
| cinéma *m* (*ugs.* ciné) | Kino |
| cirque *m* | Zirkus |
| concert *m* | Konzert |
| musée *m* | Museum |
| spectacle *m* | Vorstellung; Live-Show |
| théâtre *m* | Theater |

# Freizeit in der Stadt 9

## Grammatik und Redemittel

### Modalverben und Infinitivergänzung → §8.1.5

|         | **pouvoir** können/dürfen | **vouloir** wollen/mögen | **devoir** müssen/sollen |
|---------|---------------------------|--------------------------|--------------------------|
| je      | peux                      | veux                     | dois                     |
| tu      | peux                      | veux                     | dois                     |
| il/elle | peut                      | veut                     | doit                     |
| nous    | pouvons                   | voulons                  | devons                   |
| vous    | pouvez                    | voulez                   | devez                    |
| ils/elles | peuvent                 | veulent                  | doivent                  |

Auf Modalverben und auch auf Verben wie **préférer** *bevorzugen*, **aimer** *gern haben; mögen*, **passer** *vorbeigehen* oder **penser** *denken* folgen Verben im Infinitiv.
Je **veux aller** au cinéma. *Ich will ins Kino gehen.*
Je **préfère aller** au théâtre. *Ich gehe lieber ins Theater.*

### Die Possessivadjektive → §7.2

Beachten Sie, dass die Possessivadjektive sich in Geschlecht und Zahl nach dem dazugehörigen Substantiv richten:
C'est **son** journal. *Es ist seine/ihre Zeitung.*
C'est **leur** film préféré. *Es ist ihr Lieblingsfilm.*

| **Ein Besitzer** | | |
|---|---|---|
| **Singular** | | **Plural** |
| **mon** *mein* | **ma** *meine* | **mes** *meine* |
| **ton** *dein* | **ta** *deine* | **tes** *deine* |
| **son** *sein/ihr* | **sa** *seine/ihre* | **ses** *seine/ihre* |
| **Mehrere Besitzer (oder Höflichkeitsform)** | | |
| **notre** *unser; unsere* | | **nos** *unsere* |
| **votre** *euer/Ihr; eure/Ihre* | | **votre** *euer/Ihr; eure/Ihre* |
| **leur** *ihr; ihre* | | **leurs** *ihre* |

! Vor Vokal oder stummem **h**, werden **ma**, **ta**, **sa** zu **mon**, **ton**, **son**:
**Femininum**   **mon** amie   *meine Freundin*
**Maskulinum**   **mon** ami   *mein Freund*

soixante et onze

# 9 Freizeit in der Stadt

## ∷ Übungen

**1 Kreisen Sie das richtige Possessivadjektiv ein.**
1. C'est le cousin de Lucie. C'est mon | *son* | leur cousin.
2. Claire est l'amie de Carine. C'est mon | sa | *son* amie.
3. C'est la maison de Christelle et Jean. C'est *leur* | son | sa maison.
4. Ce sont les CDs de Christophe et Jérôme. Ce sont leur | ses | *leurs CDs*.

**2 Schreiben Sie die richtige Form des Verbs.**
1. Je ne ___peux___ pas venir. (können)
2. Aujourd'hui, nous _____ aller au musée. (wollen)
3. Est-ce que tu _____ du pain ? (wollen)
4. Est-ce que vous _____ m'aider ? (können)

**3 Lesen Sie die Sätze aus der Übung 2 laut vor und kontrollieren Sie Ihre Aussprache anhand der CD.**

1/39

**4 Was hören Sie? Kreuzen Sie an.**

|   | [s] wie in **s**alut | [z] wie in **z**éro |
|---|---|---|
| 1. la **s**alle | ☒ | ☐ |
| 2. l'expo**s**ition | ☐ | ☒ |
| 3. le con**c**ert | ☒ | ☐ |
| 4. le **c**inéma | ☒ | ☐ |
| 5. le mu**s**ée | ☐ | ☒ |
| 6. la chan**s**on | ☒ | ☐ |
| 7. la **s**éance | ☒ Vorstellg. | ☐ |

1/40

Haben Sie die Regel herausgefunden? Am _____ (8.) oder nach einem _____ (9.) spricht man den Laut [s]. Der Buchstabe _____ (10.) wird vor einem Vokal ebenfalls [s] ausgesprochen. Hingegen kommt der Laut [z] zwischen _____ (11.) vor.

soixante-douze

# Freizeit in der Stadt 9

## :: Les loisirs

**Kulturtipp**

In ihrer Freizeit besuchen viele Franzosen die **clubs de peinture**, **clubs de théâtre** oder **clubs de sport** *Mal-*, *Theater-* oder *Sportvereine*. Staatliche und private Museen, die meistens dienstags geschlossen haben, bieten eine große Vielfalt an kulturellen Angeboten.

Traditionell ist der Mittwoch der wöchentliche „Freizeittag". Grundschüler gehen nicht zur Schule, ältere Schüler nur bis mittags. Angestellte, insbesondere Mütter, pausieren. Der Eintritt in die meisten Museen ist frei und Sport-, Kunst- und Musikaktivitäten sind an der Reihe. Übrigens: Auch jedes erste Wochenende im Monat können Sie kostenfrei in die meisten Museen gehen.

Sind Sie abends bei Freunden eingeladen, werden Sie Ihre Freizeit nicht selten mit Rollenspielen oder **jeux de société** *Gesellschaftsspielen* verbringen.

**Alltag**

## :: Was können Sie schon?

☺ ☺ ☹

| | |
|---|---|
| ▪ ausdrücken, wem etwas gehört | → Ü1 |
| ▪ sagen, was Sie tun können, wollen, mögen oder müssen | → Ü2 <br> → Ü3 |
| ▪ jemanden fragen, ob er Ihnen helfen kann <br> ▪ über Pläne und Vorhaben sprechen | → Ü3 |
| ▪ das Freizeitangebot einer Stadt verstehen | → Ü4 |

soixante-treize

# 10 Sport

## In dieser Lektion lernen Sie:

- sich über verschiedene Sportarten zu unterhalten
- über Ihre eigenen sportlichen Fähigkeiten und Interessen zu sprechen

### À l'entraînement de volley

*Dimanche matin, Pierre emmène Nina à l'entraînement de volley. Il retrouve son ami Antoine.*

| | |
|---|---|
| Pierre | Salut Antoine ! Ça va ? |
| Antoine | C'est la forme, merci. Et toi ? |
| Pierre | Ça va bien. Je te présente Nina, ma cousine allemande. |
| Antoine | Enchanté. |
| Nina | Bonjour. |
| Antoine | Ah, tu es comme ton cousin. Tu sais aussi jouer au volley ? |
| Nina | Non, moi, je ne sais pas trop. Je veux essayer. |
| Antoine | C'est un sport intéressant. |
| Nina | Le filet est haut ! |
| Antoine | Mais ce n'est pas un problème pour toi, tu es assez grande. |
| Nina | Je ne connais pas les règles du jeu. |
| Antoine | Regarde un peu. C'est simple. |
| Nina | J'espère ! |

*L'entraîneur siffle et Nina s'assoit sur le banc.*

| | |
|---|---|
| Entraîneur | Finissez vos discussions et choisissez un ballon. La semaine prochaine, on a un match important… C'est parti ! |
| Nina | Wouah ! Pierre est un bon joueur. Il forme une équipe parfaite avec Antoine. |
| Antoine | Nina, tu veux jouer avec nous maintenant ? |
| Nina | Déjà ? Vous ne finissez pas le match ? |
| Antoine | Nina ! Ce n'est pas encore un vrai match, c'est l'échauffement ! |

# Sport    10

## ⁙ Fragen zum Dialog

**Ergänzen Sie die Zusammenfassung des Dialogs mit den Wörtern:**

| Antoine | dimanche | entraîneur | cousine | entraînement | ballon |

C'est _____ (1.) matin. Pierre et Nina vont à l'_____ (2.) de volley. _____ (3.), est déjà là. Pierre lui présente sa _____ (4.). L'_____ (5.) siffle et les joueurs prennent un _____ (6.).

## Beim Volleyballtraining

*Am Sonntagvormittag nimmt Pierre Nina zum Volleyballtraining mit.*
*Er trifft seinen Freund Antoine.*

| | |
|---|---|
| Pierre | Hallo Antoine! Wie geht's? |
| Antoine | Ich bin in Form (Das ist die Form), danke. Und du? |
| Pierre | Es geht mir gut. Ich stelle dir Nina, meine deutsche Cousine, vor. |
| Antoine | Sehr erfreut. |
| Nina | Guten Morgen. |
| Antoine | Ach, du bist wie dein Cousin. Kannst du auch Volleyball spielen? |
| Nina | Nein, i c h kann es nicht so recht. Ich möchte es probieren. |
| Antoine | Das ist ein interessanter Sport. |
| Nina | Das Netz ist hoch! |
| Antoine | Aber das ist kein Problem für dich, du bist groß genug. |
| Nina | Ich kenne die Spielregeln nicht. |
| Antoine | Schau ein bisschen zu. Es ist einfach. |
| Nina | Ich hoffe! |

*Der Trainer pfeifft und Nina setzt sich auf die Bank.*

| | |
|---|---|
| Trainer | Beendet eure Unterhaltungen und sucht euch einen Ball aus. Nächste Woche haben wir ein wichtiges Spiel … Los geht's! |
| Nina | Wow! Pierre ist ein guter Spieler. Er bildet ein perfektes Team mit Antoine. |
| Antoine | Nina, willst du jetzt mit uns spielen? |
| Nina | Schon? Beendet ihr das Spiel nicht? |
| Antoine | Nina! Das ist noch kein richtiges Spiel, das ist das Aufwärmen. |

Alltag

# 10 Sport

## Lernwortschatz

| | |
|---|---|
| allemand(e) | *deutsch* |
| après | *danach* |
| assez | *genug; ziemlich* |
| ballon *m* | *Ball* |
| banc *m* | *(Sitz-)Bank* |
| choisir | *(aus)wählen* |
| comme | *wie* |
| dimanche *m* | *Sonntag* |
| discussion *f* | *Unterhaltung; Diskussion* |
| échauffement *m* | *Aufwärmen* |
| emmener | *mitnehmen* |
| entraînement *m* | *Training* |
| entraîneur *m* | *Trainer* |
| équipe *f* | *Mannschaft; Team* |
| espérer | *hoffen* |
| essayer | *probieren; versuchen* |
| filet *m* | *Netz* |
| finir | *beenden* |
| forme *f* | *Form* |
| haut(e) | *hoch* |
| important(e) | *wichtig* |
| intéressant(e) | *interessant* |
| joueur *m* | *Spieler* |
| match *m* | *Spiel* |
| matin *m* | *Vormittag; Morgen* |
| ne… pas encore | *noch nicht* |
| pas trop | *nicht so recht; nicht zu viel* |
| problème *m* | *Problem* |
| prochain(e) | *nächste(r/s)* |
| règle *f* du jeu | *Spielregel* |
| s'asseoir (elle s'assoit) | *sich setzen (sie setzt sich)* |
| savoir | *können; wissen* |
| siffler | *pfeiffen* |
| simple | *einfach* |
| sur | *auf* |
| temps *m* | *Zeit* |
| vrai(e) | *echt; richtig* |

| Sport treiben | |
|---|---|
| faire du sport | *Sport treiben* |
| faire du foot | *Fussball spielen* |
| faire du ski | *Ski fahren* |
| faire du tennis | *Tennis spielen* |
| faire du vélo | *Fahrrad fahren* |
| faire du volley | *Volleyball spielen* |
| faire du badminton | *Federball spielen* |
| faire du bateau | *segeln* |
| faire du cheval | *reiten* |
| faire de la natation | *schwimmen* |
| faire de la randonnée | *wandern* |

# Sport    10

## ▪▪ Grammatik und Redemittel

### ■ Die Verben auf *-ir* mit Stammerweiterung → §8.1.2

|         | **finir** *beenden* |             |
|---------|---------------------|-------------|
|         | **Präsens**         | **Imperativ** |
| je      | fin**is**           |             |
| tu      | fin**is**           | fin**is** ! |
| il/elle | fin**it**           |             |
| nous    | fin**issons**       | fin**issons** ! |
| vous    | fin**issez**        | fin**issez** ! |
| ils/elles | fin**issent**     |             |

Ebenso wird **choisir** *wählen* konjugiert.

### ■ Das Adjektiv: Formen und Stellung → §4

Das Adjektiv richtet sich in Geschlecht und Zahl nach dem dazugehörigen Substantiv (auch nach **être**). Denken Sie daran, dass der Endkonsonant des Adjektivs ausgesprochen wird, wenn ein **-e** oder **-es** angehängt wird.

Singular
**un sport** intéressant   *ein interessanter Sport*
**il** est intéressant.
**une équipe** intéressant**e**   *eine interessante Mannschaft*
**elle** est intéressant**e**.
Plural
**des sports** intéressant**s**   *interessante Sportarten*
**ils** sont intéressant**s**.
**des équipes** intéressant**es**   *interessante Mannschaften*
**elles** sont intéressant**es**.

! Die meisten Adjektive stehen **nach** dem Substantiv:
**un joueur parfait**   *ein perfekter Spieler*.
Kurze Adjektive hingegen stehen **vor** dem Substantiv:
**un petit ballon**   *ein kleiner Ball*.

*Alltag*

# 10 Sport

■ **Das Modalverb** *savoir* → § 8.1.5

**Savoir** bedeutet sowohl *wissen* als auch *können*:
Je ne **sais** pas.  *Ich weiß nicht.*
Tu **sais** jouer au tennis ?  *Kannst du Tennis spielen?*

|          | **Präsens** |
|----------|-------------|
| je       | **sais**    |
| tu       | **sais**    |
| il/elle  | **sait**    |
| nous     | sav**ons**  |
| vous     | sav**ez**   |
| ils/elles| sav**ent**  |

## :: Übungen

**1 Hören Sie die Personenbeschreibung. Es handelt sich um eine Figur aus dem Dialog. Aber um wen?**
Je suis : _Antoine_.

1/43

**2 Lesen Sie die Schlagzeilen. Leider fehlen die Endungen der Verben. Ergänzen Sie sie. Ordnen Sie anschließend jeder Schlagzeile ein Bild zu.**
1. Sav_ez_-vous faire du ski ?  b
2. Le match fini_t_ par 3 à 1.  a
3. Vous pouvez choisi_r_ votre programme aujourd'hui : foot ou basket ?  c

a)

b)

c)

# Sport

**3 Ergänzen Sie, falls nötig, die richtige Endung.**
1. Marie est grand_e___ .
2. Pierre aime les bon_s___ gâteaux.
3. Magalie et Jules sont content_s___ .
4. C'est un match intéressant_____ .

**4 Lesen Sie die Sätze aus der Übung 3 laut vor. Überprüfen Sie Ihre Aussprache mithilfe der CD.**

1/44

## Le sport en France

Beim Thema Sport ist die Nation gespalten: in Fußballfans und Rugbyanhänger einerseits und Tennisbegeisterte anderseits. 1998 packte die Franzosen das Fußballfieber, als **les bleus** *die Blauen* im eigenen Land Weltmeister und zwei Jahre später Europameister wurden. Der berühmte Spieler Zinédine Zidane wurde zur Ikone. Das **rugby** *Rugby* ist eine Art amerikanischer Fußball, den man mit fünfzehn Spielern spielt. Frankreich gehört neben England, Schottland, Irland, Wales, Australien und Neuseeland zu den bedeutendsten Mannschaften der Welt. Ein anderes großes Sportereignis begeistert jedes Jahr im Juni die Franzosen: das **tournoi de Roland-Garros** *French Open* in Paris. Also: Wenn Sie sich für Sport interessieren, gibt es in Frankreich neben der **Tour de France** noch einiges zu erleben!

## Was können Sie schon?

| | ☺ ☹ ☹ | |
|---|---|---|
| ■ die Beschreibung einer Person verstehen | | → Ü1 |
| ■ Schlagzeilen in einer Zeitung lesen<br>■ Sportergebnisse verstehen | | → Ü2 |
| ■ über die Eigenschaften von Personen und Dingen schreiben und sprechen | | → Ü3<br>→ Ü4 |

# 11 Neue Freundschaften schließen

## In dieser Lektion lernen Sie:

- jemanden einzuladen und eine Einladung anzunehmen oder abzulehnen
- eine Person zu beschreiben
- Farben zu benennen

## À la vôtre !

1/45
1/46

*À l'entraînement, Pierre invite ses amis, Antoine et Marie, à l'apéritif.*

| | |
|---|---|
| Pierre | Antoine et Marie, vous passez prendre l'apéro ce soir ? |
| Antoine | Oui, avec plaisir ! C'est une bonne idée ! |
| Marie | Pas moi. Je sors ce soir avec un copain. |
| Pierre | Un rendez-vous un dimanche soir ? |
| Marie | Tu es bien curieux. |
| Pierre | Bon, la prochaine fois, alors. Bonne soirée ! |

*Chez Pierre et Pauline*

| | |
|---|---|
| Pauline | Je suis inquiète. Marie n'est pas encore là ? Elle n'est jamais en retard d'habitude. |
| Pierre | Zut, j'ai oublié : elle sort ce soir. |
| Nina | Marie ? C'est qui ? |
| Pauline | C'est la nouvelle joueuse de volley. |
| Pierre | Tu sais, la fille blonde avec les cheveux longs ? |
| Pauline | Non Pierre, elle n'est plus blonde, elle est rousse maintenant. |
| Nina | La fille avec la belle veste blanche ? |
| Pierre | Oui, c'est ça ! |
| Nina | Dommage. Elle est sympa, je crois. |
| Pierre | Qu'est-ce que vous voulez boire ? |
| Antoine | Moi, un pastis avec deux gros glaçons. |
| Pauline | Un muscat ! Et toi, Nina ? |
| Nina | Oui… Je goûte le muscat ! |

*Tout le monde a un verre à la main.*

| | |
|---|---|
| Tous | Alors, santé ! À la vôtre ! |

# Neue Freundschaften schließen    11

## ▪▪ Fragen zum Dialog

**Kreuzen Sie die richtige Antwort an.**
1. Pourquoi Marie n'est pas là ?   a) Elle travaille.   b) Elle sort.
2. Comment est Marie ?   a) Elle est brune.   b) Elle est rousse.
3. Qu'est-ce qu'Antoine boit ?   a) un pastis   b) un muscat

## Zum Wohl!

*Beim Training lädt Pierre seine Freunde, Antoine und Marie, zum Aperitif ein.*

| | |
|---|---|
| Pierre | Antoine und Marie, kommt ihr heute Abend zum Aperitif vorbei? |
| Antoine | Ja, mit Vergnügen! Das ist eine gute Idee! |
| Marie | Ich nicht. Ich gehe heute Abend mit einem Freund aus. |
| Pierre | Eine Verabredung an einem Sonntagabend? |
| Marie | Du bist ganz schön neugierig. |
| Pierre | Na gut, also das nächste Mal. Schönen Abend! |

*Bei Pierre und Pauline*

| | |
|---|---|
| Pauline | Ich mache mir Sorgen (bin beunruhigt). Ist Marie noch nicht da? Sie ist normalerweise nie zu spät. |
| Pierre | Mist, ich habe vergessen: Sie geht heute Abend aus. |
| Nina | Marie? Wer ist das? |
| Pauline | Das ist die neue Volleyballspielerin. |
| Pierre | Weißt du, das blonde Mädchen mit den langen Haaren? |
| Pauline | Nein Pierre, sie ist nicht mehr blond, sie ist jetzt rothaarig. |
| Nina | Das Mädchen mit der schönen weißen Jacke? |
| Pierre | Ja, genau! |
| Nina | Schade. Sie ist nett, glaube ich. |
| Pierre | Was wollt ihr trinken? |
| Antoine | Ich einen Pastis mit zwei großen Eiswürfeln. |
| Pauline | Einen Muscat! Und du, Nina? |
| Nina | Ja … Ich probiere den Muscat! |

*Alle haben ein Glas in der Hand.*

| | |
|---|---|
| Alle | Also, prost! Zum Wohl! |

*Alltag*

# 11 Neue Freundschaften schließen

## Lernwortschatz

| | |
|---|---|
| à la tienne ! | zum Wohl! (wenn nur zwei Personen anstoßen) |
| à la vôtre ! | zum Wohl! (wenn mehrere Personen anstoßen oder Höflichkeitsform) |
| ami *m*, amie *f* | Freund, Freundin |
| apéritif *m* (*ugs.* apéro) | Aperitif |
| avec plaisir | gerne; mit Vergnügen |
| bonne soirée | schönen Abend |
| cheveux *mPl* | Haare |
| copain *m*, copine *f* | Freund, Freundin |
| croire (je crois) | glauben (ich glaube) |
| curieux, curieuse | neugierig |
| d'habitude | normalerweise |
| dommage | schade |
| être en retard | zu spät sein; Verspätung haben |
| fois *f* | Mal |
| glaçon *m* | Eiswürfel |
| goûter | probieren |
| inquiet, inquiète | beunruhigt; besorgt |
| inviter | einladen |
| joueuse *f* | Spielerin |
| là | da |
| main *f* | Hand |
| muscat *m* | Muscat (süßes Weingetränk) |
| ne… jamais | nie |
| ne… plus | nicht mehr |
| nouveau, nouvelle | neu |
| passer | vorbeikommen |
| pastis *m* | Pastis (alkoholisches Anisgetränk) |
| prendre l'apéritif | Aperitif trinken |
| qui | wer |
| rendez-vous *m* | Verabredung; Termin |
| santé ! | prost! |
| soir *m* | Abend |
| sortir | ausgehen |
| sympa | nett |
| tout le monde | jeder; alle (Leute) |
| verre *m* | Glas |
| veste *f* | Jacke |

### Gegensätze

| | |
|---|---|
| grand(e)/petit(e) | groß/klein |
| gros(se)/maigre | dick/dünn |
| bon(ne)/mauvais(e) | gut/schlecht |
| neuf, neuve/vieux, vieille | neu/alt |
| long(ue)/court(e) | lang/kurz |
| beau, belle/laid(e) | hübsch/hässlich |
| gentil(le)/méchant(e) | nett/böse |
| heureux, heureuse/triste | glücklich/traurig |
| blond(e)/brun(e)/roux, rousse | blond/dunkelhaarig/rothaarig |
| blanc, blanche/noir(e) | weiß/schwarz |

# Neue Freundschaften schließen — 11

## Grammatik und Redemittel

### Das Adjektiv: Besondere Formen →§4

Besondere Formen des Adjektivs entnehmen Sie dem Wortschatzkasten **Gegensätze**.

Achten Sie allerdings auf die Adjektive **beau** *schön*, **vieux** *alt* und **nouveau** *neu*. Sie stehen **vor** dem Substantiv und werden zu **bel**, **vieil** und **nouvel** vor Substantiven, die mit Vokal oder stummem **h** beginnen:

|  | Maskulinum | | Femininum |
|---|---|---|---|
| Singular | un **beau** garçon | un **bel** homme | une **belle** femme |
| Plural | des **beaux** garçons/hommes | | des **belles** femmes |

### Farbadjektive

Farbadjektive stehen immer **nach** dem Substantiv:
une veste **blanche**  *eine weiße Jacke*

Beachten Sie, dass **marron** *braun* und **orange** *orange* unveränderlich sind.
Weitere Farben sind: **bleu(e)** *blau*, **vert(e)** *grün*, **rouge** *rot* und **jaune** *gelb*.

### Die Verneinung (II) →§11

| | | | |
|---|---|---|---|
| ne… pas | nicht | ne… rien | nichts |
| ne… pas encore | noch nicht | ne… plus | nicht mehr |
| ne… pas du tout | gar nicht | ne… personne | niemand |
| ne… pas toujours | nicht immer | ne… jamais | nie |
| ne… pas non plus | auch nicht | | |

### Das Verb *sortir* →§8.1.2

Einige Verben auf **-ir**, wie **sortir** *ausgehen*, werden wie folgt konjugiert:

|  | Präsens | Imperativ |
|---|---|---|
| je | sor**s** | |
| tu | sor**s** | sor**s** ! |
| il/elle | sor**t** | |
| nous | sort**ons** | sort**ons** ! |
| vous | sort**ez** | sort**ez** ! |
| ils/elles | sort**ent** | |

Alltag

quatre-vingt-trois

# 11 Neue Freundschaften schließen

## Übungen

**1 Kreuzen Sie die richtige Verbform an.**
1. Vous a) sortez b) sortent ce soir ?
2. Nous a) finissons b) finissent la soirée chez Pauline.
3. Claire a) sortent b) sort de la maison sans chaussures.
4. Gilles et Jules a) choisit b) choisissent leur dessert.

**2 Hören Sie den Dialog und ergänzen Sie die fehlenden Wörter.**

Lucie Salut Michel ! Ce soir, je _fais_ (1.) une petite soirée à la maison avec des copains. Tu _prends_ (2.) avec nous ? _l'apéritif_

Michel Oui, _avec plaisir_ (3.).

Lucie Je veux _inviter_ (4.) Patrick aussi.

Michel Patrick ? Il ne peut pas _venir_ (5.).

Lucie Il n'a pas le temps ?

Michel Non, il a un _rendez-vous_ (6.).

Lucie C'est _dommage_ (7.). Tant pis. La _prochaine_ (8.) fois peut-être.

**3 Wie ist er? Wie ist sie?**

Émile est… Claire est…
1. grand. _grande_.
2. beau. _belle_.
3. _intéressant_ intéressante.
4. content. _contente_.
5. _roux_. rousse.
6. _gentil_. gentille.

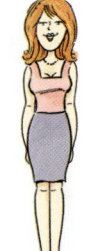

# Neue Freundschaften schließen 11

## L'apéritif et la pétanque =Boules Spiel

Es vergeht kaum ein Wochenende, an dem der Franzose nicht zum **apéro** eingeladen ist. Oft trifft man sich zwischen 18 h und 20 h für eine oder zwei gesellige Stunden bei Freunden, Verwandten oder Nachbarn, meistens ohne besonderen Anlass. Es werden ein, zwei Gläser getrunken und es wird natürlich viel geredet und gelacht.

Wenn man Sie fragt, was Sie trinken möchten, haben Sie zum Beispiel die Wahl zwischen einem Glas Whisky oder dem bei Männern in Südfrankreich sehr beliebten **pastis**. Dieses alkoholische Anisgetränk wird mit viel Wasser und Eiswürfeln serviert. Das süße Weingetränk **muscat** ist eher etwas für Frauen. Meist stehen auch ein paar Kleinigkeiten zum Knabbern auf dem Tisch: Erdnüsse, Chips, Oliven. Wenn Sie unbedingt etwas mitbringen wollen, eignen sich gute Pralinen, eine Flasche Wein oder auch Blumen. Während des Aperitifs spielen Südfranzosen gerne das berühmte Boules-Spiel, **la pétanque**. Menschen aller Altersgruppen treffen sich und lassen mit großer Begeisterung die Metallkugeln rollen. Es gibt sogar seit 1946 französische Pétanque-Meisterschaften!

*Kulturtipp — Alltag*

## Was können Sie schon?   😊 😐 ☹

| | |
|---|---|
| ■ verstehen, wenn jemand Ihnen von seinen Plänen erzählt | → Ü1 |
| ■ verstehen, wenn jemand Sie einlädt | → Ü2 |
| ■ eine Einladung annehmen oder ablehnen | → Ü2 |
| ■ das Aussehen einer Person genauer beschreiben | → Ü3 |

# 12 Wohnungssuche

## :: In dieser Lektion lernen Sie:

- über Erfahrungen bei der Wohnungssuche zu sprechen
- eine Wohnung zu beschreiben
- über Ereignisse aus der Vergangenheit zu berichten

## Le nouvel appart

*Nina commence bientôt son nouveau travail à Grenoble. Elle a trouvé un appartement.*

| | |
|---|---|
| Antoine | Tu veux toujours louer un appartement, Nina ? |
| Nina | Non, j'ai trouvé. Ça n'a pas été facile. |
| Antoine | Tu as cherché longtemps ? |
| Nina | Oui, un peu. J'ai regardé dans les petites annonces du journal. Et je n'ai rien trouvé. |
| Antoine | Tu as pensé à Internet ? |
| Nina | Oui. Je n'ai pas eu de chance. Rien ! |
| Pierre | Ensuite, j'ai aidé Nina à chercher et j'ai demandé à une agence immobilière ici à Grenoble. |
| Nina | Et ils ont tout de suite proposé un appartement avec trois pièces. |
| Antoine | Ah, tu veux dire un F3 ! Et où ? |
| Nina | Dans le centre-ville. L'appartement est parfait. Il fait 85 m². Il a un grand salon. |
| Antoine | Et la cuisine ? |
| Nina | La cuisine et la salle de bains sont presque neuves ! En plus, le loyer n'est pas trop cher. |
| Antoine | Waouh ! C'est presque du luxe ! Tu l'as pris, j'espère ! |
| Nina | Oui, bien sûr ! Mais il y a un petit problème… L'appartement est au sixième étage sans ascenseur ! |
| Antoine | Mais tu es sportive ! Tu emménages quand ? |
| Nina | Dans deux semaines. |

# Wohnungssuche     12

## ▪▪ Fragen zum Dialog

**Sind die Aussagen richtig *vrai* oder falsch *faux*?**
**Korrigieren Sie die falschen Aussagen.**

|   | vrai | faux |
|---|---|---|
| 1. Nina a trouvé un appartement. | ☐ | ☐ |
| 2. Antoine a aidé Nina pour trouver un appartement. | ☐ | ☐ |
| 3. Nina emménage dans trois semaines. | ☐ | ☐ |

## Die neue Wohnung

*Nina beginnt bald ihre neue Arbeit in Grenoble. Sie hat eine Wohnung gefunden.*

| | |
|---|---|
| Antoine | Willst du immer noch eine Wohnung mieten, Nina? |
| Nina | Nein, ich habe (eine) gefunden. Es war nicht einfach. |
| Antoine | Hast du lange gesucht? |
| Nina | Ja, ein bisschen. Ich habe in die Kleinanzeigen in der Zeitung geschaut. Und ich habe nichts gefunden. |
| Antoine | Hast du ans Internet gedacht? |
| Nina | Ja. Ich habe kein Glück gehabt. Nichts! |
| Pierre | Dann habe ich Nina beim Suchen geholfen und ich habe bei einem Maklerbüro hier in Grenoble gefragt. |
| Nina | Und sie haben sofort eine Wohnung mit drei Zimmern angeboten. |
| Antoine | Ach, du meinst eine Dreizimmerwohnung! Und wo? |
| Nina | In der Stadtmitte. Die Wohnung ist perfekt. Sie ist 85 m² groß. Sie hat ein großes Wohnzimmer. |
| Antoine | Und die Küche? |
| Nina | Die Küche und das Badezimmer sind fast neu! Außerdem ist die Miete nicht zu teuer. |
| Antoine | Wow! Das ist fast Luxus! Du hast sie genommen, hoffe ich! |
| Nina | Ja, natürlich! Aber es gibt ein kleines Problem … Die Wohnung ist im sechsten Stock, ohne Aufzug! |
| Antoine | Aber du bist sportlich! Wann ziehst du ein? |
| Nina | In zwei Wochen. |

*Alltag*

# 12 Wohnungssuche

## Lernwortschatz

| | | | |
|---|---|---|---|
| agence f immobilière | Maklerbüro | petite annonce f | Kleinanzeige |
| aider | helfen | pièce f | Zimmer; Raum |
| ascenseur m | Aufzug | presque | fast |
| bientôt | bald | quand | wann |
| centre-ville m | Stadtmitte | sixième | sechste(r/s) |
| cher, chère | teuer | sportif, sportive | sportlich |
| chercher | suchen | toujours | immer noch |
| devenir | werden | trop | zu |
| emménager | einziehen | | |
| en plus | außerdem | | |
| ensuite | dann; danach | | |
| étage m | Stockwerk | | |
| F3 (F4 etc.) | Dreizimmerwohnung (Vierzimmerwohnung etc.) | | |
| facile | einfach; leicht | | |
| faire 1 m² (mètre carré) | 1 m² groß sein | | |
| Internet m | Internet | | |
| longtemps | lange | | |
| louer | mieten; vermieten | | |
| loyer m | Miete | | |
| luxe m | Luxus | | |
| penser | denken | | |

| Die Wohnung | |
|---|---|
| appartement m | Wohnung |
| maison f | Haus |
| cuisine f | Küche |
| salon m | Wohnzimmer |
| salle f à manger | Esszimmer |
| chambre f (à coucher) | Schlafzimmer |
| chambre f d'enfants | Kinderzimmer |
| bureau m | Arbeitszimmer |
| salle f de bains | Badezimmer |
| toilettes f Pl | Toilette |
| WC m Pl | WC |
| couloir m | Flur |
| cave f | Keller |
| grenier m | Dachboden |
| jardin m | Garten |
| balcon m | Balkon |

# Wohnungssuche 12

## ❚❚ Grammatik und Redemittel

### ■ Das Passé composé →§ 8.2.2
Diese zusammengesetzte Zeit der Vergangenheit wird mit einem Hilfsverb, meistens **avoir**, und dem Partizip Perfekt des Hauptverbs gebildet.
Für das Partizip ersetzen Sie die Infinitivendungen durch **-é** für die Verben auf **-er** oder durch **-i** für die Verben auf **-ir**. Achten Sie auf die Endungen der unregelmäßigen Verben.

| Infinitiv | Passé composé | |
|---|---|---|
| regarder | j'**ai regardé** | *ich habe geschaut* |
| finir | tu **as fini** | *du hast beendet* |
| boire | il/elle **a bu** | *er/sie hat getrunken* |
| faire | nous **avons fait** | *wir haben gemacht* |
| attendre | vous **avez attendu** | *ihr habt/Sie haben gewartet* |
| prendre | ils/elles **ont pris** | *sie haben genommen* |

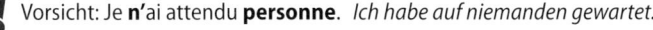

Haben Sie gewusst, dass das Passé composé von **avoir** und **être** mit dem Hilfsverb **avoir** gebildet wird?
**j'ai été** *ich bin gewesen*
**j'ai eu** *ich habe gehabt*

### ■ Die Verneinung: Zusammenfassung →§ 11
Erinnern Sie sich? Die Verneinung umschließt das konjugierte Verb bzw. Hilfsverb.
Je **ne** sais **pas**. *Ich weiß nicht.*
Je **n'**ai **rien** trouvé. *Ich habe nichts gefunden.*
Je **n'**ai **pas de** balcon. *Ich habe keinen Balkon.*
Je **ne** prends **pas de** vin. *Ich nehme keinen Wein.*

❗ Vorsicht: Je **n'**ai attendu **personne**. *Ich habe auf niemanden gewartet.*

# 12 Wohnungssuche

## Übungen

**1 Sie suchen eine 3-Zimmer-Wohnung in der Stadt mit einer großen Küche und einem Balkon. Die Wohnung muss groß sein. Welche Wohnung entspricht Ihren Vorstellungen?**
1. Loue F2, 72 m², 3ème étage, salle de bains neuve, pas d'ascenseur.
2. Bel appartement de 90 m² à louer tout de suite. Chambre de 25 m², petite cuisine et salon. Appelez l'agence Immobilier Ville.
3. Joli F3, grande cuisine et balcon. Pas de garage.
4. Loue F4 en centre-ville. Belle cuisine et grande salle de bains. À louer tout de suite.

**2 Sie rufen nun selbst beim Makler an. Schalten Sie Ihre Anzeige nach den Vorgaben der Übung 1. Beginnen Sie mit *Je cherche*… Überprüfen Sie Ihre Angaben anhand der CD.**

1/50

**3 Setzen Sie die Sätze ins Passé composé.**
1. Je loue une maison avec un grand balcon.

2. André et Charlotte mangent au restaurant.

3. Nous cherchons un parking.

4. Géraldine achète un CD du chanteur Cali.

**4 Hören Sie die Aussagen. Kreuzen Sie an, welche verneint sind. Denken Sie daran, dass *ne* nicht immer ausgesprochen wird!**

1/51

| | mit Verneinung | ohne Verneinung |
|---|:---:|:---:|
| 1. | ☒ | ☐ |
| 2. | ☒ | ☐ |
| 3. | ☐ | ☒ |
| 4. | ☒ | ☐ |
| 5. | ☐ | ☒ |

# Wohnungssuche 12

## Maisons et déco

Wollen Sie eine typisch französische Wohnung besichtigen, ist die Vielfalt je nach Region groß. Die **mas** *provenzalische Natursteinhäuser* in der Provence, die **burons** *Sennhütten* in den Bergen des Massifs Central oder die berühmten **maisons à colombage** *Fachwerkhäuser* im Elsass sind beliebte Sehenswürdigkeiten. Die **châlets** *Berghütten* der Alpen und die bretonischen Bauernhöfe sind ebenfalls einen Besuch wert! In Paris bietet sich ein Spaziergang durch die Stadtteile **le Marais**, **Quartier Latin**, **Montmartre** oder entlang der **grands boulevards** an, um die Vielfalt der Hauptstadt zu entdecken.

So unterschiedlich wie die Häuser sind auch die Einrichtungsstile. Die **déco** *Einrichtung* ist im Allgemeinen etwas einfacher. Vieles wird selbst gemacht, zusammengebastelt oder vom Trödelmarkt mitgebracht. Franzosen und insbesondere Südfranzosen leben eben lieber draußen in ihren prächtigen Gärten!

## Was können Sie schon?

| | | | |
|---|---|---|---|
| ■ eine Wohnungsbeschreibung verstehen | | | → Ü1 |
| ■ Kleinanzeigen lesen, verstehen und selbst schalten | | | → Ü1 → Ü2 |
| ■ über Ereignisse aus der Vergangenheit berichten | | | → Ü3 |
| ■ verstehen, wenn jemand eine Aussage verneint | | | → Ü4 |

# 13 Krank sein

## ⁜ In dieser Lektion lernen Sie:

- beim Arzt zurechtzukommen
- Körperteile zu benennen
- zu sagen, dass Sie krank sind oder Schmerzen haben

## Chez le docteur

*C'est lundi soir. Nina a de la fièvre depuis ce matin.*
*Pauline arrive du travail.*

| | |
|---|---|
| Pauline | Nina, tu as encore de la fièvre ? Tu n'es pas encore allée chez le docteur ? |
| Nina | Non. J'ai 39 et je suis restée dans mon lit. |
| Pauline | Bois un thé et je t'emmène chez le médecin. Heureusement, je suis arrivée plus tôt du travail aujourd'hui ! |

*Dans le cabinet du docteur*

| | |
|---|---|
| Docteur | Que vous arrive-t-il, madame Schramm ? |
| Nina | Je suis malade. |
| Docteur | Ah, j'ai déjà entendu cette phrase plusieurs fois aujourd'hui ! |
| Nina | J'ai mal à la tête. |
| Docteur | Qu'avez-vous fait ce week-end ? |
| Nina | Je suis allée à l'entraînement de volley avec mon cousin… |
| Docteur | Et vous avez pris froid ! Avez-vous de la fièvre ? |
| Nina | Oui, depuis ce matin… |
| Docteur | Où avez-vous mal encore ? Aux oreilles, à la gorge ? |
| Nina | J'ai mal à la tête et à la gorge. |
| Docteur | Avez-vous déjà pris des médicaments aujourd'hui ? |
| Nina | Non, je n'ai encore rien pris. |
| Pauline | À quoi est-ce que vous pensez, docteur ? |
| Docteur | Elle a un bon rhume. Prenez l'ordonnance et allez à la pharmacie. Demain ça ira mieux ! |

# Krank sein    13

## ⁞⁞ Fragen zum Dialog

**Kreuzen Sie die zutreffenden Aussagen an.**
1. a) Nina est restée à l'entraînement aujourd'hui.
   b) Nina est restée au lit aujourd'hui.
2. a) Pauline emmène Nina chez le docteur.
   b) Pauline emmène Nina chez le coiffeur.
3. a) Nina a de la chance.
   b) Nina a de la fièvre.

## Beim Arzt

*Es ist Montagabend. Nina hat seit heute Morgen Fieber. Pauline kommt von der Arbeit.*

| | |
|---|---|
| Pauline | Nina, hast du noch Fieber? Bist du noch nicht zum Arzt gegangen? |
| Nina | Ja, ich habe 39 (Grad) und ich bin in meinem Bett geblieben. |
| Pauline | Trink einen Tee und ich fahre dich zum Arzt. Zum Glück bin ich heute früher von der Arbeit gekommen. |

*In der Arztpraxis*

| | |
|---|---|
| Arzt | Was ist mit Ihnen los, Frau Schramm? |
| Nina | Ich bin krank. |
| Arzt | Ach, diesen Satz habe ich heute schon mehrmals gehört! |
| Nina | Ich habe Kopfschmerzen. |
| Arzt | Was haben Sie am Wochenende gemacht? |
| Nina | Ich bin mit meinem Cousin zum Volleyballtraining gegangen … |
| Arzt | Und Sie haben sich erkältet! Haben Sie Fieber? |
| Nina | Ja, seit heute Morgen … |
| Arzt | Wo tut es Ihnen noch weh? An den Ohren, am Hals? |
| Nina | Ich habe Kopf- und Halsschmerzen. |
| Arzt | Haben Sie heute schon Medikamente eingenommen? |
| Nina | Nein, ich habe noch nichts genommen. |
| Pauline | Woran denken Sie, Herr Doktor? |
| Arzt | Sie hat einen starken (guten) Schnupfen. Nehmen Sie das Rezept und gehen Sie zur Apotheke. Morgen wird es Ihnen besser gehen! |

Alltag

# 13 Krank sein

## Lernwortschatz

| | |
|---|---|
| aller (ça ira) | *gehen (es wird gehen)* |
| arriver | *geschehen; los sein* |
| avoir de la fièvre | *Fieber haben* |
| avoir mal | *Schmerzen haben; wehtun* |
| cabinet *m* | *Praxis* |
| cette | *diese* |
| degré *m* | *Grad* |
| demain | *morgen* |
| depuis | *seit* |
| docteur *m* | *Arzt* |
| encore | *noch* |
| entendre | *hören* |
| fièvre *f* | *Fieber* |
| heureusement | *zum Glück* |
| lit *m* | *Bett* |
| lundi *m* | *Montag* |
| malade | *krank* |
| médecin *m* | *Arzt* |
| médicament *m* | *Medikament* |
| mieux | *besser* |
| ordonnance *f* | *(Arzt-)Rezept* |
| pharmacie *f* | *Apotheke* |
| phrase *f* | *Satz* |
| plus tôt | *früher* |
| plusieurs | *mehrere* |
| prendre froid | *sich erkälten* |
| prendre un médicament | *ein Medikament einnehmen* |
| que, qu' | *was* |
| rester | *bleiben* |
| rhume *m* | *Schnupfen* |
| thé *m* | *Tee* |
| tôt | *früh* |

| Der Körper | |
|---|---|
| bras *m* | Arm |
| cheveux *mPl* | Haare |
| corps *m* | Körper |
| doigt *m* | Finger |
| dos *m* | Rücken |
| gorge *f* | Hals |
| jambe *f* | Bein |
| main *f* | Hand |
| nez *m* | Nase |
| œil *m* (*Pl* yeux) | Auge |
| oreille *f* | Ohr |
| pied *m* | Fuß |
| tête *f* | Kopf |
| ventre *m* | Bauch |

# Krank sein 13

## ❚❚ Grammatik und Redemittel

### ■ Das Passé composé mit *être* → § 8.2.2

Bewegungsverben sowie **rester** *bleiben* bilden das Passé composé mit dem Hilfsverb **être**. Das Partizip Perfekt richtet sich dann in Geschlecht und Zahl nach dem Subjekt des Satzes:

**je suis arrivé(e)** *ich bin angekommen*

**tu es allé(e)** *du bist gegangen*

**il est resté** *er ist geblieben*

**elle est sortie** *sie ist ausgegangen*

**nous sommes allé(e)s** *wir sind gefahren*

**vous êtes resté(e)s** *ihr seid/Sie sind geblieben*

**ils sont arrivés** *sie sind angekommen*

**elles sont sorties** *sie sind ausgegangen*

### ■ Der Fragesatz: Inversionsfrage und Zusammenfassung → § 10

Wollen Sie schriftlich oder formeller eine Frage stellen, können Sie das Personalpronomen und das Verb vertauschen. Vergessen Sie den Bindestrich nicht:
**Où es-tu ?** *Wo bist du?*
Achten Sie auf die 3. Person Singular, wenn das Verb nicht auf **-d** oder **-t** endet:
**A-t-elle mal ?** *Hat sie Schmerzen?*

Zusammenfassend gibt es drei Möglichkeiten, eine Frage zu bilden, z. B. *Wo bist du?*:

| Intonationsfrage | **Tu es où ?** |
| --- | --- |
| Frage mit **est-ce que** | **Où est-ce que tu es ?** |
| Inversionsfrage | **Où es-tu ?** |

### ■ Interrogativpronomen → § 7.5.1

Mit **qui** *wer* fragen Sie nach Personen, mit **que** *was* (oder **quoi** nach Präpositionen) nach Sachen:
**Qui** est là ? *Wer ist da?*
**À qui** penses-tu ? *An wen denkst du?*
**Que** fais-tu ? *Was machst du?*
**À quoi** penses-tu ? *Woran denkst du?*

Alltag

quatre-vingt-quinze 95

# 13 Krank sein

## ▪▪ Übungen

**1 Kreisen Sie das passende Interrogativpronomen ein.**
1. *Qui* | *Qu'* | *Quoi* vois-tu ?
2. *À que* | *qui* | *qu'* veux-tu demander ?
3. *Quoi* | *Que* | *Qu'* fait-il ?
4. *Quoi* | *Que* | *Qu'* dites-vous ?

*Handschriftliche Antworten:*
Qui vois-tu ?
À qui veux-tu dem. ?
Que fait-il ?
Que dites-vous ?

**2 Lesen Sie die Fragen aus der Übung 1 laut vor. Kontrollieren Sie Ihre Aussprache und Betonung anhand der CD. Bilden Sie anschließend aus den Inversionsfragen Fragen mit *est-ce que*.**

1/54
1. _____
2. _____
3. _____
4. _____

**3 Ergänzen Sie die Sätze mit dem Verb im Passé composé. Denken Sie an die Angleichung des Partizips Perfekt.**
1. Muriel _____ en vacances. (aller)
2. Quand est-ce qu'ils _____ ? (arriver)
3. Béatrice et Valérie _____ chez elles. (rester)
4. Il _____ chez le docteur ce matin. (aller)

**4 Sie hören die Bezeichnungen für verschiedene Körperteile. Finden Sie sie auf dem Bild wieder?**

1/55

# Krank sein                                                         13

## ⁝⁝ La santé

> **Kulturtipp — Alltag**
>
> Die Franzosen müssen ihren Arztbesuch zunächst aus eigener Tasche bezahlen, bevor die Kosten von der staatlichen **Sécurité sociale** *Sozialversicherung* (abgekürzt **Sécu**) zurückerstattet werden. Viele Franzosen haben eine private Zusatzversicherung, um ihre Kosten vollständig zu decken. Wie in Deutschland ist das Defizit der staatlichen Sozialversicherung groß. Um Einsparungen zu erzielen, wurde 2007 die Chipkarte eingeführt, auf der alle Behandlungsdaten gespeichert werden. Die erste Anlaufstelle soll der **médecin traitant** *behandelnde Arzt* sein, der Sie dann zum Facharzt überweist. Es kann zum Beispiel der **médecin de famille** *Hausarzt* sein. Haben Sie Zahnschmerzen, gehen Sie aber zum **dentiste** *Zahnarzt*. Frauen werden beim **gynécologue** *Frauenarzt* und Kinder beim **pédiatre** *Kinderarzt* behandelt.
>
> Haben Sie Schmerzen? Sagen Sie zum Arzt **j'ai mal** *es tut mir weh*. Wenn Sie genauer sein wollen, können Sie ergänzen **aux dents** zum Beispiel, also **j'ai mal aux dents** *ich habe Zahnschmerzen*. Tut Ihnen etwas oder jemand weh, sagen Sie aber **Ça fait mal**. *Es tut weh./Es schmerzt.*

## ⁝⁝ Was können Sie schon?

☺ 😐 ☹

| | | |
|---|---|---|
| ■ jemanden fragen, was er macht oder denkt | ☐ ☐ ☐ | → Ü1 |
| ■ verschiedene Arten von Fragen stellen und verstehen | ☐ ☐ ☐ | → Ü2 |
| ■ von vergangenen Ereignissen erzählen | ☐ ☐ ☐ | → Ü3 |
| ■ Körperteile verstehen und benennen | ☐ ☐ ☐ | → Ü4 |

# 14 Wiederholen und üben Sie

## Hier wiederholen Sie:

- eine Einladung zu verstehen
- sich bei einem Arztbesuch zu verständigen
- über Ihre Interessen und Vorlieben zu sprechen
- Personen zu beschreiben
- zu formulieren, was Sie wollen, können und mögen, und dies zu verneinen

**1 Ein Freund möchte Sie einladen. Er hat Ihnen eine Nachricht auf dem Anrufbeantworter hinterlassen. Hören Sie zuerst die Nachricht und beantworten Sie dann die Fragen.**

1/56
1. Qui téléphone ?
   a) Sandrine
   b) José
   c) Thomas
2. Que veut José ?
   a) Il veut inviter Sandrine à l'apéritif.
   b) Il veut passer au travail de Sandrine.
   c) Il veut aller au cinéma.
3. Que doit faire Sandrine ?
   a) Elle doit inviter José.
   b) Elle doit travailler.
   c) Elle doit appeler José ce soir.

**2 Bringen Sie den folgenden Dialog aus einer Arztpraxis in die richtige Reihenfolge.**

1. Faites voir ! Mais vous avez une bonne angine !
2. Non. Prenez vos médicaments et restez chez vous pendant une semaine !
3. Oui, j'ai 38 depuis trois jours.
4. Je vois. Vous avez de la fièvre ?
5. Depuis trois jours ! Où est-ce que vous avez mal ?
6. Je ne peux pas aller au travail alors ?
7. Bonjour, je suis malade.
8. Merci. Au revoir, docteur.
9. J'ai mal à la gorge.
10. Bonjour. Qu'est-ce qu'il vous arrive ?

# Wiederholen und üben Sie    14

**3 Hören Sie nun den Dialog aus der Übung 2 und übernehmen Sie die Rolle des Patienten.**

/57

**4 Verbinden Sie die Geschäfte mit den passenden Produkten.**
1. la boulangerie
2. le magasin de vêtements
3. la pâtisserie
4. la pharmacie
5. l'épicerie
6. la boucherie

a) le lait
b) les médicaments
c) le gâteau
d) la veste
e) le pain
f) le jambon

Alltag

**5 Hören Sie die Sätze und tragen Sie ein, wie oft Sie die Laute hören.**
1. Cali est un très bon chanteur en concert.
   Wie oft hören Sie ein [õ] wie in m**on**?  ☐ Mal
2. On a acheté de la viande excellente.
   Wie oft hören Sie ein [ã] wie in d**ent**?  ☐ Mal
3. Damien est invité à un apéritif demain.
   Wie oft hören Sie ein [ɛ̃] wie in m**ain**?  ☐ Mal

/58

**6 Erkennen Sie diese Räume? Bringen Sie die Buchstaben in die richtige Reihenfolge.**
1. A U R U B E    _____
2. C E V A    _____
3. H E B C M A R    _____
4. I E U I C S N    _____
5. S O N A L    _____
6. B L A I D E L A N S E S    _____

quatre-vingt-dix-neuf    99

# 14 Wiederholen und üben Sie

**7 Hören Sie die Fragen und beantworten Sie sie wie im Beispiel. Vergleichen Sie dann Ihre Antwort mit der von Nina.**

Beispiel: 1. Quelle est votre couleur préférée ?
*Ma couleur préférée est le vert.*

**8 Kreuzworträtsel. Wie lautet das Lösungswort?**
1. Un grand joueur français de ce sport s'appelle Zinédine Zidane.
2. C'est un sport dans l'eau.
3. J'en ai besoin pour le volley ou le foot.
4. Ce sont les personnes qui jouent dans une équipe.
5. C'est un sport ou des chaussures de sport.

Lösungswort: _____

**Regel 1: Der Imperativ**
*Der Imperativ drückt eine _____ (a) aus. Er wird im Singular mit der _____ (b) Person und im _____ (c) mit der 1. und 2. Person des Präsens gebildet.*

**9 Leider sind die folgenden Werbeslogans durcheinandergekommen. Bringen Sie die passenden Elemente zusammen.**

1. Vous voulez voir notre spectacle ?     a) Prenez votre viande à la boucherie rue de la gare !

2. Vous aimez les belles voitures ?    b) Passez à l'exposition Voitures Neuves !

3. Vous cherchez de la bonne viande ?    c) Allez à la salle de spectacles dimanche soir !

# Wiederholen und üben Sie    14

**10 Lesen Sie die richtigen Werbespots laut vor und kontrollieren Sie Ihre Aussprache und Betonung anhand der CD.**

### Regel 2: Der Fragesatz
1. Es gibt _____ (a) Möglichkeiten, eine Frage zu stellen:
   die Frage durch _____ (b) die Frage mit _____ (c) und die _____ (d).
2. Für die Inversionsfrage werden das _____ (a) und das _____ (b) vertauscht und mit einem Bindestrich verbunden. Endet das Verb nicht auf **-t** oder **-d**, wird _____ (c) eingeschoben.

**11 Machen Sie aus den Aussagesätzen Inversionsfragen.**

1. Vous allez à Paris.
   _____
2. Ils ont mangé un plat typique de la région.
   _____
3. Elle a mal à la tête.
   _____
4. Elle attend son frère à la gare.
   _____
5. Tu bois un apéritif.
   _____

### Regel 3: Die Adjektive
1. Die Adjektive werden in _____ (a) und _____ (b) an das _____ (c) angeglichen, auf das sie sich beziehen.
2. Lange Adjektive und Farbadjektive stehen _____ (a) dem Substantiv, kurze Adjektive hingegen _____ (b) dem Substantiv.

**12 Finden Sie den Gegensatz zum ersten Satzteil.**

**Beispiel:** Pierre a une grande maison et Magalie a une *petite maison*.
1. Julie a une veste blanche et Paul a une _____ .
2. Fabienne a un vieil appartement, mais Delphine a acheté un _____ .
3. Noémie a les cheveux courts, mais Corinne a les _____ .
4. Maria est une mauvaise joueuse de tennis, mais Pascaline est une _____ .

Alltag

# 14 Wiederholen und üben Sie

**Regel 4: Die Verben auf -ir und -re**
*Die Endungen der regelmäßigen Verben auf **-ir** mit Stammerweiterung im Präsens sind: _____ (a). Die übrigen Verben auf **-ir** und Verben auf **-re** sind _____ (b).*

### 13 Ergänzen Sie die Sprechblasen mit der richtigen Verbform im Präsens.

Vous choisi _____ (1.) un vin blanc ou un vin rouge ?

Vous pren _____ (2.) du fromage ?

**Regel 5: Die Modalverben**
*Zu den Modalverben gehören _____ (a), _____ (b), _____ (c) und _____ (d). Auf diese Verben folgt eine _____ (e).*

### 14 Kreuzen Sie das passende Verb an.

1. Maurice — a) ☐ sait / b) ☐ veut — téléphoner à son frère.
2. Est-ce que tu — a) ☐ sais / b) ☐ dois — faire du bateau ?
3. Nous — a) ☐ savons / b) ☐ devons — faire les courses.
4. Vous — a) ☐ savez / b) ☐ pouvez — répéter la question ?
5. Anne et Marc ne — a) ☐ veulent / b) ☐ doivent — pas aller au cinéma.

**Regel 6: Das Partizip Perfekt**
*Das Partizip Perfekt der Verben auf **-er** ist _____ (a) und der Verben auf _____ (b) ist **-i**. Die weiteren Verben haben unregelmäßige Formen.*

# Wiederholen und üben Sie

## 15 Sie hören Verben im Infinitiv. Notieren Sie das Partizip Perfekt.
1. _____    4. _____
2. _____    5. _____
3. _____    6. _____

### Regel 7: Das Passé composé
*Das Passé composé wird mit den Hilfsverben _____ (a) oder _____ (b)
und dem _____ (c) des Hauptverbs gebildet. Beim Passé composé mit*
**être** *wird das Partizip Perfekt an das dazugehörige Substantiv _____ (d).*

## 16 Verbinden die Satzteile.
1. Karine est                a) pas encore sorties du cinéma ?
2. Muriel a                  b) resté à Marseille.
3. Luc est                   c) arrivés dimanche soir.
4. Ils sont                  d) allée à l'épicerie.
5. Elles ne sont             e) acheté les croissants.

### Regel 8: Die Verneinung
*Die Verneinung besteht aus den beiden Teilen _____ (a)
und _____ (b) das konjugierte Verb. Die Verneinung des
unbestimmten Artikels und des Teilungsartikels ist _____ (c).*

## 17 Bringen Sie die Sätze in die richtige Reihenfolge.
1. Nous – chez Muriel – ne… pas – l'apéritif – prenons
   _____

2. ne… plus – va – Paul – à l'entraînement de foot
   _____

3. aller – veut – au cinéma – ne… jamais – Aline
   _____

4. Fabien et Catherine – n'… pas du tout – le sport – aiment
   _____

5. au restaurant – sommes – allées – ne… pas – Nous
   _____

6. de ski – ai – Je – n'… jamais – fait
   _____

# Zwischentest 2

**1 Lesen Sie die kurzen Notizen und finden Sie die passende Überschrift.**
1. Prends l'ordonnance et apporte-moi mes médicaments ! J'ai de la fièvre et je suis allé chez le docteur. Je suis au lit maintenant.
2. Il faut un litre de lait, un pot de confiture, un paquet de gâteaux, une bouteille d'eau et du pain.
3. J'ai pris mes baskets. Je suis à l'entraînement. Demain, nous avons un match important.
4. F3 centre-ville avec petit jardin et balcon. Grande cuisine. Salle de bains neuve.

a) ☐ Appartement à louer
b) ☐ La liste de courses
c) ☐ Au sport
d) ☐ Je suis malade

__/4

**2 Welche Verbform passt? Kreuzen Sie an.**

1. Je veux
   a) ☐ sais
   b) ☐ savoir
   c) ☐ savez
   où il est.

2. Vous
   a) ☐ parlé
   b) ☐ parlez
   c) ☐ parler
   français ?

3. Je passe
   a) ☐ vois
   b) ☐ vu
   c) ☐ voir
   ma grand-mère demain.

4. Cédric ne peut pas
   a) ☐ sortir
   b) ☐ sort
   c) ☐ sortez
   ce soir.

5. Tu n'as pas encore
   a) ☐ finit ?
   b) ☐ fini ?
   c) ☐ finis ?

6. Je dois
   a) ☐ prendre
   b) ☐ prend
   c) ☐ prennent
   mes médicaments.

__/6

# Zwischentest 2

**3 Lesen Sie die Sätze laut vor. Wie wird das Ende des Adjektivs ausgesprochen? Kreuzen Sie an.**

1. Patrick est pet**it**.
   a) ☐ [it]　　　　　　　　　　　b) ☐ [i]
2. Corinne et Stéphanie sont conten**tes**.
   a) ☐ [ts]　　　　　　　　　　　b) ☐ [t]
3. André a vu un film intéress**ant**.
   a) ☐ [ã] (wie in d**ans**)　　　　b) ☐ [ãt] (wie in t**ante**)
4. Les desserts sont ch**ers**.
   a) ☐ [e] (wie in parl**é**)　　　　b) ☐ [ɛ] (wie in fr**è**re)
5. C'est une femme import**ante**.
   a) ☐ [ãt] (wie in t**ante**)　　　b) ☐ [ã] (wie in d**an**s)

_/5

**4 Wie sagen Sie, wenn …? Kreuzen Sie die zutreffende Aussage an und sprechen Sie sie laut aus. Kontrollieren Sie Ihre Aussprache anhand der CD.**

1. … Sie in einer Bäckerei ein Baguette haben möchten?
   a) ☐ Je voudrais une baguette, s'il vous plaît.
   b) ☐ Je veux du pain.
2. … Sie ein Kilo Kartoffeln gekauft haben.
   a) ☐ J'achète un kilo de pommes.
   b) ☐ J'ai acheté un kilo de pommes de terre.
3. … Sie im Restaurant bezahlen wollen.
   a) ☐ Je veux payer.
   b) ☐ L'addition, s'il vous plaît !
4. … Sie eine schöne Wohnung gefunden haben.
   a) ☐ J'ai trouvé un bel appartement.
   b) ☐ Je trouve un appartement.
5. … Sie jemanden fragen wollen, was er heute macht.
   a) ☐ À quoi est-ce que tu penses aujourd'hui ?
   b) ☐ Qu'est-ce que tu fais aujourd'hui ?
6. … Sie jemanden fragen, was er will.
   a) ☐ Que veux-tu ?
   b) ☐ Que vois-tu ?

_/6

Alltag

# Zwischentest 2

### 5 Was hören Sie?

|   | eine Frage | eine Aufforderung | eine Aussage |
|---|---|---|---|
| 1. | a) ☐ | b) ☐ | c) ☐ |
| 2. | a) ☐ | b) ☐ | c) ☐ |
| 3. | a) ☐ | b) ☐ | c) ☐ |
| 4. | a) ☐ | b) ☐ | c) ☐ |
| 5. | a) ☐ | b) ☐ | c) ☐ |
| 6. | a) ☐ | b) ☐ | c) ☐ |

__/6

### 6 Ordnen Sie die Begriffe, die Sie hören, einer Kategorie zu.

| les fruits et les légumes | le sport | les activités de loisir | le corps |
|---|---|---|---|
| _____ | _____ | _____ | _____ |
| _____ | _____ | _____ | _____ |
| _____ | _____ | _____ | _____ |

__/9

### 7 Ergänzen Sie die Sätze mit dem Partizip Perfekt.

1. Claire a lou _____ un appartement dans le centre-ville.
2. Paul et Philippe sont rest _____ à la maison.
3. José a fin _____ de manger.
4. Ils sont all _____ au musée mercredi.
5. David a attend _____ deux heures dans le cabinet du médecin.
6. Elles sont sort _____ du cinéma à 22 heures.
7. Après l'entraînement, j'ai b _____ une bouteille d'eau.

__/7

### 8 Bilden Sie aus den Silben sinnvolle Verbformen und tragen Sie sie in die Tabelle ein.

finis  bu  pre  sor  emmè  com  boi
sons  vons  nez  pren  tez  nent  nent  vent

| nous | vous | ils |
|---|---|---|
| 1. _____ | 3. _____ | 5. _____ |
| 2. _____ | 4. _____ | 6. _____ |
|  |  | 7. _____ |

__/7

__/50

106   cent six

Reise

# 15 Eine Reise planen

## In dieser Lektion lernen Sie:

- über Reisen, andere Länder und deren Bewohner zu reden
- eine Reise zu planen und zu buchen
- die Wochentage zu benennen

##  À l'agence de voyages

*Mardi, Nina n'est plus malade. Elle va dans une agence de voyages avec Pierre.*

| | |
|---|---|
| Pierre | Bonjour, nous voulons réserver un voyage. |
| Employée | Vous voulez partir quand ? |
| Pierre | Demain mercredi ! À la première heure ! Une semaine tout compris pour un couple et une personne seule. |
| Employée | C'est vraiment un voyage de dernière minute ! |
| Nina | Nous sommes très spontanés. |
| Employée | Vous avez une destination ? Vous voulez visiter un pays particulier ? |
| Pierre | Non, nous voulons simplement aller au soleil. |
| Employée | *(regarde sur son ordinateur)* Au Portugal… en Grèce… Non, tout est réservé… |
| Pierre | Vous n'avez plus rien ? |
| Employée | Si, j'ai encore des séjours en Belgique, en Allemagne… |
| Nina | L'Allemagne ? Moi, je suis d'Allemagne et il n'y a pas trop de soleil… |
| Employée | Ah, vous êtes Allemande ! |
| Pierre | On peut peut-être sortir de l'Europe ? |
| Nina | Ah oui, en Afrique ou en Amérique ! |
| Employée | J'ai justement un séjour au Maroc à Agadir. |
| Nina | Et le prix ? |
| Employée | Deux cents euros par personne en demi-pension. |
| Pierre | Ça marche. |
| Employée | Donc vous partez demain à six heures ! |

# Eine Reise planen — 15

## :: Fragen zum Dialog

**Ergänzen Sie die Sätze.**
1. Pierre et Nina vont dans une    a) exposition.    b) agence de voyages.
2. Le voyage coûte    a) 100 €.    b) 200 €.
3. C'est une semaine    a) tout compris.    b) en demi-pension.

## Im Reisebüro

*Am Dienstag ist Nina nicht mehr krank. Sie geht mit Pierre in ein Reisebüro.*

| | |
|---|---|
| Pierre | Guten Tag, wir möchten eine Reise buchen. |
| Angestellte | Wann möchten Sie abreisen? |
| Pierre | Morgen, am Mittwoch! Zu früher (erster) Stunde! Eine Woche all-inclusive für ein Paar und eine Einzelperson. |
| Angestellte | Das ist wirklich eine Last-Minute-Reise! |
| Nina | Wir sind sehr spontan. |
| Angestellte | Haben Sie ein Reiseziel? Möchten Sie ein bestimmtes Land besuchen? |
| Pierre | Nein, wir wollen einfach in die Sonne (fahren/fliegen). |
| Angestellte | *(sieht auf ihren Computer)* Nach Portugal … nach Griechenland … Nein, alles ist ausgebucht … |
| Pierre | Haben Sie nichts mehr? |
| Angestellte | Doch, ich habe noch Aufenthalte in Belgien, in Deutschland … |
| Nina | Deutschland? I c h bin aus Deutschland und es gibt nicht allzu viel Sonne … |
| Angestellte | Ah, Sie sind Deutsche! |
| Pierre | Wir können vielleicht außerhalb Europas verreisen (aus Europa herausgehen)? |
| Nina | Ach ja, nach Afrika oder nach Amerika! |
| Angestellte | Ich habe gerade einen Aufenthalt in Marokko in Agadir. |
| Nina | Und der Preis? |
| Angestellte | Zweihundert Euro pro Person bei Halbpension. |
| Pierre | Das geht klar. |
| Angestellte | Dann fliegen Sie morgen um sechs Uhr ab! |

Reise

# 15 Eine Reise planen

## Lernwortschatz

| | |
|---|---|
| à | um |
| Afrique f | Afrika |
| agence f de voyages | Reisebüro |
| Amérique f | Amerika |
| ça marche | es klappt; es geht klar |
| couple m | (Ehe-)Paar |
| demi-pension f | Halbpension |
| destination f | Reiseziel |
| Europe f | Europa |
| justement | gerade; eben |
| ordinateur m | Computer |
| partir | weggehen/-fahren; abreisen |
| particulier, particulière | besondere(r/s) (hier: bestimmt) |
| pays m | Land |
| premier, première | erste(r/s) |
| prix m | Preis |
| réserver | buchen; reservieren |
| séjour m | Aufenthalt |
| simplement | einfach |
| soleil m | Sonne |
| sortir | herausgehen |
| spontané(e) | spontan |
| tout | alles |
| tout compris | all-inclusive |
| très | sehr |
| visiter | besichtigen; besuchen |
| voyage m de dernière | Last-Minute-Reise |

| Wochentage | |
|---|---|
| lundi m | Montag |
| mardi m | Dienstag |
| mercredi m | Mittwoch |
| jeudi m | Donnerstag |
| vendredi m | Freitag |
| samedi m | Samstag |
| dimanche m | Sonntag |

# Eine Reise planen 15

## Grammatik und Redemittel

### Die Präpositionen des Ortes → §2

| **à** *in/nach* | **de** *aus/von* |
|---|---|
| à + le = **au** | de + le = **du** |
| à + la = **à la** | de + la = **de la** |
| à + l' = **à l'** | de + l' = **de l'** |
| à + les = **aux** | de + les = **des** |

**À** leitet die Antwort auf die Fragen *wo*? (Lage) und *wohin*? (Zielrichtung) ein: **à l'agence de voyage** *im/ins Reisebüro*, **au cinéma** *im/ins Kino*. Es steht auch vor Städten und vor maskulinen Ländernamen, die mit Konsonanten beginnen, oder Ländernamen im Plural: **à Grenoble** *in/nach Grenoble*, **au Maroc** *in/nach Marokko*, **aux Pays-Bas** *in den/in die Niederlande(n)*.
**De** drückt aus, woher Sie kommen oder stammen: **de Paris** *aus Paris*, **du Portugal** *aus Portugal*.
**En** steht vor allen femininen Ländernamen und maskulinen Namen, die mit einem Vokal beginnen: **en Grèce** *in/nach Griechenland*, **en Autriche** *in/nach Österreich*.

### Ländernamen

Ländernamen stehen mit dem bestimmten Artikel. Die meisten sind feminin (z. B.: **la France**). Die Sprache des Landes entspricht dem maskulinen Adjektiv: **français**. Die Einwohnernamen werden von den Ländern abgeleitet und großgeschrieben. Sie richten sich in Geschlecht und Zahl nach der Person, die sie bezeichnen: **un Allemand**, **une Allemande**, **des Allemand(e)s**.

| Länder | | | |
|---|---|---|---|
| la France | *Frankreich* | français(e) | *französisch* |
| l'Allemagne *f* | *Deutschland* | allemand(e) | *deutsch* |
| l'Autriche *f* | *Österreich* | autrichien(ne) | *österreichisch* |
| l'Angleterre *f* | *England* | anglais(e) | *englisch* |
| l'Espagne *f* | *Spanien* | espagnol(e) | *spanisch* |
| l'Italie *f* | *Italien* | italien(ne) | *italienisch* |
| le Maroc | *Marokko* | marocain(e) | *marokkanisch* |

# 15 Eine Reise planen

## Übungen

**1 Ergänzen Sie den Text mit *à*, *en* oder *de* bzw. deren Varianten.**
1. Patricia et Maurice vont en vacances _____ Espagne.
2. Je voudrais aller _____ Paris.
3. Je passe une semaine _____ soleil.
4. L'agence de voyages nous recommande un voyage _____ Pays-Bas.
5. Je suis _____ Lyon. Et vous, vous êtes d'où ?

**2 Hören Sie die kurzen Aussagen und kreuzen Sie an.**
1. Elle est     a) Allemand.     b) Allemande.
2. Il est     a) Hollandais.     b) Anglais.
3. Elles sont     a) Français.     b) Françaises.
4. Il est     a) Portugais.     b) Marocain.
5. Ils sont     a) Italiens.     b) Marocaines.

**3 Sagen Sie, welche Sprache die Einwohner aus der Übung 2 sprechen.**

**4 Kreuzen Sie an. Es gibt mehrere Möglichkeiten.**

|  | à | en | du |
|---|---|---|---|
| 1. Maroc | ☐ | ☐ | ☐ |
| 2. Madrid | ☐ | ☐ | ☐ |
| 3. Hollande | ☐ | ☐ | ☐ |
| 4. France | ☐ | ☐ | ☐ |
| 5. Lille | ☐ | ☐ | ☐ |
| 6. cinéma | ☐ | ☐ | ☐ |

# Eine Reise planen 15

## Tourisme en France

*Kulturtipp*

Angelehnt an die Schulferien sind die beliebtesten Urlaubsmonate der Franzosen Juli und August. Man spricht sogar von **juillettistes** und **aoûtiens**, also *Juli-* und *Augusturlaubern*. Franzosen machen gerne Urlaub im eigenen Land. Im Sommer bieten sich **le Midi** *Südfrankreich* für den Strandurlaub und **l'Atlantique** *die Atlantikküste* für den Aktivurlaub hervorragend an. Zum Ski- und Winterurlaub fahren die Franzosen gerne in Skigebiete wie Val Thorens, Serre-Chevalier oder Tignes. Die Regionen entlang der Flüsse Loire, Tarn oder Dordogne sind ebenfalls beliebte Urlaubsziele.

Angekommen an Ihrem Urlaubsort, brauchen Sie nur noch zum **office de tourisme** *Fremdenverkehrsamt* zu gehen, um ein Zimmer zu reservieren, ein typisches Restaurant zu finden oder Ihre Freizeit zu gestalten. Und dann: **Bonnes vacances !** *Schöne Ferien!*

## Was können Sie schon?

| | |
|---|---|
| ausdrücken, wo Sie sind oder wohin Sie möchten | → Ü1 <br> → Ü4 |
| jemanden fragen, woher er kommt <br> sagen, woher Sie stammen | → Ü1 |
| verstehen, in welchem Land jemand wohnt und welche Nationalität er hat | → Ü2 |
| sagen, welche Sprache jemand spricht | → Ü3 |

*Reise*

cent treize 113

# 16 Verkehrsmittel

## :: In dieser Lektion lernen Sie:

- über Reisevorbereitungen und Gepäck zu sprechen
- das Datum zu nennen
- das richtige Verkehrsmittel zu finden

## Mercredi 17 juin

*Mercredi 17 juin, le réveil sonne de bonne heure.*

| | |
|---|---|
| Pierre | (*dans son lit*) Mais il fait encore nuit… C'est une blague ? On est le 1<sup>er</sup> avril ? |
| Pauline | Non, c'est le 17 juin. Le jour du départ ! |

*Une heure plus tard*

| | |
|---|---|
| Pierre | On va à l'aéroport en taxi ? |
| Pauline | Non, on prend la voiture ! Les valises sont déjà dans le coffre. |
| Nina | Et les sacs ? |
| Pauline | Zut, je les ai oubliés dans le couloir. |
| Nina | Je vais les chercher. |
| Pierre | Tout ça pour une semaine ? Vous exagérez, les filles ! |
| Pauline | Regarde ! Le sac à dos est mon bagage à main. Là, j'ai rangé mes vêtements et ma trousse de toilette. Dans le sac de voyage, j'ai mis mes chaussures… |
| Pierre | Je vois surtout un coffre plein… |
| Nina | On va rater notre vol. On décolle dans une heure ! |

*Quelques heures plus tard à Agadir*

| | |
|---|---|
| Pauline | Enfin ! Vite ! Vous voyez un taxi ? |
| Pierre | Mais calme-toi ! On n'est pas pressés, on est en vacances. (*À un taxi :*) Taxi ! Direction Hôtel « Au soleil », s'il vous plaît. |
| Nina | Vive les vacances ! La chaleur, les transports… |
| Pauline | Et bientôt on va même pouvoir se déplacer en chameau ! |

# Verkehrsmittel 16

## :: Fragen zum Dialog

**Kreuzen Sie an.**  vrai  faux
1. Aujourd'hui, c'est le 17 juillet. ☐ ☐
2. Nina, Pierre et Pauline vont à l'aéroport en taxi. ☐ ☐
3. Les filles n'ont pas beaucoup de bagages. ☐ ☐
4. Pauline a oublié les sacs dans la cuisine. ☐ ☐

## Mittwoch, 17. Juni

*Am Mittwoch, dem 17. Juni, klingelt der Wecker früh.*

| | |
|---|---|
| Pierre | *(in seinem Bett)* Aber es ist noch dunkel … Ist das ein Witz? Haben *(Sind)* wir den 1. April? |
| Pauline | Nein, es ist der 17. Juni. Der Tag des Abflugs! |

*Eine Stunde später*

| | |
|---|---|
| Pierre | Fahren wir mit dem Taxi zum Flughafen? |
| Pauline | Nein, wir nehmen das Auto! Die Koffer sind schon im Kofferraum. |
| Nina | Und die Taschen? |
| Pauline | Mist, ich habe sie im Flur vergessen. |
| Nina | Ich gehe sie holen. |
| Pierre | Das alles für eine Woche? Ihr übertreibt, Mädels! |
| Pauline | Schau her! Der Rucksack ist mein Handgepäck. Dorthin habe ich meine Kleidung und meinen Kulturbeutel geräumt. In die Reisetasche habe ich meine Schuhe getan … |
| Pierre | Ich sehe vor allem einen vollen Kofferraum … |

*Einige Stunden später in Agadir*

| | |
|---|---|
| Pauline | Endlich! Schnell! Seht ihr ein Taxi? |
| Pierre | Aber beruhige dich! Wir haben es nicht eilig, wir sind im Urlaub. *(Zu einem Taxi:)* Taxi! Zum (Richtung) Hotel „Au soleil" („An der Sonne") bitte. |
| Nina | Es leben die Ferien! Die Hitze, die Verkehrsmittel … |
| Pauline | Und bald werden wir uns sogar auf einem Kamel fortbewegen können! |

*Reise*

# 16 Verkehrsmittel

## Lernwortschatz

| | |
|---|---|
| aéroport *m* | Flughafen |
| aller en taxi | mit dem Taxi fahren |
| bagage *m* à main | Handgepäck |
| blague *f* | Witz |
| calme-toi (v. se calmer) | beruhige dich |
| chaleur *f* | Hitze |
| chameau *m* | Kamel |
| chercher | holen |
| coffre *m* | Kofferraum |
| couloir *m* | Flur |
| de bonne heure | früh; (früh)zeitig |
| décoller | abfliegen |
| départ *m* | Abflug; Abfahrt; Abreise |
| direction *f* | Richtung |
| enfin | endlich |
| être pressé | es eilig haben |
| exagérer | übertreiben |
| faire nuit | Nacht sein; dunkel sein |
| hôtel *m* | Hotel |
| moyens *mPl* de transport | Verkehrsmittel |
| même | sogar |
| mis (v. mettre) | hier: getan; gelegt |
| plein(e) | voll |
| plus tard | später |
| quelque | einige |
| ranger | aufräumen |
| rater | verpassen |
| réveil *m* | Wecker |
| sac *m* à dos | Rucksack |
| sac *m* de voyage | Reisetasche |
| se déplacer | sich fortbewegen |
| sonner | klingeln |
| surtout | vor allem |
| transports *mPl* | Verkehrsmittel |
| trousse *f* de toilette | Kulturbeutel |
| valise *f* | Koffer |
| vive les vacances ! | es leben die Ferien! |
| vite | schnell |
| vol *m* | Flug |

| Verkehrsmittel | |
|---|---|
| voiture *f* | Auto |
| train *m* | Zug |
| vélo *m* | Fahrrad |
| avion *m* | Flugzeug |
| métro *m* | U-Bahn |
| bus *m* | Bus |
| tram(way) *m* | Straßenbahn |

| Monate | |
|---|---|
| janvier | Januar |
| février | Februar |
| mars | März |
| avril | April |
| mai | Mai |
| juin | Juni |
| juillet | Juli |
| août | August |
| septembre | September |
| octobre | Oktober |
| novembre | November |
| décembre | Dezember |

# Verkehrsmittel 16

## Grammatik und Redemittel

### Das Verb *voir* (sehen)

|  | Präsens | Passé composé |
|---|---|---|
| je/j' | vois | ai vu |
| tu | vois | as vu |
| il/elle | voit | a vu |
| nous | voyons | avons vu |
| vous | voyez | avez vu |
| ils/elles | voient | ont vu |

### Das direkte Objektepronomen → § 7.1.4

| Personalpronomen | direkte Objektpronomen |
|---|---|
| je | me *mich* |
| tu | te *dich* |
| il | le *ihn* |
| elle | la *sie* |
| nous | nous *uns* |
| vous | vous *euch/Sie* |
| ils/elles | les *sie* |

Vor Vokal oder stummem **h** werden **me**, **te**, **le** zu **m'**, **t'**, **l'**.
Direkte Objektpronomen werden bei Verben ohne Präpositionen verwendet.
Sie stehen im Aussagesatz vor dem Verb bzw. Hilfsverb:
Je **les** cherche. *Ich suche sie.*
Im Passé composé mit **avoir** richtet sich das Partizip Perfekt in Geschlecht und Zahl nach dem direkten Objektpronomen:
Je **les** ai **oublié(e)s**. *Ich habe sie vergessen.*

### Die Grundzahlen bis unendlich

| 100 | cent | 200 | deux cents | 2.000 | deux mille |
| 101 | cent un(e) | 201 | deux cent un(e) | 1.000.000 | un million |
| 110 | cent-dix | 1.000 | mille | 2.000.000 | deux millions |

*Reise*

# 16 Verkehrsmittel

### ■ Das Datum

Die Frage lautet: **On est le combien ?** *Den Wievielten haben wir?*
Für den ersten Tag eines Monats brauchen Sie eine Ordnungszahl, für die anderen Tage die Grundzahlen (→L2, L3):
**Nous sommes le premier (1er) mai.** *Wir haben den 1. Mai.*
**C'est le dix-sept (17) juin.** *Es ist der 17. Juni.*

## ▪▪ Übungen

**1 Ersetzen Sie den fett gedruckten Satzteil durch ein direktes Objektpronomen.**

1. Je cherche **ma sœur**.
   *Je la cherche.*
2. Jean invite **ses parents** au restaurant.
   ___
3. Béatrice a rangé **ses chaussures** dans le couloir.
   ___
4. J'ai acheté **le plan de la ville**.
   ___

2/5

**2 Was hören Sie? Den Wievielten haben wir?**

1. a) 23.06.       b) 23.07.
2. a) 11.11.       b) 11.01.
3. a) 31.08.       b) 13.08.
4. a) 14.12.       b) 14.11.

2/6

**3 Notieren Sie die Einwohnerzahl der folgenden Städte und lesen Sie sie anschließend laut vor.**

1. Lyon : quatre cent quarante-cinq mille habitants ( _____ )
2. Bordeaux : deux cent quinze mille habitants ( _____ )
3. Marseille : huit cent huit mille habitants ( _____ )

# Verkehrsmittel 16

## ⁘ Les transports

Bereiten Sie sich auf viele Abkürzungen vor!
Die französische Eisenbahngesellschaft heißt **S.N.C.F.** (**Société Nationale des Chemins de Fer**) und der Hochgeschwindigkeitszug **T.G.V.** (**Train à Grande Vitesse**). In Paris können Sie sich auch mit der **R.E.R.** (**Réserveau Express Régional**) *S-Bahn*, mit der gut zu nutzenden **métro** (**Métropolitain**) *U-Bahn*, mit dem Bus oder einfach **en vélib'** fortbewegen. Dieser Begriff ist eine Zusammensetzung aus **vélo** *Fahrrad* und **liberté** *Freiheit*. Die umweltschonende Alternative soll die schwierige Verkehrssituation entlasten. Die Fahrräder stehen jedem, der sie nutzen möchte, rund um die Uhr gegen Gebühr an gekennzeichneten Stellen zur Verfügung. Allerdings ist Vorsicht geboten: Auto- und Radfahrer müssen sich erst einmal aneinander gewöhnen.
Haben Sie übrigens gewusst, dass Autos im Französischen, anders als im Deutschen, immer weiblich sind? Sagen Sie zum Beispiel **une Mercedes**, **une Renault** oder **une Citroën**. Also: **Bonne route !** *Gute Fahrt!*

## ⁘ Was können Sie schon?

| | ☺ ☺ ☹ | |
|---|---|---|
| ausdrücken, dass Sie eine Straße nicht finden | | → Ü1 |
| das Datum verstehen und angeben | | → Ü2 |
| große Zahlen verstehen und aussprechen | | → Ü3 |
| Verkehrsmittel benennen | | |

cent dix-neuf 119

# 17 Nach dem Weg fragen

## In dieser Lektion lernen Sie:

- nach dem Weg zu fragen
- genaue Ortsangaben zu machen
- über Ihre Absichten zu sprechen
- jemandem Ihre Hilfe anzubieten

## Au feu à droite !

*Le chauffeur de taxi vient de laisser Pauline, Pierre et Nina devant l'hôtel !*

| | |
|---|---|
| Nina | Vous avez vu ? L'hôtel s'appelle « Coucher de soleil ». |
| Pauline | Ah non, le chauffeur de taxi s'est trompé d'adresse. Par chance, les gens parlent français ici. On va demander le chemin à quelqu'un. |
| Pierre | *(à un passant :)* Excusez-moi ! Vous pouvez nous aider ? Vous connaissez l'hôtel « Au soleil » ? |
| Passant | Quel hôtel ? |
| Nina | Hôtel « Au soleil ». |
| Passant | Il est dans quelle rue ? |
| Pauline | Aucune idée. C'est en face de la plage. |
| Passant | Ah ! Les touristes… Tu continues tout droit jusqu'au carrefour. Au feu, tu tournes à droite. Et au rond-point, tu prends la deuxième sortie. |
| Pauline | *(doucement à Pierre :)* Il me tutoie ? |
| Pierre | C'est normal ici. |
| Pauline | *(au passant :)* Et après, c'est encore loin ? |
| Passant | Tu traverses la route et tu fais encore deux cents mètres. C'est à côté du marché. |
| Nina | Mmhh… On y va en taxi ? |
| Passant | Non, à pied ! Il y a des travaux dans la rue et les voitures ne passent plus depuis hier. |
| Nina | Et en plus, on n'a pas de plan de la ville… |
| Passant | Attends, je vais venir avec vous ! |

# Nach dem Weg fragen                                    17

## Fragen zum Dialog

**Was passt zum Dialog? Kreuzen Sie an.**
1. *Le touriste | Le chauffeur de taxi* s'est trompé d'hôtel.
2. Pierre demande le chemin *à un passant. | au chauffeur de taxi*.
3. L'hôtel est en face *de la plage. | du carrefour*.

## An der Ampel rechts!

*Der Taxifahrer hat Pauline, Pierre und Nina gerade vor dem Hotel aussteigen lassen.*

| | |
|---|---|
| Nina | Habt ihr gesehen? Das Hotel heißt „Sonnenuntergang". |
| Pauline | Oh nein, der Taxifahrer hat sich in der Adresse geirrt. Zum Glück sprechen die Leute hier Französisch. Wir werden jemanden nach dem Weg fragen. |
| Pierre | *(zu einem Passanten:)* Entschuldigen Sie! Können Sie uns helfen? Kennen Sie das Hotel „An der Sonne"? |
| Passant | Welches Hotel? |
| Nina | Hotel „An der Sonne". |
| Passant | In welcher Straße ist es? |
| Pauline | Keine Ahnung. Es ist gegenüber vom Strand. |
| Passant | Ach! Die Touristen … Du gehst weiter geradeaus bis zur Kreuzung. An der Ampel biegst du nach rechts ab. Und am Kreisverkehr nimmst du die zweite Ausfahrt. |
| Pauline | *(leise zu Pierre:)* Er duzt mich? |
| Pierre | Das ist hier normal. |
| Pauline | *(zum Passanten:)* Und danach ist es noch weit? |
| Passant | Du überquerst die Straße und du gehst noch zweihundert Meter. Es ist neben dem Markt. |
| Nina | Mmhh … Nehmen wir ein Taxi? |
| Passant | Nein, zu Fuß! Da ist eine Baustelle in der Straße und die Autos kommen seit gestern nicht mehr durch. |
| Nina | Aber wir haben keinen Stadtplan … |
| Passant | Warte, ich komme (werde kommen) mit euch! |

Reise

# 17 Nach dem Weg fragen

## Lernwortschatz

| | | | |
|---|---|---|---|
| à côté de | neben; in der Nähe von | par chance | zum Glück |
| à pied | zu Fuß | passant *m* | Passant |
| adresse *f* | Adresse | passer | vorbeifahren (hier: durchfahren) |
| aucune idée | keine Ahnung | | |
| carrefour *m* | Kreuzung | plage *f* | Strand |
| chauffeur *m* de taxi | Taxifahrer | plan *m* de la ville | Stadtplan |
| | | quelqu'un | jemand |
| chemin *m* | Weg | rue *f* | Straße |
| connaître (vous connaissez) | kennen (Sie kennen /ihr kennt) | rond-point *m* | Kreisverkehr |
| | | route *f* | Straße |
| | | se tromper | sich vertun; sich irren |
| coucher *m* de soleil | Sonnenuntergang | | |
| | | sortie *f* | Ausfahrt |
| deuxième | zweite(r/s) | touriste *m* | Tourist |
| devant | vor | travaux *mPl* | Baustelle |
| direction *f* | Richtung | tutoyer (il tutoie) | duzen (er duzt) |
| doucement | leise | venir de partir | gerade weggefahren sein |
| en face de | gegenüber | | |
| feu *m* | Ampel | | |
| gens *mPl* | Leute | | |
| hier | gestern | | |
| jusqu'à | bis; bis zu | | |
| laisser | lassen (hier: aussteigen lassen) | | |
| loin | weit (entfernt) | | |
| marché *m* | Markt | | |
| mètre *m* | Meter | | |
| normal(e) | normal | | |

### Nützliche Verben

| | |
|---|---|
| aller tout droit | geradeausgehen/-fahren |
| continuer | weitergehen/-fahren |
| faire demi-tour | kehrtmachen; umkehren |
| tourner | abbiegen |
| retourner | zurückgehen; zurückkommen |
| traverser | überqueren |
| monter | einsteigen; hinaufgehen |
| descendre | aussteigen; heruntergehen |

### Richtungen

| | | | |
|---|---|---|---|
| à droite | rechts (Richtung) | à droite de | rechts von/neben |
| à gauche | links (Richtung) | à gauche de | links von/neben |

# Nach dem Weg fragen 17

## Grammatik und Redemittel

### Das Futur composé → §8.3.2
Wollen Sie über ein unmittelbar bevorstehendes Ereignis oder Ihre Absicht sprechen, dann verwenden Sie das Futur composé. Dafür brauchen Sie das Verb **aller** *gehen* gefolgt von einem Verb im Infinitiv.

|  | **demander** *fragen* |  |
|---|---|---|
| je | **vais demander** | *ich werde fragen* |
| tu | **vas demander** | *du wirst fragen* |
| il/elle | **va demander** | *er/sie wird fragen* |
| nous | **allons demander** | *wir werden fragen* |
| vous | **allez demander** | *ihr werdet fragen/Sie werden fragen* |
| ils/elles | **vont demander** | *sie werden fragen* |

### Das Interrogativadjektiv *quel* → §7.5.3

|  | **Singular** | **Plural** |
|---|---|---|
| **Maskulinum** | **quel** hôtel *welches Hotel* | **quels** hôtels *welche Hotels* |
| **Femininum** | **quelle** rue *welche Straße* | **quelles** rues *welche Straßen* |

### Das Verb *venir* (kommen)

|  | **Präsens** | **Passé composé** |
|---|---|---|
| je | **viens** | **suis venu(e)** |
| tu | **viens** | **es venu(e)** |
| il/elle | **vient** | **est venu(e)** |
| nous | **venons** | **sommes venu(e)s** |
| vous | **venez** | **êtes venu(e)s** |
| ils/elles | **viennent** | **sont venu(e)s** |

### Das Passé récent → §8.2.3
Haben Sie gewusst, dass Sie mit dem Ausdruck **venir de** + Infinitiv ausdrücken können, was Sie gerade gemacht haben?
**Je viens de demander.** *Ich habe gerade gefragt.*

# 17 Nach dem Weg fragen

## Übungen

**1 Wie sagen Sie … ? Überprüfen Sie Ihre Lösungen mithife der CD.**
1. …, dass Sie geradeaus fahren?
2. …, dass Sie die Straße überqueren?
3. …, dass die Apotheke rechts neben der Bäckerei ist?
4. … jemandem, dass er an der Ampel links abbiegen soll?
5. …, dass Sie zum Strand gehen wollen?

**2 Setzen Sie die richtige Form von *quel* ein.**
1. Je dois prendre _____ chemin ?
2. _____ problèmes avez-vous ?
3. _____ jour sommes-nous ?
4. _____ sont tes villes préférées en Europe ?
5. Dans _____ rue habites-tu ?

**3 Verbinden Sie. Die Satzteile mit den Verben dürfen nur einmal vergeben werden.**

1. Claire            a) ne vont pas venir samedi.
2. Jérôme et Pascal  b) viens de téléphoner à mon amie.
3. Béatrice et Céline c) n'est jamais venue chez nous.
4. Gérald            d) sont venus nous voir dimanche.
5. Je                e) est venu au cinéma.

**4 Bilden Sie mündlich aus den Sätzen auf der CD neue Sätze im Futur composé. Sie hören zunächst das Beispiel.**
1. Tu regardes la carte. *Tu vas regarder la carte.*
2. Ils louent un film.
3. Nous demandons notre chemin à un passant.
4. Elle achète le journal.
5. Je viens avec vous.

124   cent vingt-quatre

# Nach dem Weg fragen 17

## Les jours fériés en France

Es gibt insgesamt elf **jours fériés** *Feiertage* im Jahr, die je nach Region leicht variieren können:

| | |
|---|---|
| 1. Januar | **Jour** *m* **de l'an** *Neujahr* |
| Ostern | **Lundi** *m* **de Pâques** *Ostermontag* |
| 1. Mai | **Fête** *f* **du travail** *Tag der Arbeit* |
| 8. Mai | **Fête** *f* **de la Victoire** *Fest des Sieges* (der Alliierten gegen Nazideutschland am 8. Mai 1945) |
| Himmelfahrt | **Jeudi** *m* **de l'Ascension** *Christi Himmelfahrt* |
| Pfingsten | **Lundi** *m* **de Pentecôte** *Pfingstmontag* (mittlerweile auch ein Solidaritätstag zur Finanzierung der erbrachten Leistungen an ältere Menschen und Behinderte) |
| 14. Juli | **Fête** *f* **Nationale** *Nationalfeiertag* (Erinnerung an den Sturm auf die Bastille am 14. Juli 1789) |
| 15. August | **Assomption** *f Mariä Himmelfahrt* |
| 1. November | **Toussaint** *f Allerheiligen* |
| 11. November | **Armistice** *m* **1918** *Gedenktag zum Ende des Ersten Weltkriegs* (11. November 1918) |
| 25. Dezember | **Noël** *m Weihnachten* |

*Kulturtipp*

*Reise*

## Was können Sie schon?

☺ ☹ ☹

| | | | |
|---|---|---|---|
| einen Weg beschreiben | | | → Ü1 |
| jemanden nach dem Weg fragen | | | → Ü2 |
| jemanden nach dem Wochentag fragen | | | |
| über vergangene Ereignisse sprechen | | | → Ü3 |
| über Ihre Absichten sprechen | | | → Ü4 |

cent vingt-cinq

# **18** Im Hotel

## In dieser Lektion lernen Sie:

- sich an einer Hotelrezeption anzumelden
- nach einem Zimmer zu fragen
- Fragen zur Ausstattung eines Hotels zu stellen
- zeitliche Angaben zu machen

## Hôtel « Au soleil »

*À la réception de l'hôtel*

| | |
|---|---|
| Nina | Nous avons réservé deux chambres. |
| Dame | Vous avez fait bon voyage ? |
| Pierre | C'est une catastrophe depuis ce matin ! On s'est levés tôt, on s'est dépêchés toute la journée et on s'est perdus. Maintenant, on veut juste se reposer. |
| Dame | En juin, c'est la pleine saison et avec ces travaux… C'est à quel nom ? |
| Nina | Schramm et Frabot. |
| Dame | Ah oui, une chambre double et une chambre individuelle du 17 au 24 juin. Fumeur ou non-fumeur ? |
| Pierre | Non-fumeur. Il y a un accès à Internet dans l'hôtel ? |
| Dame | Oui, dans le hall. Vous remplissez les formulaires d'inscription ? |

*Nina rend les formulaires.*

| | |
|---|---|
| Nina | Vous pouvez changer de l'argent ici ? |
| Pierre | On a besoin aussi d'une carte de la région. |
| Dame | Oui, tout est à votre disposition à la réception. Suivez-moi ! Je vais vous montrer l'hôtel… Là, c'est la salle du petit-déjeuner et du dîner… Et voilà vos chambres et vos clés ! |
| Nina | Cette chambre est pour moi ? Mais où sont les toilettes ? |
| Dame | Mais les toilettes sont dans le couloir ! |
| Pierre | Regardez ce lit… Aujourd'hui, c'est vraiment la journée des surprises ! |

# Im Hotel  18

## :: Fragen zum Dialog

**Beantworten Sie die Fragen.**   oui   non
1. Est-ce que les chambres sont réservées ?   ☐   ☐
2. En juin, c'est la pleine saison ?   ☐   ☐
3. Pierre, Nina et Pauline veulent des chambres pour fumeur ?   ☐   ☐
4. Est-ce qu'on peut changer de l'argent à l'hôtel ?   ☐   ☐
5. Nina est contente de sa chambre ?   ☐   ☐

## Hotel „An der Sonne"

*An der Hotelrezeption*

| | |
|---|---|
| Nina | Wir haben zwei Zimmer reserviert. |
| Dame | Haben Sie eine gute Anreise gehabt? |
| Pierre | Es ist eine Katastrophe seit heute Morgen! Wir sind früh aufgestanden, wir haben uns den ganzen Tag beeilt und wir haben uns verlaufen. Jetzt möchten wir uns nur noch ausruhen. |
| Dame | Im Juni ist Hochsaison und mit dieser Baustelle … Auf welchen Namen bitte (ist das)? |
| Nina | Schramm und Frabot. |
| Dame | Ah ja, ein Doppelzimmer und ein Einzelzimmer vom 17. bis zum 24. Juni. Raucher oder Nichtraucher? |
| Pierre | Nichtraucher. Gibt es einen Internetzugang im Hotel? |
| Dame | Ja, in der Lobby. Füllen Sie die Anmeldeformulare aus? |

*Nina gibt die Formulare zurück.*

| | |
|---|---|
| Nina | Können Sie hier Geld wechseln? |
| Pierre | Wir brauchen auch eine Karte der Region. |
| Dame | Ja, das steht Ihnen alles an der Rezeption zur Verfügung. Folgen Sie mir! Ich werde Ihnen das Hotel zeigen … Hier ist der Raum fürs Frühstück und Abendessen … Und hier sind Ihre Zimmer und Ihre Schlüssel! |
| Nina | Dieses Zimmer ist für mich? Aber wo ist die Toilette? |
| Dame | Aber die Toilette ist im Flur! |
| Pierre | Schaut euch dieses Bett an … Heute ist wirklich der Tag der Überraschungen! |

*Reise*

# 18 Im Hotel

## Lernwortschatz

| | | | |
|---|---|---|---|
| accès *m* à Internet | Internetzugang | pleine saison *f* | Hochsaison |
| argent *m* | Geld | réception *f* | Rezeption |
| avoir besoin de qc | etw. brauchen | rendre | zurückgeben |
| | | remplir | ausfüllen |
| catastrophe *f* | Katastrophe | se dépêcher | sich beeilen |
| chambre *f* double | Doppelzimmer | se lever | aufstehen |
| chambre *f* individuelle | Einzelzimmer | se perdre | sich verlaufen |
| | | se reposer | sich ausruhen |
| changer | wechseln; umtauschen | suivre | folgen |
| | | surprise *f* | Überraschung |
| clé *f* | Schlüssel | toute la journée | den ganzen Tag |
| être à la disposition | zur Verfügung stehen | vers | bei/in der Nähe von |
| formulaire *m* | Formular |
| fumeur *m* | Raucher |
| hall *m* | (Hotel-)Lobby |
| inscription *f* | Anmeldung |
| jour *m*, journée *f* | Tag |
| juste | nur |
| montrer | zeigen |
| nom *m* | Name |
| non-fumeur *m* | Nichtraucher |

### Zeitangaben

| | |
|---|---|
| le 17 juin | am/den 17. Juni |
| du 17 au 24 juin | vom 17. bis zum 24. Juni |
| mercredi | am Mittwoch |
| le mercredi | mittwochs |
| en juin | im Juni |
| en 2009 | 2009 |
| ce matin | heute Morgen |
| cet après-midi | heute Nachmittag |
| cette nuit | heute Nacht |
| ce soir | heute Abend |

# Im Hotel 18

## Grammatik und Redemittel

### Reflexive Verben → §7.1.6

Reflexive Verben sind Verben wie **se reposer** *sich erholen*, **se dépêcher** *sich beeilen*, **se tromper** *sich irren*. Sie benötigen ein Reflexivpronomen, das zwischen Subjekt und konjugiertem Verb steht:

|          | **Präsens**        | **Imperativ**    |
|----------|--------------------|------------------|
| je       | **me** repose      |                  |
| tu       | **te** reposes     | Repose-**toi** ! |
| il/elle  | **se** repose      |                  |
| nous     | **nous** reposons  | Reposons-**nous** ! |
| vous     | **vous** reposez   | Reposez-**vous** ! |
| ils/elles| **se** reposent    |                  |

**Me**, **te**, **se** werden vor Vokal und stummem **h** zu **m'**, **t'**, **s'**.

Beachten Sie, dass im Imperativ **toi** statt **te** verwendet wird:
**Dépêche-toi !** *Beeile dich.*
Das Hilfsverb der reflexiven Verben im Passé composé ist **être** (→**L13**):
**je me suis dépêché(e)** *ich habe mich beeilt.*

! Nicht alle Verben, die im Französischen reflexiv gebraucht werden, sind auch im Deutschen reflexiv: **je me lève** *ich stehe auf.*

### Das Demonstrativadjektiv → §7.3

Das Demonstrativadjektiv richtet sich in Geschlecht und Zahl nach dem dazugehörigen Substantiv.

|             | **Singular**                  | **Plural**                   |
|-------------|-------------------------------|------------------------------|
| **Maskulinum** | **ce lit** *dieses Bett*    | **ces lits** *diese Betten*  |
| **Femininum**  | **cette chambre** *dieses Zimmer* | **ces chambres** *diese Zimmer* |

Im Maskulinum wird **ce** vor Vokal oder stummem **h** zu **cet**:
**cet hôtel** *dieses Hotel*

Es kann auch in Wendungen wie **ce matin** *heute Vormittag* als Zeitangabe dienen.

*Reise*

# 18 Im Hotel

## ∷ Übungen

**1 Ergänzen Sie die Sätze mit den Verben in Klammern.**
1. Comment est-ce que tu _____ _____ ? (s'appeler)
2. Hier, nous _____ _____ _____ dans Paris. (se perdre)
3. Je _____ _____ tous les matins de bonne heure. (se lever)
4. _____ _____ ! (se dépêcher, Sing.)
5. Julie et Patrick _____ _____ à l'hôtel. (se reposer)

**2 Kreuzen Sie das richtige Demonstrativadjektiv an.**

|  | ce | cet | cette | ces |
|---|---|---|---|---|
| 1. journée | ☐ | ☐ | ☐ | ☐ |
| 2. vacances | ☐ | ☐ | ☐ | ☐ |
| 3. adresse | ☐ | ☐ | ☐ | ☐ |
| 4. hôtel | ☐ | ☐ | ☐ | ☐ |
| 5. matin | ☐ | ☐ | ☐ | ☐ |
| 6. appartement | ☐ | ☐ | ☐ | ☐ |
| 7. lit | ☐ | ☐ | ☐ | ☐ |
| 8. bagages | ☐ | ☐ | ☐ | ☐ |
| 9. chambre | ☐ | ☐ | ☐ | ☐ |

**3 Hören Sie den Dialog an der Rezeption eines Hotels. Beantworten Sie anschließend die Fragen.**

|  | vrai | faux |
|---|---|---|
| 1. La touriste a réservé. | ☐ | ☐ |
| 2. Elle veut rester trois jours. | ☐ | ☐ |
| 3. La chambre coûte 90 euros la semaine. | ☐ | ☐ |
| 4. La touriste prend la chambre. | ☐ | ☐ |

**4 Stellen Sie sich vor, dass Sie an der Rezeption eines Hotels stehen. Hören Sie sich die Antworten der Empfangsdame an und stellen Sie die dazu passende Frage.**

# Im Hotel

## Passer une nuit en France

Wollen Sie Ihren Urlaub in einem Hotel in Frankreich verbringen? Dann beachten Sie die Anzahl der **étoiles** *Sterne*. Jedoch können deutsche und französische Vorstellungen voneinander abweichen: Wussten Sie, dass in einem Doppelzimmer häufig ein französisches Bett steht, das nur 1,40 bis 1,60 m breit ist? Wollen Sie doch lieber getrennte Betten haben, fragen Sie nach **lits jumeaux** *Zwillingsbetten*. Übrigens: Das französische Frühstück besteht meistens aus einem warmen Getränk und einem Croissant, vielleicht auch einer Scheibe Brot mit Marmelade!

Alternativen dazu sind **chambres d'hôtes** *Gästezimmer* in einem Privathaushalt, in dem Frühstück und manchmal Abendessen angeboten werden, **gîtes** *möblierte Ferienwohnungen*, **camping** *Campingplatz* oder **camping à la ferme** *Zelten auf dem Land auf einem Bauernhof*.

Für Ihren Frankreichurlaub können Sie auch viele Tipps von der **Maison de la France** *Französisches Fremdenverkehrsamt* (Frankfurt am Main) erhalten.

## Was können Sie schon?

| | | |
|---|---|---|
| sagen, dass Sie sich verlaufen haben | | → Ü1 |
| im Hotel die Fragen des Empfangspersonals verstehen | | → Ü3 |
| an der Hotelrezeption nach einem Zimmer fragen<br>nach dem Preis eines Zimmers fragen<br>Fragen zur Ausstattung eines Hotels stellen | | → Ü4 |

# 19 Wetter

## In dieser Lektion lernen Sie:

- über das Wetter zu reden
- ein Geschenk zu übergeben und anzunehmen
- jemandem zum Geburtstag zu gratulieren

### La météo

*Après une nuit de sommeil…*

| | |
|---|---|
| Pierre | Bonjour Nina, tu as bien dormi ? |
| Nina | Oui, et vous ? |
| Pauline | Je trouve que les matelas sont un peu vieux… On chante ? 1, 2, 3… « Joyeux anniversaire Nina ! » Tiens, ton cadeau ! |
| Nina | Non ? Vous avez même pensé à mon anniversaire ? |
| Pierre | Oui, on y a pensé au dernier moment. |
| Pauline | Je me souviens que tu es née le même jour que mon père. |
| Nina | J'ouvre votre enveloppe… Waouh, c'est une invitation à une excursion. Merci à vous ! |
| Pauline | Ça te dit une visite guidée des ruines de la vieille ville ? |
| Pierre | Avec un guide officiel ! |
| Nina | Vous êtes incroyables ! On y va maintenant ? |
| Pierre | Non, tu es folle ? Pas par cette chaleur ! Plutôt demain. Tu ne trouves pas qu'il fait très chaud ? Le thermomètre indique 35°C à l'ombre ! |
| Nina | En effet, il fait un peu lourd… |
| Pauline | Quel temps va-t-il faire demain ? |
| Pierre | À la météo, ils ont dit qu'il va peut-être pleuvoir. |
| Pauline | Zut. On peut quand même déjà louer une voiture pour demain parce qu'on y va par nos propres moyens ! |
| Pierre | Et bien, c'est pas gagné ! |

# Wetter 19

## Fragen zum Dialog

**Haben Sie den Dialog verstanden? Beantworten Sie die Fragen.**

1. Comment Pauline trouve-t-elle les matelas ?

2. À quoi ont pensé Pierre et Pauline ?

3. Quand vont-ils partir en excursion ?

## Der Wetterbericht

*Nach einer geruhsamen Nacht (Nacht des Schlafes) …*

| | |
|---|---|
| Pierre | Guten Morgen Nina, hast du gut geschlafen? |
| Nina | Ja, und ihr? |
| Pauline | Ich finde, dass die Matratzen ein bisschen alt sind … Singen wir? 1, 2, 3 … „Alles Gute zum Geburtstag, Nina!" Hier, dein Geschenk! |
| Nina | Nein? Ihr habt sogar an meinen Geburtstag gedacht? |
| Pierre | Ja, wir haben im letzten Moment daran gedacht. |
| Pauline | Ich erinnere mich, dass du am selben Tag Geburtstag hast (geboren bist) wie mein Vater. |
| Nina | Ich öffne euren Umschlag … Wow, das ist eine Einladung zu einem Ausflug. Danke euch! |
| Pauline | Sagt dir eine Führung in den Ruinen der Altstadt zu? |
| Pierre | Mit einem offiziellen Stadtführer! |
| Nina | Ihr seid unglaublich! Gehen wir jetzt dorthin? |
| Pierre | Nein, bist du verrückt? Nicht bei dieser Hitze! Lieber morgen. Findest du nicht, dass es heiß ist? Das Thermometer zeigt 35 °C im Schatten an! |
| Nina | In der Tat ist es ein bisschen schwül … |
| Pauline | Wie wird das Wetter morgen? |
| Pierre | Im Wetterbericht haben sie gesagt, dass es vielleicht regnen wird. |
| Pauline | Mist. Wir können für morgen trotzdem schon ein Auto mieten, weil wir selbst (mit unseren eigenen Mitteln) dorthin fahren! |
| Pierre | Also, das ist gar nicht sicher (nicht gewonnen)! |

Reise

# 19 Wetter

## Lernwortschatz

| | | | |
|---|---|---|---|
| anniversaire *m* | *Geburtstag* | météo *f* | *Wettervorhersage; Wetterbericht* |
| c'est pas gagné | *das ist gar nicht sicher* | moment *m* | *Moment* |
| ça te dit ? | *sagt dir das zu?* | né(e) (v. naître) | *geboren* |
| cadeau *m* | *Geschenk* | nuit *f* | *Nacht* |
| chanter | *singen* | officiel(le) | *offiziell* |
| dernier, dernière | *letzte(r/s)* | ombre *f* | *Schatten* |
| dire | *sagen* | par cette chaleur | *bei dieser Hitze* |
| dormir | *schlafen* | par nos propres moyens | *aus eigener Kraft; ohne fremde Hilfe* |
| en effet | *in der Tat* | | |
| enveloppe *f* | *Umschlag* | parce que | *weil* |
| excursion *f* | *Ausflug* | que | *dass* |
| fou, folle | *verrückt* | pleuvoir | *regnen* |
| guide *m* | *Stadtführer* | plutôt | *eher; lieber* |
| incroyable | *unglaublich* | ruines *fPl* | *Ruinen* |
| indiquer | *anzeigen* | se souvenir | *sich erinnern* |
| invitation *f* | *Einladung* | sommeil *m* | *Schlaf* |
| joyeux anniversaire | *alles Gute zum Geburtstag* | visite *f* guidée | *Führung* |
| matelas *m* | *Matratze* | | |

| **Das Wetter** | |
|---|---|
| Quel temps fait-il aujourd'hui ? | *Wie ist das Wetter heute?* |
| Quel temps va-t-il faire demain ? | *Wie wird das Wetter morgen?* |
| Il fait très chaud / froid / lourd. | *Es ist heiß / kalt / schwül.* |
| Il fait soleil. | *Die Sonne scheint.* |
| Il fait beau / mauvais (temps). | *Das Wetter ist schön /schlecht.* |
| Il fait orage. | *Es gewittert.* |
| Il pleut / neige / gèle. | *Es regnet / schneit / friert.* |
| Il fait 25°C (degrés). | *Es ist 25 °C Grad warm.* |
| Il fait moins 50°C (degrés). | *Es ist –50 °C Grad kalt.* |

# Wetter    19

## Grammatik und Redemittel

### Die Adverbialpronomen *y* und *en* → §7.1.7

**Y** steht für Ortsangaben oder Ergänzungen mit der Präposition **à**:
- ▲ Tu vas **au Maroc** ?  *Fliegst du nach Marokko?*
- ● Non, je n'**y** vais pas.  *Nein, ich fliege nicht dorthin.*
- ▲ Tu penses **à son cadeau** ?  *Denkst du an ihr Geschenk?*
- ● Oui, j'**y** pense.  *Ja, ich denke daran.*

**En** steht für Objekte mit Teilungs- oder unbestimmtem Artikel sowie für Ergänzungen mit der Präposition **de:**
- ▲ Tu veux **du thé** ?   ● Oui, j'**en** veux.  *Ja, ich möchte gerne (etwas) davon.*
- ▲ Tu as **un thermomètre** ?   ● Oui, j'**en** ai un.  *Ja, ich habe eins.*
- ▲ Il parle **de son voyage** ?   ● Non, il n'**en** parle pas.  *Nein, er redet nicht darüber.*

Hingegen werden Personen durch betonte Personalpronomen ersetzt:
- ▲ Elle pense **à Pierre** ?   ● Oui, elle pense **à lui**.  *Ja, sie denkt an ihn.*
- ▲ Il parle **de Nina** ?   ● Oui, il parle **d'elle**.  *Ja, er spricht von ihr.*

### Das Verb *dire* (sagen)

|         | Präsens | Passé composé |
|---------|---------|---------------|
| je/j'   | dis     | ai **dit**    |
| tu      | dis     | as **dit**    |
| il/elle | dit     | a **dit**     |
| nous    | dis**ons** | avons **dit** |
| vous    | di**tes**  | avez **dit**  |
| ils/elles | dis**ent** | ont **dit**  |

### Die Konjunktion *que* → §9

**Que** bedeutet im Deutschen *dass* und wird vor einem Vokal oder stummem **h** apostrophiert (**qu'**). Beachten Sie, dass die Wortstellung im Nebensatz wie im Aussagesatz ist:

Je dis **qu'**il va pleuvoir demain.  *Ich sage, dass es morgen regnen wird.*

# 19 Wetter

## :: Übungen

**1 Ordnen Sie jedes Bild einem Verb zu.**

1.   2.   3.   4.

a) pleuvoir   b) faire chaud   c) faire très froid   d) neiger

**2 Sagen Sie zu jedem Bild aus der Übung 1 einen Satz mit dem vorgegebenen Verb. Überprüfen Sie anschließend Ihre Angaben anhand der CD.**

2/14

**3 Hören Sie noch einmal die Sätze aus der Übung 2 und schreiben Sie sie im Futur composé nach dem Muster.**

1. *Je pense qu'il va faire très froid demain.*
2. _____
3. _____
4. _____

**4 *Y* oder *en*? Kreuzen Sie an.**

1. ▲ Tu as pensé aux sacs ?
   ● Oui, j'   ☐ y   ☐ en   ai pensé.
2. ▲ Tu as un cadeau pour Stéphane ?
   ● Oui, j'   ☐ y   ☐ en   ai un.
3. ▲ Vous voulez du fromage ?
   ● Non, je n'   ☐ y   ☐ en   veux pas.
4. ▲ Tu es déjà allé en Suède ?
   ● Oui, j'   ☐ y   ☐ en   suis déjà allé.
5. ▲ Tu as trouvé une maison de vacances ?
   ● Oui, j'   ☐ y   ☐ en   ai trouvé une.

# Wetter 19

## ◼◼ Curiosités

Wenn Sie in Paris sind, sollten Sie sich ein Abendessen auf den **bateaux-mouches** *Ausflugsbooten mit Glasdächern* nicht entgehen lassen. Sie können von der Seine aus die meisten **curiosités** *Sehenswürdigkeiten* der Stadt bewundern. Wussten Sie, dass *der Eiffelturm*, übrigens auf Französisch **la Tour Eiffel** oder liebevoll **Dame de fer** *eiserne Dame* genannt, anlässlich der Weltausstellung 1889 erbaut wurde? Sie können auch die **ponts de Seine** *Seine-Brücken* **Pont Neuf**, **Pont de l'Alma** oder **Pont d'Iéna** anschauen. Nehmen Sie außerdem die **musées** *Museen* der Stadt in Ihr Programm: z. B. das **Musée d'Orsay**, den **Louvre** oder das **Musée Pompidou**.

Und zum Schluss machen Sie einen Abstecher nach **Versailles** und besichtigen Sie das berühmte Schloss **Château de Versailles** und seine gigantischen Gärten. Sie werden nicht enttäuscht sein!

Etwas weniger kulturell, aber auch sehenswert ist das berühmte **Moulin Rouge** auf der **Place Pigalle** sowie das Paris von unten im Kanalisationssystem, **les égouts**.

*Kulturtipp*

*Reise*

## ◼◼ Was können Sie schon?

| | ☺ ☺ ☹ | |
|---|---|---|
| ◼ die Wettervorhersage verstehen | ☐ ☐ ☐ | → Ü1 |
| ◼ über das Wetter reden | ☐ ☐ ☐ | → Ü2 <br> → Ü3 |
| ◼ sagen, was Sie denken | ☐ ☐ ☐ | → Ü3 |
| ◼ jemanden an etwas erinnern | ☐ ☐ ☐ | → Ü4 |

cent trente-sept

# 20 Postkarten

## In dieser Lektion lernen Sie:

- eine Postkarte zu schreiben
- Zukunftspläne zu äußern
- etwas zu bewerten

## Grosses bises du Maroc

| | |
|---|---|
| Pierre | Nina et Pauline, vous voulez écrire un mot sur la carte postale à mes parents ? |
| Nina | Oui, tu me passes la carte ? C'est une belle vue sur la mer. Je peux lire ? |
| Pierre | Bien sûr. |
| Nina | « Chers papa et maman, Je vous envoie une petite carte du Maroc. Nous allons bien… » |
| Pauline | À notre retour en France, tu raconteras à tes parents que tu t'es levé tôt en vacances ! Ils vont être surpris ! |
| Nina | Je continue. « Notre arrivée a été difficile. L'hôtel ne nous plaît pas vraiment… » Tu as raison. Je n'aime pas les WC en commun. Surtout la nuit ! |
| Pauline | Et moi, je déteste ces matelas ! Ils sont trop durs ! |
| Nina | (*continue de lire*) « Alors, on va souvent à la piscine et à la plage. C'est le plein été ici. On profite des paysages magnifiques, du soleil et des repas excellents. Nous rentrerons mercredi. Je vous appellerai. Grosses bises et à bientôt. » |
| Pauline | Ne leur dis pas que tu leur téléphoneras. Tu ne les appelles jamais ! |
| Pierre | Si, de temps en temps, je leur donne de mes nouvelles. |
| Pauline | Oui, de temps en temps ! Bon, je vais quand même signer ta carte ! |

# Postkarten     20

## Fragen zum Dialog

**Kreuzen Sie den richtigen Satz an.**
1. a) Pierre a écrit une carte postale à ses parents.
   b) Nina a écrit une carte postale à ses parents.
2. a) Sur la carte, il y a la piscine et l'hôtel.
   b) La carte postale est une vue sur la mer.
3. a) Ils rentreront mercredi.
   b) Ils rentreront vendredi.

## Schöne Grüße aus Marokko

| | |
|---|---|
| Pierre | Nina und Pauline, wollt ihr ein paar Worte (ein Wort) auf die Postkarte an meine Eltern schreiben? |
| Nina | Ja, gibst du mir die Karte? Das ist ein schöner Blick aufs Meer. Darf ich lesen? |
| Pierre | Natürlich. |
| Nina | „Lieber Papa, liebe Mama, ich sende euch eine kleine Karte aus Marokko. Uns geht es gut …" |
| Pauline | Bei unserer Rückkehr nach Frankreich wirst du deinen Eltern erzählen, dass du in den Ferien früh aufgestanden bist! Sie werden überrascht sein! |
| Nina | Ich lese weiter. „Unsere Ankunft war schwierig. Das Hotel gefällt uns nicht wirklich …" Du hast recht. Ich mag kein Gemeinschafts-WC. Vor allem nachts! |
| Pauline | Und i c h hasse diese Matratzen! Sie sind zu hart! |
| Nina | *(liest weiter)* Also gehen wir oft zum Swimmingpool oder an den Strand. Hier ist Hochsommer. Wir genießen die wunderschöne Landschaft, die Sonne und das ausgezeichnete Essen. Wir werden am Mittwoch zurückkommen. Ich werde euch anrufen. Schöne Grüße und bis bald." |
| Pauline | Sag ihnen nicht, dass du sie anrufen wirst. Du rufst sie nie an! |
| Pierre | Doch, ab und zu lasse ich etwas von mir hören (gebe ich ihnen Nachrichten). |
| Pauline | Ja, ab und zu. Gut, ich werde deine Karte trotzdem unterschreiben! |

*Reise*

# 20 Postkarten

## Lernwortschatz

| | | | |
|---|---|---|---|
| appeler | anrufen | paysage m | Landschaft |
| à bientôt | bis bald | piscine f | Schwimmbad; Swimmingpool |
| à haute voix | laut | plein été m | Hochsommer |
| arrivée f | Ankunft | profiter | genießen |
| avoir raison | recht haben | raconter | erzählen |
| carte f postale | Postkarte | rentrer | zurückkehren; zurückkommen |
| de temps en temps | ab und zu | retour m | Rückkehr |
| difficile | schwierig | signer | unterschreiben |
| donner de ses nouvelles | etwas von sich hören lassen | téléphoner | telefonieren |
| dur(e) | hart | vue f | Aussicht; Blick |
| écrire | schreiben | | |
| en commun | gemeinsam; Gemeinschafts… | | |
| envoyer | schicken | | |
| magnifique | wunderschön | | |
| mer f | Meer | | |
| mot m | Wort | | |
| passer | hier: geben | | |

### Die Jahreszeiten

| | |
|---|---|
| printemps m | Frühling |
| été m | Sommer |
| automne m | Herbst |
| hiver m | Winter |

### Eine Postkarte

*So können Sie anfangen:*

| | |
|---|---|
| Cher Pierre, … | Lieber Pierre, … |
| Chère Nina, … | Liebe Nina, … |

*Sie können Ihren Urlaub bewerten:*

| | |
|---|---|
| je déteste | ich hasse |
| j'adore | ich liebe |
| j'aime (bien) | ich mag (gerne) |
| ça (ne) nous plaît (pas) | das gefällt uns (nicht) |

*Zum Schluss können Sie schreiben:*

| | |
|---|---|
| grosses bises | schöne/herzliche Grüße |
| affectueusement /je t'/ je vous embrasse | liebe Grüße |
| amicalement /amitiés | freundliche Grüße |

# Postkarten 20

## Grammatik und Redemittel

### Das Futur simple → § 8.3.1

Hängen Sie an den Infinitiv der Verben auf **-er** und **-ir** die Endungen **-ai**, **-as**, **-a**, **-ons**, **-ez**, **-ont** an.

|  | **raconter** *erzählen* | **partir** *weggehen* |
|---|---|---|
| je | raconter**ai** | partir**ai** |
| tu | raconter**as** | partir**as** |
| il/elle | raconter**a** | partir**a** |
| nous | raconter**ons** | partir**ons** |
| vous | raconter**ez** | partir**ez** |
| ils/elles | raconter**ont** | partir**ont** |

So drücken Sie ein Erlebnis aus, das in entfernterer Zukunft beginnt, während das Futur composé (→ **L17**) eher ein unmittelbar bevorstehendes Geschehen bezeichnet. Schriftlich wird das Futur simple häufiger als das Futur composé verwendet:
**Nous rentrerons** mercredi. *Am Mittwoch werden wir zurückkommen.*

### Das indirekte Objektpronomen → § 7.1.5

| Personalpronomen | indirekte Objektpronomen |
|---|---|
| je | **me** *mir* |
| tu | **te** *dir* |
| il/elle | **lui** *ihm/ihr* |
| nous | **nous** *uns* |
| vous | **vous** *euch/Ihnen* |
| ils/elles | **leur** *ihnen* |

Vor einem Vokal oder stummem **h** werden **me** und **te** zu **m'**, **t'**.
Indirekte Objektpronomen stehen bei Verben, die mit der Präposition **à** verwendet werden. Achten Sie auf die Wortstellung!
Il passe la carte **à son ami/amie**. *Er gibt seinem Freund/seiner Freundin die Karte.*
Il **lui** passe la carte. *Er gibt ihm/ihr die Karte.*
Il ne **lui** passe pas la carte. *Er gibt ihm/ihr die Karte nicht.*
Il **lui** a passé la carte. *Er hat ihm/ihr die Karte gegeben.*

# 20 Postkarten

## Übungen

**1 Was passt zusammen? Verbinden Sie.**

1. l'hiver
2. l'été

a) août
b) février
c) janvier
d) décembre

2/16

**2 Hören Sie die Sätze und kreuzen Sie die richtige Aussage an.**
1. a) Il lui apporte une boisson.  b) Il leur apporte une boisson.
2. a) Elle leur recommande la Grèce.  b) Elle nous recommande la Grèce.
3. a) Je vais lui écrire une carte.  b) Je vais vous écrire une carte.
4. a) Je lui ai téléphoné hier.  b) Je leur ai téléphoné hier.

**3 Auf der Postkarte fehlen leider alle Endungen im Futur simple. Finden Sie sie wieder?**

> Cher Paul,
> Grosses bises de vacances où nous passons une super semaine.
> Aujourd'hui, nous sommes allés faire du ski. J'ai adoré ! Nous y retourner _____ (1.) demain. On louer _____ (2.) même des snowboards.
> La région est magnifique. En plus, il y a beaucoup de neige. Ils disent à la météo qu'il neiger _____ (3.) tout le week-end. Pas trop quand même, j'espère ! Nous rentrer _____ (4.) dans trois jours et je passer _____ (5.) te voir. Je te téléphoner _____ (6.) de la maison.
> À bientôt ! Émile

2/17

**4 Stellen Sie sich vor, dass Sie Paul aus der Übung 3 sind. Sie bekommen Émiles Postkarte und lesen sie laut vor. Überprüfen Sie anschließend Ihre Aussprache mithilfe der CD.**

# Postkarten  20

## Le langage familier

Wie Sie schon bemerkt haben, unterscheiden sich das gesprochene und das geschriebene Französisch oft voneinander. Auf einer Postkarte ist (fast) alles erlaubt, auch die **langage familier** *Umgangssprache*. Wollen Sie erzählen, wie toll Ihr Urlaub ist, dann schreiben Sie **Les vacances sont méga**. *Die Ferien sind super*. Gefällt Ihnen etwas nicht, dann sagen Sie **C'est nul.** *Das ist blöd*. Gehen Sie aber dennoch vorsichtig mit solchen Ausdrücken um!

Eine besondere Art der Umgangssprache ist in den **banlieues** *Vororten* der Großstädte entstanden. Die **beurs**, wie man in Frankreich geborene Kinder von Einwanderern aus Marokko, Tunesien oder Algerien nennt, wollen durch ihre eigene Sprache, Musik – **raï** genannt – und Filme ihre Identität und Probleme zum Ausdruck bringen. Ihre Kultur ist inzwischen ein wichtiger Bestandteil der französischen Kultur.

*Kulturtipp*

## Was können Sie schon?

| | 😊 😐 ☹ | |
|---|---|---|
| Kleider oder Schuhe miteinander vergleichen | | → Ü1 |
| in einem Geschäft Kleider oder Schuhe kaufen | | → Ü2<br>→ Ü3 |
| die Bekleidung einer Person beschreiben | | → Ü3<br>→ Ü4 |

*Reise*

cent quarante-trois

# 21 Im Notfall

## In dieser Lektion lernen Sie:

- in einer Notfallsituation angemessen zu reagieren
- einen Krankenwagen oder die Polizei zu rufen
- Menschen und Sachen miteinander zu vergleichen

## L'accident

*De retour à Grenoble. Devant l'aéroport. Pauline est allée aux toilettes.*

| | |
|---|---|
| Pierre | Le Maroc est un des plus beaux pays que je connaisse. |
| Nina | Oui, mais je n'irai plus jamais dans cet hôtel ! |
| Pierre | C'est quand même mieux chez nous ! |
| Nina | Oui, les lits sont plus confortables. *(Tout à coup, Nina crie :)* Stop ! Arrêtez-vous ! Attention, le piéton ! |

*Nina et Pierre courent vers l'accident.*

| | |
|---|---|
| Pierre | Monsieur ! On peut vous aider ? |
| Nina | Pierre, il a du sang sur la jambe ! |
| Pierre | Ne bougez pas, monsieur… Nina, prends mon portable dans ma poche et fais le 15. C'est le S.A.M.U. |
| Nina | *(au téléphone)* Il y a eu un accident devant l'aéroport. Il y a un blessé. |
| S.A.M.U. | On arrive le plus vite possible. |

*Quelques minutes plus tard, l'ambulance et la gendarmerie arrivent en même temps.*

| | |
|---|---|
| S.A.M.U. | Monsieur, on vous transporte à l'hôpital. Vous avez plusieurs fractures. |
| Pierre | *(au policier :)* La voiture est arrivée beaucoup trop vite. J'ai noté la plaque d'immatriculation. |
| Policier | Quoi ? La voiture est repartie ? Venez avec moi au poste. On aura besoin de vous comme témoin. |
| Pierre | Les vacances finissent aussi bien qu'elles ont commencé ! |

# Im Notfall 21

## Fragen zum Dialog

**Kreuzen Sie die richtige Antwort an.**
1. Où le blessé a-t-il du sang ?
    a) sur la main            b) sur la jambe
2. Qui arrive en même temps que l'ambulance ?
    a) le taxi               b) la gendarmerie
3. Où doit aller Pierre ?
    a) à l'hôpital           b) au poste de police

## Der Unfall

*Zurück in Grenoble. Vor dem Flughafen. Pauline ist zur Toilette gegangen.*

| | |
|---|---|
| Pierre | Marokko ist eines der schönsten Länder, die ich kenne. |
| Nina | Ja, aber ich werde nie wieder in dieses Hotel gehen. |
| Pierre | Bei uns ist es doch besser! |
| Nina | Ja, die Betten sind bequemer. *(Plötzlich schreit Nina:)* Halt! Halten Sie an! Achtung, der Fußgänger! |

*Nina und Pierre rennen zum Unfall(ort).*

| | |
|---|---|
| Pierre | Monsieur! Können wir Ihnen helfen? |
| Nina | Pierre, er hat Blut auf seinem Bein! |
| Pierre | Bewegen Sie sich nicht, Monsieur … Nina, nimm mein Handy aus meiner Tasche und wähle die 15. Das ist der S.A.M.U. (Notdienst). |
| Nina | *(am Telefon)* Es gab einen Unfall vor dem Flughafen. Es gibt einen Verletzten. |
| Notdienst | Wir kommen so schnell wie möglich. |

*Einige Minuten später kommen der Krankenwagen und die Polizei gleichzeitig.*

| | |
|---|---|
| Notdienst | Monsieur, wir bringen Sie ins Krankenhaus. Sie haben mehrere Knochenbrüche. |
| Pierre | *(zum Polizisten:)* Das Auto kam viel zu schnell. Ich habe das Autokennzeichen aufgeschrieben. |
| Polizist | Was? Das Auto ist weggefahren? Kommen Sie mit mir auf die Polizeiwache. Wir werden Sie als Zeugen brauchen. |
| Pierre | Die Ferien hören genauso gut auf, wie sie begonnen haben! |

Reise

## 21 Im Notfall

### Lernwortschatz

| | |
|---|---|
| attention ! | *Vorsicht!; Achtung!* |
| aussi bien que | *so gut wie* |
| blessé *m* | *Verletzter* |
| bouger | *(sich) bewegen* |
| comme | *hier: als* |
| confortable | *bequem* |
| courir | *rennen* |
| crier | *schreien* |
| de retour | *(wieder) zurück* |
| en même temps | *gleichzeitig* |
| fracture *f* | *(Knochen-)Bruch* |
| hôpital *m* | *Krankenhaus* |
| le plus vite possible | *so schnell wie möglich* |
| minute *f* | *Minute* |
| noter | *notieren; aufschreiben* |
| piéton *m* | *Fußgänger* |
| plaque *f* d'immatriculation | *Autokennzeichen* |
| poche *f* | *(Hosen-)Tasche* |
| portable *m* | *Handy* |
| poste *m* (de police) | *Polizeiwache* |
| repartir | *wegfahren* |
| s'arrêter | *anhalten* |
| sang *m* | *Blut* |
| téléphone *m* | *Telefon* |
| tout à coup | *plötzlich* |
| transporter | *transportieren (hier: bringen)* |

| **Im Notfall** | |
|---|---|
| police *f* | *Polizei* |
| gendarmerie *f* | *Gendarmerie* |
| pompiers *mPl* | *Feuerwehr* |
| ambulance *f* | *Krankenwagen* |
| S.A.M.U. *m* | *Notdienst* |
| appeler le S.A.M.U. | *den Notdienst rufen* |
| faire le 15 | *die 15 wählen* |
| accident *m* | *Unfall* |
| avoir un accident | *einen Unfall haben* |
| témoin *m* | *Zeuge* |
| être témoin d'un accident | *bei einem Unfall Zeuge sein* |
| agression *f* | *Überfall* |
| être victime d'une agression | *überfallen werden* |
| panne *f* | *Panne* |
| tomber en panne | *eine Panne haben* |
| papiers *mPl* | *Ausweis; Papiere* |
| passeport *m* | *Pass* |
| avoir perdu ses papiers | *seinen Ausweis verloren haben* |
| vol *m* | *Diebstahl* |
| on m'a volé mon sac | *meine Tasche ist gestohlen worden* |

# Im Notfall

## ▪ Grammatik und Redemittel

### ■ Die Vergleichsformen → §6

| | Komparativ (+/-/=) | Superlativ (+++/---) |
|---|---|---|
| **grand** *groß* | il est **plus/moins/aussi** grand | **le plus/moins** grand |
| | elle est **plus/moins/aussi** grande | **la plus/moins** grande |
| | ils/elles sont **plus/moins/aussi** grand(e)s | **les plus/moins** grand(e)s |

Vergessen Sie die Angleichung der Adjektive nicht!
Anders als im Deutschen wird der Vergleich immer mit derselben Konjunktion **que** *als/wie* eingeleitet (oder **qu'** vor einem Vokal und stummem **h**):
Il est **plus/aussi grand que** Nina. *Er ist größer als/so groß wie Nina.*
C'est **le plus beau pays que** je connaisse. *Es ist das schönste Land, das ich kenne.*
Achten Sie auf die Zeiten im Nebensatz. Das Verb steht im Subjonctif (**→L28, L29**).

! Achten Sie auf die Sonderformen:

| | | |
|---|---|---|
| **bon** *gut* | **meilleur** *besser* | **le meilleur** *der beste* |
| **mauvais** *schlecht* | **pire** *schlechter* | **le pire** *am schlechtesten* |
| | | **le plus mauvais** *der schlechteste* |
| **bien** *gut* | **mieux** *besser* | **le mieux** *am besten* |
| **beaucoup** *viel* | **plus** *mehr* | **le plus** *am meisten* |

### ■ Unregelmäßige Verben im Futur simple → §8.3.1

| Infinitiv | Futur simple | Infinitiv | Futur simple |
|---|---|---|---|
| **avoir** *haben* | **j'aurai** | **faire** *machen, tun* | **je ferai** |
| **être** *sein* | **je serai** | **savoir** *wissen* | **je saurai** |
| **aller** *fahren, gehen* | **j'irai** | **voir** *sehen* | **je verrai** |
| **prendre** *nehmen* | **je prendrai** | **venir** *kommen* | **je viendrai** |
| (ebenso: **dire** *sagen*, **boire** *trinken*) | | **pouvoir** *können* | **je pourrai** |

Reise

# 21  Im Notfall

## :: Übungen

**1 Was bedeuten die Aussagen? Kreuzen Sie an.**
1. Pierre est petit. Paul est plus grand. Corinne est plus grande que Paul.
   a) Paul est le plus grand.
   b) Paul est le plus petit.
   c) Corinne est la plus grande.
2. Sandrine va voir souvent sa mère. Mais Marc va la voir plus souvent. Pascal va la voir moins souvent que Marc.
   a) Pascal va voir sa mère le moins souvent.
   b) Sandrine va voir sa mère le plus souvent.
   c) Marc va voir sa mère le plus souvent.
3. Jean mange plus de fruits que Karl. Julie mange plus de fruits que Jean. Mais Karl mange moins de fruits que Julie.
   a) Julie mange le plus de fruits.
   b) Jean mange le plus de fruits.
   c) Karl mange le plus de fruits.

**2 Es wurde bei Monsieur Julier eingebrochen. Hören Sie das Telefongespräch mit der Polizei und ergänzen Sie dabei die Lücken. Lesen Sie anschließend Ihren Text laut vor.**

2/19

| | |
|---|---|
| Gendarmerie | Gendarmerie nationale, j'écoute. |
| M. Julier | Il y a eu un _____ (1.). |
| Gendarmerie | Un vol ? Où ? |
| M. Julier | Dans notre maison. |
| Gendarmerie | Il y a des _____ (2.) ? |
| M. Julier | Nos voisins ont vu une personne dans le _____ (3.). |
| Gendarmerie | Quand ? |
| M. Julier | Hier soir. |
| Gendarmerie | Donnez-moi votre nom et venez au _____ (4.) ce matin. |
| M. Julier | Merci, j'arrive _____ (5.). |

# Im Notfall 21

**3 Setzen Sie die Verben in Klammern ins Futur simple.**
1. Demain, j'_____ au cinéma. (aller)
2. Ce week-end, nous _____ du vélo. (faire)
3. Est-ce que vous _____ à mon anniversaire ? (venir)
4. Dans deux jours, ce _____ mon anniversaire. (être)

## En cas de problèmes

Bei Gesundheitsproblemen sollten Sie den **S.A.M.U.** anrufen. Die Abkürzung steht für **Service d'Aide Médicale d'Urgence** *Medizinischer Notfalldienst*. Er wird eine erste Diagnose am Telefon erstellen und bei Bedarf den **médecin de garde** *Notarzt* zu Ihnen schicken. Sie werden entweder zu Hause behandelt oder in ein **hôpital** *Krankenhaus* gebracht, auch **C.H.(R.)U.** genannt.

Bei Problemen mit Ihrem Auto rufen Sie Ihre Versicherung an, die einen **dépanneur** *Abschleppdienst* verständigen wird. Auf der **autoroute** *Autobahn* stehen Ihnen orangefarbene Notrufsäulen zur Verfügung.

Bei Problemen außerhalb der Autobahn oder bei Unfällen wie **incendie** *Brand*, **inondation** *Überschwemmung* usw. melden Sie sich bei den **pompiers** *Feuerwehr*.

Wichtige Telefonnummern:
**S.A.M.U.**: 15
**Police / Gendarmerie**: 17

*Kulturtipp Reise*

## Was können Sie schon?

| | ☺ ☺ ☹ | |
|---|---|---|
| Menschen und Sachen miteinander vergleichen | | → Ü1 |
| im Notfall die Polizei verständigen die Fragen der Polizei verstehen | | → Ü2 |
| erzählen, was Sie am Wochenende machen werden | | → Ü3 |

cent quarante-neuf 149

# 22 Wiederholen und üben Sie

## ▪▪ Hier wiederholen Sie:

- den Wetterbericht zu verstehen
- eine Postkarte zu schreiben
- ein Formular auszufüllen
- Zeit- und Ortsangaben zu formulieren
- einen kurzen Zeitungsartikel zu verstehen
- zukünftige Pläne und Absichten auszudrücken

## ▪▪ Übungen

2/20

**1 Hören Sie den Wetterbericht im Radio. Kreuzen Sie anschließend nur die zutreffenden Aussagen an.**

1. ☐ Demain matin, il va neiger.
2. ☐ Demain après-midi, il fera 10° C.
3. ☐ Demain après-midi, il va faire orage.
4. ☐ Il fera froid ce week-end.

**2 Schreiben Sie einem guten Freund eine Postkarte! Schreiben Sie ihm …**

1. … , dass Sie in Frankreich im Urlaub sind.
2. … , dass es Ihnen gut geht.
3. … , dass das Wetter schön ist.
4. … , dass der Strand wunderschön ist.
5. … , dass es Ihnen gut gefällt.
6. … zum Schluss: schöne Grüße.

# Wiederholen und üben Sie  22

**3 Sie wollen Ihren Urlaub im Internet reservieren. Füllen Sie das Anmeldeformular mit Ihren persönlichen Angaben aus.**

Nom :                                Prénom :
né(e) le                             à
Rue :
Ville :                              Pays :
Tél. :                               Adresse e-mail :
Hôtel : ☐ deux étoiles    ☐ trois étoiles    ☐ quatre/cinq étoiles
☐ en France              ☐ en Espagne       ☐ en Grèce
du _____ au _____
☐ tout compris           ☐ demi-pension     ☐ petit-déjeuner
☐ chambre double         ☐ chambre individuelle
☐ fumeur                 ☐ non-fumeur
prix (par nuit) : ☐ < 100 €   ☐ 100–150 €   ☐ > 150 €

**4 Stellen Sie sich vor, dass Sie von einer Gruppe französischer Touristen gefragt werden, wo die Kathedrale ist. Beschreiben Sie den Weg dorthin anhand des Stadtplans. Sie beginnen mit *Vous allez…* Überprüfen Sie Ihre Beschreibung mithilfe der CD.**

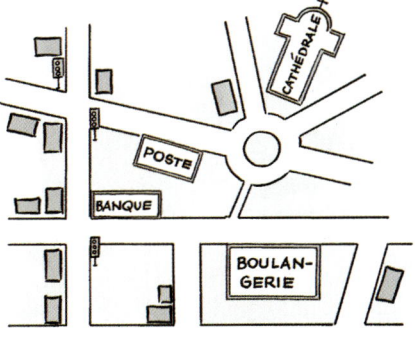

# 22 Wiederholen und üben Sie

### 5 Was für ein Salat! Erkennen Sie die Verkehrsmittel?
1. T R O U V E I  _____
2. N I V A O  _____
3. R A T I N  _____
4. M A R T Y W A  _____

### 6 Ergänzen Sie die folgenden Reihen.
1. _____ , cent, cent un, _____
2. lundi, mardi, _____ , _____ , vendredi
3. janvier, _____ , mars, avril, mai, juin, _____ , _____ .

### 7 Lesen die einzelnen Wörter laut vor und kreuzen Sie die richtigen Laute an. Überprüfen Sie dann Ihre Aussprache mithilfe der CD.

2/22

|  | stummes/kurzes **e** [ə] wie in dam**e** | geschlossenes **ö** [ø] wie in **eu**ro | offenes **ö** [œ] wie in h**eu**re |
|---|---|---|---|
| 1. vacanc**es** | ☐ | ☐ | ☐ |
| 2. blagu**e** | ☐ | ☐ | ☐ |
| 3. joy**eux** | ☐ | ☐ | ☐ |
| 4. chal**eur** | ☐ | ☐ | ☐ |
| 5. pann**e** | ☐ | ☐ | ☐ |
| 6. fum**eur** | ☐ | ☐ | ☐ |
| 7. tourist**e** | ☐ | ☐ | ☐ |

### 8 Bilden Sie Sätze mit dem Komparativ wie folgt:
1. Fabrice – + petit – Cédric
   *Fabrice est plus petit que Cédric.*
2. ma tante – + vieux – mon oncle

3. David – – curieux – Claude

4. les gâteaux – + bon – les légumes

5. Françoise – = grand – Sébastien

# Wiederholen und üben Sie

## Regel 1: Präpositionen
1. *Die Präposition* _____ *(a) steht vor femininen Ländernamen und maskulinen Namen, die mit einem* _____ *(b) beginnen.*
2. *Die Präposition **à** steht vor* _____ *(a) und vor maskulinen Ländernamen, die mit einem* _____ *(b) beginnen, oder vor Ländernamen im Plural.*
3. *Eine Herkunft drücken Sie mit der Präposition* _____ *aus.*

## Regel 2: Das Interrogativadjektiv *quel*
1. ***Quel** richtet sich in* _____ *(a) und* _____ *(b) nach dem Substantiv, das es bezeichnet.*
2. *Die Formen sind: **quel**,* _____ *(a),* _____ *(b) und* _____ *(c).*

### 9 Wie lautet die Frage? Hören Sie die Antworten und ergänzen Sie anschließend die fehlenden Wörter.
1. De _____ _____ vient Sue ?
2. _____ est _____ de son copain espagnol ?
3. _____ sont les deux pays préférés de Paolo ?
4. Dans _____ _____ a-t-elle fait connaissance de Pierre ?

## Regel 3: Die Adverbialpronomen *y* und *en*
1. ***Y** steht für* _____ *(a) oder Ergänzungen mit der Präposition* _____ *(b).*
2. _____ *(a) steht für Objekte mit Teilungs- oder unbestimmtem Artikel sowie für Ergänzungen mit der Präposition* _____ *(b).*

### 10 Bejahen Sie mündlich die Fragen, die Sie auf der CD hören. Verwenden Sie dabei *y* oder *en*. Sie hören zunächst ein Beispiel.
1. Tu vas au cinéma ? – *Oui, j'y vais.*
2. Ils vont en Italie ?
3. Vous avez du vin ?
4. Vous parlez souvent de votre voyage en Afrique ?
5. Denise a commandé un gâteau d'anniversaire ?
6. Vous avez habité à Marseille pendant deux ans ?

Reise

cent cinquante-trois

# 22 Wiederholen und üben Sie

**Regel 4: Direkte Objektpronomen**
1. Direkte Objektpronomen sind **me**, _____ .
2. Sie stehen bei Verben, die ohne _____ verwendet werden.
3. Im Passé composé mit **avoir** richtet sich das _____ (a) in _____ (b) und _____ (c) nach dem direkten Objektpronomen.

**Regel 5: Indirekte Objektpronomen**
1. Indirekte Objektpronomen sind _____ .
2. Sie stehen bei Verben, die mit der Präposition _____ verwendet werden.

**11 Ergänzen Sie den Zeitungsartikel. Es fehlen alle Objektpronomen.**

### Vol aux Galeries Lafayette

Des témoins ont vu sortir un homme du magasin avec un sac de sport. L'homme _____ (1.) a même demandé où se trouve la gare. Des passants _____ (2.) ont montré le chemin et ne _____ (3.) ont plus revu. Ils ont alors appelé la police. Les policiers sont arrivés très vite. Ils _____ (4.) ont cherché partout. Mais personne n'a pu _____ (5.) retrouver. Est-ce que quelqu'un _____ (6.) a vu ?

**12 Lösen Sie das Kreuzworträtsel mit den richtigen Formen der Verben im Präsens. Das Lösungswort ist ein Verb, das gut zum Thema Urlaub passt!**

1. vous … (dire)
2. nous … (venir)
3. tu … (partir)
4. je … (comprendre)
5. ils … (voir)
6. elle … (traverser)

Lösungswort:

_____

# Wiederholen und üben Sie 22

**Regel 6: Reflexive Verben**
*Reflexive Verben werden mit den Reflexivpronomen _____ gebildet.*

**13 Welches Reflexivpronomen passt? Kreisen Sie ein.**
1. En été, il *me | se | te* passe beaucoup de choses dans les rues.
2. Tu *me | se | te* souviens de notre séjour en Grèce ?
3. Elle *s' | t' | nous* est trompée de train.
4. Le lundi, je dois *me | te | nous* lever de bonne heure.
5. Nous *se | nous | vous* sommes perdus dans le métro de Paris.

**Regel 7: Das Futur**
1. *Mit dem _____ (a) drücken Sie, meist schriftlich, ein zukünftiges Erlebnis aus. Die Endungen _____ (b) werden an den Infinitiv angehängt.*
2. *Die zusammengesetzte Zeit der Zukunft heißt _____ (a) und besteht aus dem Verb _____ (b) im Präsens und einem Verb im _____ (c). So können Sie ein unmittelbar bevorstehen des Ereignis oder Ihre _____ (d) ausdrücken.*

*Reise*

**14 Bilden Sie sinnvolle Sätze im Futur simple.**
1. juillet – nous – partir – vacances

2. été – je – manger – glaces

3. demain – ma mère – venir – me voir

4. l'année prochaine – Daniel – avoir – 25 ans

5. soir – Claire et Laure – dormir – hôtel

cent cinquante-cinq 155

# Zwischentest 3

**1 Ergänzen Sie die Sätze.**
1. Il y a un incendie dans la maison. J'appelle les _____.
2. J'ai été témoin d'un accident. Il y a des blessés. J'appelle le _____.
3. On m'a volé mon sac. J'appelle la _____.
4. Je veux réserver un voyage, je vais dans une _____.
5. Quand je suis à l'aéroport, je vais prendre _____.
6. Quand je suis à la gare, je vais prendre le _____.

___/6

**2 Welches Wort passt nicht in die Reihe?**

| | | |
|---|---|---|
| 1. a) gendarmerie | b) ambulance | c) boisson |
| 2. a) voyage | b) lundi | c) jeudi |
| 3. a) mars | b) mai | c) matin |
| 4. a) à gauche | b) à pied | c) à droite |
| 5. a) tram | b) métro | c) journal |
| 6. a) anniversaire | b) camping | c) hôtel |
| 7. a) Grèce | b) Suède | c) Suzanne |

___/7

**3 Was sagen Sie, wenn … ? Überprüfen Sie anschließend Ihre Lösungen mithilfe der CD.**

2/25
1. … Sie ein Zimmer reservieren wollen?
2. … Sie dieses Zimmer nicht nehmen?
3. … das Zimmer Ihnen gefällt?
4. … Sie dieses Land lieben?
5. … Sie in einem Geschäft nach Postkarten fragen wollen?
6. … Sie einen Unfall gesehen haben?

___/6

**4 Wie werden die fett gedruckten Laute ausgesprochen? Kreuzen Sie an.**

| | | |
|---|---|---|
| 1. une a**g**ence de voya**g**es | a) [ʒ] wie in **j**eudi | b) [ʃ] wie in **ch**at |
| 2. faire n**ui**t | a) [yi] wie in h**ui**t | b) [wi] wie in **oui** |
| 3. par cette chal**eur** | a) [ɔr] wie in s**or**t | b) [œr] wie in fl**eur** |
| 4. une de**s**tination au **s**oleil | a) [z] wie in **z**éro | b) [s] wie in **s**amedi |
| 5. une chambre indi**v**iduelle | a) [f] wie in **f**eu | b) [v] wie in **v**endredi |

___/5

# Zwischentest 3

**5 Hören Sie gut zu und kreuzen Sie den richtigen Satz an.**

1. a) ☐ En novembre 1999, il a fait 21 degrés.
   b) ☐ En décembre 1989, il a fait –31 degrés.
   c) ☐ En novembre 1989, il a fait –21 degrés.
2. a) ☐ De l'hôtel, j'ai vu une belle plage.
   b) ☐ De l'hôtel, nous avons une belle vue sur la plage.
   c) ☐ En face de l'hôtel, il y a une belle plage.
3. a) ☐ Nous nous sommes perdus en ville.
   b) ☐ Nous avons pris le rond-point.
   c) ☐ Nous nous sommes trompés au rond-point.
4. a) ☐ Ma mère est née le 28 mai 1944.
   b) ☐ Ma mère est née le 27 mars 1945.
   c) ☐ Ma mère est née le 28 mars 1954.
5. a) ☐ Ma date d'anniversaire est le 17.11.1975.
   b) ☐ La plaque d'immatriculation de ma voiture est 1087-RZ-75.
   c) ☐ La plaque d'immatriculation de ma voiture est 1096-RS-75.

**6 Sie hören Richtungsanweisungen. Kreuzen Sie das passende Symbol an.**

1. a)    b)

2. a)    b)

3. a)    b)

# Zwischentest 3

**7 Hören Sie die Sätze auf der CD und kreuzen Sie die korrekte Rechtschreibung an.**

1. a) ☐ l'ai         b) ☐ les
2. a) ☐ ce          b) ☐ se
3. a) ☐ quelle     b) ☐ qu'elle
4. a) ☐ sept       b) ☐ cet
5. a) ☐ ces         b) ☐ ses
6. a) ☐ ma          b) ☐ m'a
7. a) ☐ a            b) ☐ à
8. a) ☐ en          b) ☐ ans
9. a) ☐ quelle     b) ☐ qu'elle

__/9

**8 Setzen Sie das richtige Pronomen ein.**

1. ▲ Vous avez rempli les formulaires ?
   ● Oui, nous _____ avons remplis.
2. ▲ Je peux prendre des photos ?
   ● Oui, vous pouvez _____ prendre.
3. ▲ Tu as rendu ta clé ?
   ● Oui, je _____ ai déjà rendue.
4. ▲ Tu as dit à Christian que tu pars en vacances ?
   ● Oui, je _____ ai déjà dit.
5. ▲ Tu as pensé à ta trousse de toilette ?
   ● Oui, j'_____ ai pensé.
6. ▲ Elles ont dit à leurs amis qu'elles arrivent bientôt ?
   ● Non, elles ne _____ ont pas encore dit.

__/6

__/47

Beruf

# 23 Telefonieren

## :: In dieser Lektion lernen Sie:

- ein geschäftliches oder privates Telefonat zu führen
- Nachrichten zu hinterlassen
- über die Arbeit zu sprechen

## Au téléphone

*Nina travaille depuis une semaine déjà.*
*Le téléphone sonne. Nina décroche.*

| | |
|---|---|
| Nina | Agence de marketing Martin. Nina Schramm à l'appareil. J'écoute. |
| Patrick | Bonjour Nina. C'est Patrick. Je suis en voyage d'affaires. Est-ce que tu as le dossier Dandon sous les yeux ? |
| Nina | Je n'ai jamais entendu parler de ce dossier. |
| Patrick | Mais on en a besoin pour organiser la réunion de mercredi ! Renseigne-toi, s'il te plaît. À plus tard ! Je te rappellerai. |
| Nina | *(à Charlène, sa collègue de bureau :)* C'était le chef. Il cherchait le dossier… Dandon ? |
| Charlène | Avant de partir en congé parental, Caroline ne t'a pas laissé tous les dossiers actuels ? C'est bizarre… Passe-lui un coup de fil ou laisse-lui un message sur le répondeur ! |

*Nina compose le numéro.*

| | |
|---|---|
| Nina | Allô Caroline. C'est Nina Schramm, ta remplaçante. |
| Caroline | Il y a du nouveau au bureau ? |
| Nina | Oui, il manque tout le dossier du projet Dandon. C'est urgent. |
| Caroline | Ne t'inquiète pas ! Le chef est souvent débordé. Le dossier est sans doute sous la grosse pile sur son bureau ! Il n'y jette jamais un coup d'œil. Pense à le lui rappeler ! |

# Telefonieren

## Fragen zum Dialog

**Bringen Sie die Geschichte in die richtige Reihenfolge.**
1. C'est Patrick, son chef, à l'appareil.
2. Caroline lui dit que le dossier doit être sous la grosse pile sur le bureau du chef.
3. Il cherche le dossier Dandon, mais Nina ne le trouve pas.
4. Nina décroche le téléphone.
5. Alors elle appelle sa collègue Caroline.

## Am Telefon

*Nina arbeitet schon seit einer Woche. Das Telefon klingelt. Nina nimmt ab.*

| | |
|---|---|
| Nina | Marketingagentur Martin. Nina Schramm am Apparat. Ich höre. |
| Patrick | Guten Tag, Nina. Hier ist Patrick. Ich bin auf Dienstreise. Liegt dir die Akte Dandon vor (unter den Augen)? |
| Nina | Ich habe nie von dieser Akte gehört. |
| Patrick | Aber wir brauchen sie, um die Besprechung am Mittwoch zu organisieren! Erkundige dich bitte. Bis später! Ich rufe dich wieder an. |
| Nina | *(zu Charlène, ihrer Kollegin im Büro:)* Das war der Chef. Er suchte die Akte … Dandon? |
| Charlène | Hat dir Caroline, bevor sie in den Erziehungsurlaub ging, nicht alle aktuellen Akten überlassen? Das ist seltsam … Ruf sie an oder hinterlasse ihr eine Nachricht auf dem Anrufbeantworter! |

*Nina wählt die Nummer.*

| | |
|---|---|
| Nina | Hallo Caroline! Hier ist Nina Schramm, deine Vertretung. |
| Caroline | Gibt es etwas Neues im Büro? |
| Nina | Ja, es fehlt die ganze Akte zum Projekt Dandon. Es ist dringend. |
| Caroline | Mach dir keine Sorgen! Der Chef ist häufig überlastet. Die Akte ist wahrscheinlich (ohne Zweifel) unter dem großen Stapel auf seinem Schreibtisch! Er wirft nie einen Blick da hinein. Denk daran, ihn daran zu erinnern! |

Beruf

## 23 Telefonieren

### Lernwortschatz

| | | | |
|---|---|---|---|
| à l'appareil | am Apparat | il y a du nouveau | es gibt etwas Neues |
| à plus tard ! | bis später! | jeter un coup d'œil | einen Blick werfen |
| actuel(le) | aktuell | manquer | fehlen |
| avoir sous les yeux | vorliegen haben | organiser | organisieren |
| bizarre | seltsam | passer un coup de fil *ugs.* | anrufen |
| composer un numéro | eine Nummer wählen | pile *f* | Stapel |
| congé *m* parental | Erziehungsurlaub | pour | um … zu |
| coup *m* de téléphone (*ugs.* coup *m* de fil) | Telefonanruf | remplaçant *m*, remplaçante *f* | Vertretung |
| | | répondeur *m* | Anrufbeantworter |
| débordé(e) | überlastet | s'inquiéter | sich Sorgen machen |
| décrocher | (den Hörer) abnehmen | sans doute | ohne Zweifel; wahrscheinlich |
| dossier *m* | Akte | se renseigner | sich erkundigen |
| écouter | hören | sous | unter |
| entendre parler de qc | von etw. hören | urgent(e) | dringend |
| | | voyage *m* d'affaires | Dienstreise |

| **Ein geschäftlicher Anruf** | |
|---|---|
| *Das können Sie sagen:* | |
| Je voudrais parler à … | *Ich möchte mit … sprechen.* |
| Je peux lui laisser un message ? | *Kann ich ihm/ihr eine Nachricht hinterlassen?* |
| Je peux le/la rappeler ? | *Kann ich noch einmal anrufen/zurückrufen?* |
| *Das werden Sie hören:* | |
| Je vous le/la passe. | *Ich gebe ihn/sie Ihnen.* |
| Ne quittez pas ! | *Bleiben Sie dran.* |
| C'est occupé. | *Es ist besetzt.* |
| Il/Elle est en réunion. | *Er/Sie ist in einer Besprechung.* |
| Il/Elle est en communication. | *Er/Sie telefoniert auf einer anderen Leitung.* |

# Telefonieren 23

## Grammatik und Redemittel

### Das Imparfait → §8.2.1

Mit dem Imparfait können Sie Hintergründe und wiederholte oder zeitlich nicht bestimmte Ereignisse aus der Vergangenheit schildern. Hängen Sie dafür an den Stamm der 1. Person Plural Präsens die Endungen **-ais**, **-ais**, **-ait**, **-ions**, **-iez**, **-aient** an. Achten Sie auf die Stammänderung von **être**.

|  | **chercher** *suchen* | **être** *sein* |
|---|---|---|
| je/j' | cherch**ais** | **étais** |
| tu | cherch**ais** | **étais** |
| il/elle | cherch**ait** | **était** |
| nous | cherch**ions** | **étions** |
| vous | cherch**iez** | **étiez** |
| ils/elles | cherch**aient** | **étaient** |

### Infinitivkonstruktionen → §9

In Nebensätzen mit **pour** *um … zu*, **sans** *ohne … zu*, **après** *nachdem*, **avant de** *bevor* steht das Verb im Infinitiv, vorausgesetzt dass Haupt- und Nebensatz dasselbe Subjekt haben:

J'en ai besoin **pour** organiser la réunion. *Ich brauche es, um die Besprechung zu organisieren.*
Elle est entrée **sans** sonner. *Sie ist hereingekommen, ohne zu klingeln.*
**Après** s'être informé, il lui a téléphoné. *Nachdem er sich informiert hatte, hat er ihn angerufen.*
Il appelle son chef **avant de** partir. *Er ruft seinen Chef an, bevor er geht.*

### Der Indefinitadjektiv *tout*

Meistens steht **tout** vor einem anderen Begleiter und richtet sich in Geschlecht und Zahl nach dem Substantiv, das es begleitet.

| **im Singular:** *ganz* | **im Plural:** *alle* |
|---|---|
| **tout le projet** *das ganze Projekt* | **tous les dossiers** *alle Akten* |
| **toute la journée** *den ganzen Tag* | **toutes les femmes** *alle Frauen* |

## 23 Telefonieren

### Übungen

**1 Verbinden Sie die passenden Satzteile miteinander.**
1. Hier soir, tu
2. Valentin et Paul
3. Nous
4. Le répondeur de Sophie
5. Vous

a) nous inquiétions pour David.
b) étais au cinéma.
c) ne marchait pas.
d) me cherchiez ?
e) organisaient un apéritif au bureau.

**2 Hören Sie zuerst das Telefongespräch zwischen zwei Freundinnen, die sich verabreden wollen, und kreuzen Sie anschließend die passende Antwort an.**

1. Qui appelle qui ?  a) Caroline appelle Sonia.  b) Sonia appelle Caroline.
2. Où veut aller Caroline ?  a) au travail  b) au cinéma
3. À qui veut demander Sonia ?  a) à Jules  b) à son copain
4. Quand va rappeler Caroline ?  a) dans la soirée  b) samedi soir

**3 Das Telefon klingelt. Stellen Sie sich vor, dass Sie den Hörer abnehmen. Übernehmen Sie die Rolle von Sonia aus der Übung 2. Sie können aber am Samstag leider nicht. Hören Sie Carolines Fragen auf der CD. Was können Sie ihr sagen?**

**4 Übersetzen Sie ins Französische. Verwenden Sie dabei Infinitivkonstruktionen.**
1. Ich nehme den Bus, um zur Arbeit zu fahren.

2. Ich habe mich erkundigt, bevor ich gegangen bin.

3. Ich gehe nicht bei ihm vorbei, ohne ihn vorher anzurufen.

4. Ich habe Urlaub genommen, um mich auszuruhen.

# Telefonieren 23

## Le numéro de téléphone

*Kulturtipp*

Eine französische Telefonnummer besteht aus zehn Ziffern, die in Zweierblöcken gelesen werden, also z. B. 04.73.38.45.32. Die zwei ersten Ziffern entsprechen einer der fünf geographischen Zonen Frankreichs: 01 steht für **Paris-Île de France**, 02 für **Nord-Ouest** *Nord-Westen Frankreichs*, 03 für **Nord-Est** *Nord-Osten*, 04 für **Sud-Est** *Süd-Osten* und für **la Corse** *Korsika* und 05 für **Sud-Ouest** *Süd-Westen*. Die Vorwahl 06 steht grundsätzlich für eine Handynummer. 08 und 09 entsprechen privaten Anbietern. Die zwei nächsten Ziffern stehen für ein Departement. Allerdings haben sie nichts mit den Postleitzahlen zu tun! Die letzten Ziffern werden willkürlich verteilt.

Wollen Sie einen Franzosen privat anrufen, wird er sich meist nur mit **Allô** melden. Dieses Wörtchen signalisiert, dass Ihr Gesprächspartner am Apparat ist und zuhört.

Falls Sie zum Telefonieren in eine Telefonzelle gehen müssen, sollten Sie sich vorher eine **télécarte** *Telefonkarte* besorgt haben, ohne die Sie nicht anrufen können. Sie sind in Tabakläden oder bei der Post erhältlich.

## Was können Sie schon?

☺ ☹ ☹

| | |
|---|---|
| ■ Beschreibungen und Ereignisse aus der Vergangenheit verstehen | → Ü1 |
| ■ ein kurzes Telefongespräch verstehen und führen | → Ü2 <br> → Ü3 |
| ■ mitteilen, aus welchem Grund Sie etwas getan haben | → Ü4 |

*Beruf*

# 24 E-Mails und Briefe schreiben

## ⁚⁚ In dieser Lektion lernen Sie:

- E-Mails zu lesen und zu schreiben
- Telekommunikationsmittel und Bürogeräte zu benennen
- über Computerprobleme und das Internet zu sprechen

## nina.schramm@martin.fr

*Nina a trouvé le dossier qui manquait. Elle prévoit d'envoyer un e-mail à ses clients.*

| | |
|---|---|
| Nina | Tu peux m'imprimer la liste des clients du dossier Dandon ? |
| Charlène | Zut, l'imprimante ne marche plus. Pourtant elle pouvait imprimer hier. Je crois que c'est mon ordinateur qui déraille. |
| Nina | Appelle l'informaticien. Tu as peut-être un virus. |
| Charlène | J'espère pas ! |
| Nina | Tu peux encore m'envoyer les adresses e-mails des clients via le net ? |
| Charlène | Oui, je crois que la connexion fonctionne encore. Tu as déjà une adresse e-mail ? |
| Nina | C'est nina.schramm@martin.fr. *(Nina reçoit l'e-mail).* Mais tu ne voulais pas m'envoyer une liste ? |
| Charlène | Où ai-je la tête ? J'ai oublié les pièces jointes. Il y avait deux documents. Je recommence. |
| Nina | Impeccable ! Merci. Maintenant c'est à mon tour d'écrire mon premier e-mail aux clients… |
| Charlène | N'oublie pas l'objet de ton mail. |
| Nina | Quel « objet » ? |
| Charlène | Tu sais la ligne où on écrit le titre ? Ce n'est pas facile… |
| Nina | Non, ce n'est vraiment pas facile de travailler à l'étranger ! |

# E-Mails und Briefe schreiben 24

## Fragen zum Dialog

**Kreuzen Sie an.**

|  | vrai | faux |
|---|---|---|
| 1. L'imprimante ne marche plus. | ☐ | ☐ |
| 2. Charlène croit que son ordinateur déraille. | ☐ | ☐ |
| 3. Elle doit appeler le docteur. | ☐ | ☐ |
| 4. Charlène veut envoyer deux documents. | ☐ | ☐ |
| 5. Nina a oublié les pièces jointes. | ☐ | ☐ |

## nina.schramm@martin.fr

*Nina hat die Akte, die fehlte, gefunden. Sie hat vor, eine E-Mail an ihre Kunden zu senden.*

| | |
|---|---|
| Nina | Kannst du mir die Liste der Kunden aus der Akte Dandon ausdrucken? |
| Charlène | Mist, der Drucker geht nicht mehr. Gestern konnte er doch drucken. Ich glaube, es ist mein Computer, der spinnt. |
| Nina | Ruf den Informatiker an. Du hast vielleicht einen Virus. |
| Charlène | Ich hoffe nicht! |
| Nina | Kannst du mir noch die E-Mail-Adressen der Kunden per Internet schicken? |
| Charlène | Ja, ich glaube, dass die Verbindung noch funktioniert. Hast du schon eine E-Mail-Adresse? |
| Nina | Es ist nina.schramm@martin.fr. *(Nina empfängt die E-Mail.)* Aber wolltest du mir nicht eine Liste schicken? |
| Charlène | Wo habe ich den Kopf? Ich habe die Anlagen vergessen. Es waren zwei Dokumente. Ich versuche es noch einmal. |
| Nina | Einwandfrei! Danke. Jetzt bin ich an der Reihe, meine erste E-Mail an die Kunden zu schreiben … |
| Charlène | Vergiss nicht den *objet* (Betreff) deiner Mail. |
| Nina | Welchen *objet*? |
| Charlène | Du weißt schon, die Zeile, in die man den Titel schreibt? Es ist nicht leicht … |
| Nina | Nein, es ist wirklich nicht leicht, im Ausland zu arbeiten! |

Beruf

# 24 E-Mails und Briefe schreiben

## Lernwortschatz

| | |
|---|---|
| à l'étranger | *im Ausland* |
| c'est à mon tour | *ich bin dran; ich bin an der Reihe* |
| client *m* | *Kunde* |
| dérailler *ugs.* | *spinnen* |
| document *m* | *Dokument* |
| encore | *immer noch* |
| fonctionner | *funktionieren* |
| hier | *gestern* |
| impeccable | *einwandfrei* |
| imprimante *f* | *Drucker* |
| informaticien *m* | *Informatiker* |
| ligne *f* | *Zeile* |
| marcher | *gehen; laufen* |
| objet *m* | *Betreff; Gegenstand* |
| pourtant | *jedoch* |
| prévoir | *vorhaben* |
| qui | *der/die/das* |
| recommencer | *noch einmal versuchen, von vorne anfangen* |
| titre *m* | *Überschrift; Titel* |
| via le net | *per Internet* |
| virus *m* | *Virus* |

| Online | |
|---|---|
| Internet *m* (*ugs.* net *m*) | *Internet* |
| site *m* Internet | *Internetseite* |
| connexion *f* | *Verbindung; Anschluss* |
| courriel *m*, message *m* électronique, e-mail *m* (*ugs.* mail *m*) | *E-Mail* |
| adresse *f* électronique/e-mail | *E-Mail-Adresse* |
| destinataire *m* | *Empfänger* |
| expéditeur *m* | *Absender* |
| cliquer | *klicken* |
| effacer | *löschen* |
| envoyer | *senden; schicken* |
| faire suivre | *weiterleiten* |
| imprimer | *(aus)drucken* |
| joindre | *beifügen; anhängen* |
| naviguer | *surfen* |
| pièce *f* jointe | *Anlage* |
| recevoir (elle reçoit) | *empfangen (sie empfängt)* |
| répondre | *antworten* |
| sauvegarder | *speichern* |
| se connecter | *sich einloggen* |
| télécharger | *downloaden* |

# E-Mails und Briefe schreiben — 24

## Grammatik und Redemittel

### Das Verb *croire* (glauben)

|         | Präsens  | Imparfait  | Passé composé | Futur simple |
|---------|----------|------------|---------------|--------------|
| je/j'   | cro**is**   | cro**yais**   | ai **cru**    | cro**irai**  |
| tu      | cro**is**   | cro**yais**   | as **cru**    | cro**iras**  |
| il/elle | cro**it**   | cro**yait**   | a **cru**     | cro**ira**   |
| nous    | cro**yons** | cro**yions**  | avons **cru** | cro**irons** |
| vous    | cro**yez**  | cro**yiez**   | avez **cru**  | cro**irez**  |
| ils/elles | cro**ient** | cro**yaient** | ont **cru**  | cro**iront** |

### Weitere Verben im Imparfait → §8.2.1

| Infinitiv | Präsens (1. Pers. Pl.) | Imparfait | |
|-----------|------------------------|-----------|--|
| avoir   | nous avons     | j'**avais**      | *ich hatte*  |
| vouloir | nous voulons   | je **voulais**   | *ich wollte* |
| pouvoir | nous pouvons   | je **pouvais**   | *ich konnte* |
| faire   | nous faisons   | je **faisais**   | *ich machte* |
| aller   | nous allons    | j'**allais**     | *ich ging*   |
| choisir | nous choisissons | je **choisissais** | *ich wählte* |
| venir   | nous venons    | je **venais**    | *ich kam*    |

### Die Relativpronomen *que, qui, où* und der Relativsatz → §7.4

Relativpronomen sind unveränderlich und stehen direkt hinter dem Bezugswort (ohne Komma!).

**Qui** *der/die/das* ist immer Subjekt des Relativsatzes, während **que/qu'** *den/die/das* direktes Objekt ist:
Elle a trouvé le dossier **qui** manquait.  *Sie hat die Akte gefunden, die fehlte.*
Voici la liste **qu'**il cherche.  *Hier ist die Liste, die er sucht.*

**Où** *wo/wohin* bezieht sich auf Orts- und Zeitangaben:
C'est la ligne **où** tu écris le titre.  *Das ist die Zeile, in die du den Titel schreibst.*
Au moment **où** j'arrivais, tu es parti.  *Als ich kam, bist du gegangen.*

*Beruf*

# 24 E-Mails und Briefe schreiben

## Übungen

**1 Was passt in die Lücke: *qui*, *que* oder *où*?**

1. Voici le document _____ tu m'as demandé.
   a) qui　　　　　　b) que　　　　　　c) où
2. Le bureau _____ tu travailles est au premier étage.
   a) qui　　　　　　b) que　　　　　　c) où
3. L'imprimante _____ est neuve ne marche déjà plus.
   a) qui　　　　　　b) que　　　　　　c) où
4. J'arrive à l'heure _____ tu pars.
   a) qui　　　　　　b) que　　　　　　c) où

**2 Hören Sie die Begriffe und schreiben Sie sie unter das passende Bild.**

2/33

1. _____　2. _____　3. _____

**3 Verfassen Sie für Ihren ehemaligen Arbeitskollegen Antoine eine E-Mail, in der Sie von Ihrem ersten Tag bei einer neuen Arbeitsstelle berichten. Schreiben Sie …**

1. … nach der Anrede, dass es gestern Ihr erster Arbeitstag war.
   _____

2. … , dass Sie sich ein bisschen Sorgen machten, weil Sie das Unternehmen gar nicht kannten.
   _____
   _____

3. … , dass Sie Ihrem Freund davon erzählen werden, wenn Sie sich wiedersehen. Schließen Sie dann Ihre E-Mail mit einem Gruß ab.
   _____
   _____

# E-Mails und Briefe schreiben 24

## Écrire un e-mail

Eine private E-Mail beginnt mit **Cher(s)** oder **Chère(s)**, also z. B. **Chère Isabelle** *Liebe Isabelle*. Hingegen folgt auf die Anrede in einer geschäftlichen E-Mail kein Name, es steht dort nur **Madame**, **Monsieur** oder beides. Etwas informeller können Sie auch nur mit dem Vornamen des Empfängers anfangen: z. B. **Marc,…** Im Gegensatz zum Deutschen wird das erste Wort nach der Anrede großgeschrieben!

Als Schlussformeln können Sie Freunden Küsschen schicken: **Grosses bises**, wörtlich *Dicke Küsschen*, oder sie umarmen: **Je t'embrasse**. Mit Geschäftspartnern wählen Sie am besten eine neutrale Formulierung wie **Sincères salutations**, oder **Je vous prie d'agréer l'expression de mes salutations distinguées**, kurz und knapp im Deutschen *Mit freundlichen Grüßen*, etwas informeller ist auch **Amicalement** *Schöne Grüße* möglich.

*Kulturtipp*

## Was können Sie schon?

| | ☺ | 😐 | ☹ | |
|---|---|---|---|---|
| ■ eine E-Mail schreiben | | | | → Ü3 |
| ■ über die Arbeit im Büro sprechen | | | | → Ü2 |
| ■ sagen, dass etwas nicht mehr funktioniert | | | | |
| ■ technische Begriffe verstehen und verwenden | | | | → Ü3<br>→ Ü1 |

*Beruf*

cent soixante et onze 171

# 25 Termine vereinbaren

## ⁚⁚ In dieser Lektion lernen Sie:

- die Uhrzeit zu lesen
- eine Besprechung zu organisieren
- einen Termin zu vereinbaren

## Rendez-vous à 8 heures 30

*Nina prépare une réunion d'information avec l'équipe et quelques clients.*

| | |
|---|---|
| Nina | Pendant que tu travaillais, j'ai fixé le jour et l'heure de la réunion. Tu as le temps mercredi dans la matinée ? |
| Charlène | Oui. Je vais le noter tout de suite dans mon calendrier. Réserve la salle à temps car elle est souvent occupée. |
| Nina | *(appelle la secrétaire)* Allô, c'est Nina. Tu es au courant si le chef est là mercredi ? |
| Secrétaire | Oui, il est là. Il devait aller à Toulouse, mais il a annulé son rendez-vous. |
| Nina | Parfait. Tu peux bloquer la date pour la réunion Dandon. J'enverrai l'ordre du jour au chef. J'ai besoin aussi de la salle de conférence. Tu es responsable ? |
| Secrétaire | Oui. À quelle heure ? |
| Nina | À 8h30. |
| Secrétaire | Et vous en avez pour longtemps ? |
| Nina | Une heure environ. |
| Secrétaire | Par contre, finissez à l'heure parce que la salle est à nouveau réservée de 10 heures à midi. |
| Nina | Vous avez un beamer ? |
| Secrétaire | Oui, il y a un vidéo-projecteur. Il te faut d'autre matériel ? |
| Nina | Non ! |
| Secrétaire | Tu devras t'occuper du café et des petits gâteaux toute seule ! Moi, je suis en congé ! |

# Termine vereinbaren 25

## Fragen zum Dialog

**Beantworten Sie die Fragen in vollständigen Sätzen.**

1. Quel jour est la réunion ?

2. Combien de temps va durer la réunion ?

3. Pourquoi est-ce que la réunion doit finir à l'heure ?

## Geschäftstermin um 8.30 Uhr

*Nina bereitet eine Informationsbesprechung mit dem Team und einigen Kunden vor.*

| | |
|---|---|
| Nina | Während du gearbeitet hast, habe ich den Tag und die Uhrzeit der Besprechung festgelegt. Hast du am Mittwochvormittag Zeit? |
| Charlène | Ja. Ich notiere es gleich in meinem Kalender. Reservier den Raum rechtzeitig, denn er ist oft belegt. |
| Nina | *(ruft die Sekretärin an)* Hallo, hier ist Nina. Weißt du Bescheid, ob der Chef am Mittwoch da ist? |
| Sekretärin | Ja, er ist da. Er sollte nach Toulouse fahren, aber er hat seinen Termin abgesagt. |
| Nina | Perfekt. Du kannst das Datum für die Besprechung Dandon freihalten. Ich werde dem Chef die Tagesordnung schicken. Ich brauche auch den Besprechungsraum. Bist du dafür zuständig? |
| Sekretärin | Ja. Um wie viel Uhr? |
| Nina | Um 8.30 Uhr. |
| Sekretärin | Und braucht ihr lange? |
| Nina | Ungefähr eine Stunde. |
| Sekretärin | Hört aber pünktlich auf, weil der Raum von 10 Uhr bis Mittag wieder reserviert ist. |
| Nina | Habt ihr einen Beamer? |
| Sekretärin | Ja, es gibt einen Beamer. Brauchst du noch weiteres Material? |
| Nina | Nein! |
| Sekretärin | Du wirst dich um den Kaffee und die Kekse selbst kümmern müssen! I c h habe Urlaub! |

*Beruf*

## 25 Termine vereinbaren

### Lernwortschatz

| | | | |
|---|---|---|---|
| à l'heure | *pünktlich* | ordre *m* du jour | *Tagesordnung* |
| à nouveau | *wieder* | par contre | *hingegen (hier: aber)* |
| à quelle heure ? | *um wie viel Uhr?* | parce que | *weil* |
| à temps | *rechtzeitig* | pendant que | *während* |
| avoir le temps | *Zeit haben* | petit gâteau *m* | *Keks; Plätzchen* |
| bloquer | *blockieren; freihalten* | responsable | *zuständig; verantwortlich* |
| calendrier *m* | *Kalender* | s'occuper de qc | *sich um etw. kümmern* |
| car | *denn* | | |
| date *f* | *Datum* | salle *f* de conférence | *Besprechungsraum* |
| en avoir pour longtemps | *lange brauchen* | si | *ob* |
| environ | *ungefähr* | vidéo-projecteur *m* | *Beamer* |
| être au courant | *Bescheid wissen* | se renseigner | *sich erkundigen* |
| être en congé | *Urlaub haben* | sous | *unter* |
| heure *f* | *Uhr; Uhrzeit* | urgent(e) | *dringend* |
| occupé(e) | *belegt* | | |

#### Ein Termin

| | |
|---|---|
| annuler un rendez-vous | *einen Termin absagen* |
| avoir (un) rendez-vous | *einen Termin haben* |
| confirmer un rendez-vous | *einen Termin bestätigen* |
| différer/reporter un rendez-vous | *einen Termin verlegen* |
| donner rendez-vous | *sich verabreden* |
| fixer un rendez-vous | *einen Termin festlegen* |
| prendre (un) rendez-vous | *einen Termin vereinbaren* |

#### Ein Rendezvous?

| | |
|---|---|
| le rendez-vous (d'affaires) | *der Geschäftstermin* |
| le rendez-vous (amoureux) | *das Rendezvous* |
| le rendez-vous (chez le docteur) | *der Termin* |
| le rendez-vous (avec des copains) | *die Verabredung; das Treffen* |

# Termine vereinbaren 25

## Grammatik und Redemittel

### Passé composé oder Imparfait → §8.2.1, §8.2.2

Das Imparfait verwenden Sie bei zeitlich nicht begrenzten oder wiederholten Handlungen, bei Beschreibungen oder Erklärungen. Hingegen steht das Passé composé für zeitlich begrenzte oder einmalige Handlungen sowie bei Ereignissen mit deutlichem Anfang und/oder Ende, die im Vordergrund stehen.

Pendant que **tu travaillais, j'ai fixé** le jour. *Während du gearbeitet hast, habe ich den Tag festgelegt.*

**Il devait** aller à Toulouse, mais **il a annulé** son rendez-vous. *Er sollte nach Toulouse fahren, aber er hat seinen Termin abgesagt.*

### Die Uhrzeit

**Quelle heure est-il ?** *Wie viel Uhr ist es?*
**Il est…** *Es ist …*

| | |
|---|---|
| 8h | huit heures (du matin/du soir vormittags/abends) |
| 14h | deux heures (de l'après-midi nachmittags), auch quatorze heures |
| 12h | midi |
| 24h | minuit |

| | | | |
|---|---|---|---|
| 8h05 | huit heures cinq | 8h30 | huit heures et demie |
| 8h10 | huit heures dix | 8h35 | neuf heures moins vingt-cinq |
| 8h15 | huit heures et quart (oder huit heures quinze) | 8h40 | neuf heures moins vingt |
| | | 8h45 | neuf heures moins le quart |
| 8h20 | huit heures vingt | 8h50 | neuf heures moins dix |
| 8h25 | huit heures vingt-cinq | 8h55 | neuf heures moins cinq |

Beruf

cent soixante-quinze

# 25 Termine vereinbaren

## :: Übungen

**1 Ergänzen Sie den Text mit Verbformen in der Vergangenheit. Achten Sie dabei auf den Gebrauch von Imparfait und Passé composé.**

Fabien _____ (1. travailler) depuis trois ans dans l'entreprise. Il _____ (2. aimer) beaucoup son travail. Mais il _____ (3. détester) se lever de bonne heure. Un jour, son réveil _____ (4. ne pas sonner). Il _____ (5. dormir) jusqu'à 11 heures du matin. Ce jour-là, il _____ (6. arriver) à midi au bureau. Quelle catastrophe ! Ses collègues qui _____ (7. s'inquiéter), le _____ (8. chercher) partout. Ce jour-là, il _____ (9. décider) de s'acheter un deuxième réveil pour que ça ne lui arrive plus jamais !

**2 Lesen Sie nun den vollständigen Text aus der Übung 1 laut vor. Überprüfen Sie Ihre Aussprache anhand der CD.**

2/35

**3 Stellen Sie sich vor, dass Sie beim Friseur anrufen. Lesen Sie den Dialog und übernehmen Sie anschließend die Rolle der Kundin.**

2/36

| | |
|---|---|
| Coiffeuse | Coiffeur Derochet. Bonjour ! |
| Cliente | Bonjour. Je dois annuler mon rendez-vous de lundi. |
| Coiffeuse | Pas de problème. Vous voulez prendre un autre rendez-vous ? |
| Cliente | Oui, est-ce que je peux venir jeudi ? |
| Coiffeuse | Oui, jeudi, c'est parfait ! |
| Cliente | À quelle heure ? |
| Coiffeuse | Venez vers 18 heures. |
| Cliente | D'accord. |
| Coiffeuse | Alors à jeudi, au revoir. |

# Termine vereinbaren

**4** *Quelle heure est-il ?* **Hören Sie die Uhrzeit und setzen Sie die Uhrzeiger richtig ein.**

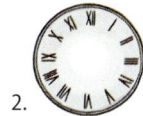

1.      2.      3.      4.

## Le monde du travail

> Frankreich zählt knapp 64 Millionen Einwohner und ca. 26 Millionen Erwerbstätige, davon sind 46 % Frauen. Sie verdienen nur 80 % dessen, was ihre männlichen Kollegen bekommen. Rund ein Viertel der Frauen arbeitet **à mi-temps** *in Teilzeit*. Für eine *Vollzeitbeschäftigung* können Sie **un temps-plein** sagen.
>
> Wenn Sie auf der Suche nach einer Arbeitsstelle in Frankreich sind, sollten Sie sich mit den Abkürzungen **CDI (Contrat à Durée Indéterminée)** und **CDD (Contrat à Durée Déterminée)** *befristeter* und *unbefristeter Arbeitsvertrag* vertraut machen. Außerdem entscheiden sich immer mehr Männer für die Elternzeit. Neben den gut ausgebauten, aber trotzdem knappen Betreuungsplätzen ist dies eine willkommene Alternative.
>
> Die Demokratisierung der Arbeitswelt spiegelt sich auch in früher geschlechtsspezifischen Berufen wider wie **chauffeurs poids lourds** *LKW-Fahrer*, **assistantes maternelles** *Kinderbetreuer*, **employés de bureau** *Büroangestellte*. Erwerbstätige haben durchschnittlich Anspruch auf mindestens fünf Wochen bezahlten Urlaub pro Jahr, je nach **convention collective** *Tarifvertrag*.

*Kulturtipp*

*Beruf*

## Was können Sie schon?

☺ ☹ ☻

| | |
|---|---|
| ■ eine Geschichte in der Vergangenheit lesen und verstehen | → Ü1 → Ü2 |
| ■ einen Termin vereinbaren oder absagen | → Ü2 |
| ■ verstehen, wie viel Uhr es ist | → Ü4 |

cent soixante-dix-sept

# 26 Kontakte knüpfen

## :: In dieser Lektion lernen Sie:

- über passende Kleidung zu sprechen
- Kontakte und Beziehungen aufzubauen
- Vorschläge zu machen

## À la cantine

| | |
|---|---|
| Charlène | Tu prends ton plateau et tu t'assois avec nous ? |
| Nina | Oui. Où êtes-vous ? |
| Charlène | Vers la sortie ! |
| *À table* | |
| Charlène | Nina, tu sais qu'on fête samedi les 10 ans de l'agence ? Tu es invitée à la fête aussi ! |
| Nina | Une soirée avec le personnel ? |
| Charlène | Oui et avec nos clients les plus importants. Ça va être un grand coup médiatique pour nous. |
| Nina | Toi, tu connaîtras sûrement tous les invités… |
| Charlène | Certainement pas ! Je ne connais pas tous les clients ! |
| Nina | Et comment on doit s'habiller ? |
| Charlène | Tu fais comme tu veux. Mais tout le monde viendra en tenue de soirée. Moi, je mets ma robe longue à fleurs. Et les hommes porteront normalement un costume-cravate. |
| Nina | Mais je n'ai rien de chic ici ! |
| Charlène | Je peux te prêter un pantalon noir et un joli chemisier à carreaux. Tu fais quelle taille ? |
| Nina | Du 40. Oh, merci. Je peux peut-être les essayer avant samedi ? |
| Charlène | Pas de problème. Et qui va t'accompagner ? |
| Nina | Je ne sais pas encore parce que je connais seulement mon cousin et sa femme ici. |
| Charlène | Et si tu venais avec ton cousin ? |
| Nina | Pourquoi pas ! |

# Kontakte knüpfen 26

## Fragen zum Dialog

**Kreuzen Sie die passende Antwort an. Mehrfachantworten sind möglich.**
1. Où sont Nina et Charlène ?   a) ☐ au bureau   b) ☐ à la cantine
2. Qui est invité à la soirée ?   a) ☐ le personnel   b) ☐ les clients
3. Qu'est-ce que met Charlène ?   a) ☐ une robe   b) ☐ des baskets

## In der Kantine

| | |
|---|---|
| Charlène | Nimmst du dein Tablett und setzt du dich zu uns? |
| Nina | Ja. Wo seid ihr? |
| Charlène | Beim Ausgang! |
| *Am Tisch* | |
| Charlène | Nina, weißt du, dass wir am Samstag das 10-jährige Bestehen der Agentur feiern? Du bist auch auf die Feier eingeladen! |
| Nina | Ein Abend mit dem Personal? |
| Charlène | Ja, und mit unseren wichtigsten Kunden. Das wird ein großes Medienereignis für uns werden. |
| Nina | D u wirst bestimmt alle Gäste kennen … |
| Charlène | Bestimmt nicht! Ich kenne nicht alle Kunden! |
| Nina | Und wie sollte man sich anziehen? |
| Charlène | Das machst du, wie du willst. Aber alle werden in Abendgarderobe kommen. I c h ziehe mein langes, geblümtes Kleid an. Und die Männer werden normalerweise einen Anzug mit Krawatte tragen. |
| Nina | Aber ich habe nichts Schickes hier! |
| Charlène | Ich kann dir eine schwarze Hose und eine hübsche, karierte Bluse ausleihen. Welche Größe hast du (machst du)? |
| Nina | 40. Oh, danke. Kann ich sie vielleicht vor Samstag anprobieren? |
| Charlène | Kein Problem. Und wer wird dich begleiten? |
| Nina | Ich weiß noch nicht, weil ich hier nur meinen Cousin und seine Frau kenne. |
| Charlène | Und wie wäre es, wenn du mit deinem Cousin kämst? |
| Nina | Warum nicht! |

Beruf

# 26 Kontakte knüpfen

## Lernwortschatz

| | |
|---|---|
| à carreaux | *kariert* |
| à fleurs | *geblümt* |
| à table | *zu Tisch* |
| accompagner | *begleiten* |
| cantine *f* | *Kantine* |
| certainement | *bestimmt; sicherlich* |
| chic | *schick* |
| coup *m* médiatique | *Medienereignis* |
| essayer | *anprobieren; ausprobieren* |
| faire du 40 | *Konfektionsgröße 40 haben* |
| fête *f* | *Feier, Fest* |
| fêter | *feiern* |
| invité *m* | *Gast* |
| mettre | *anziehen* |
| normalement | *normalerweise* |
| personnel *m* | *Personal* |
| plateau *m* | *Tablett* |
| porter | *tragen* |
| prêter | *ausleihen* |
| rien de chic | *nichts Schickes* |
| s'habiller | *sich anziehen* |
| s'asseoir (tu t'assois) | *sich setzen (du setzt dich)* |
| seulement | *nur* |
| si | *wenn* |
| sortie *f* | *Ausgang* |
| sûrement | *sicherlich* |
| taille *f* | *(Konfektions-)Größe* |
| tenue *f* de soirée | *Abendgarderobe* |

| Kleidung | |
|---|---|
| vêtements *mPl* | Kleidung |
| bonnet *m* | Mütze |
| chaussettes *fPl* | Socken |
| chemise *f* | Hemd |
| chemisier *m* | Bluse |
| costume *m* | Anzug |
| cravate *f* | Krawatte |
| écharpe *f* | Schal |
| gants *mPl* | Handschuhe |
| jupe *f* | Rock |
| maillot *m* de bain | Badeanzug |
| manteau *m* | Mantel |
| pantalon *m* | Hose |
| pullover *m* (*ugs.* pull) | Pullover, Pulli |
| robe *f* | Kleid |
| sous-vêtements *mPl* | Unterwäsche |
| t-shirt *m* | T-Shirt |

# Kontakte knüpfen 26

## Grammatik und Redemittel

### Die Verben *mettre* und *connaître*

|  | **mettre** anziehen | **connaître** kennen |
|---|---|---|
| **Präsens** | | |
| je | **mets** | **connais** |
| tu | **mets** | **connais** |
| il/elle | **met** | **connaît** |
| nous | me**ttons** | **connaissons** |
| vous | me**ttez** | **connaissez** |
| ils/elles | me**ttent** | **connaissent** |
| **Passé composé** | | |
| j' | ai **mis** | ai **connu** |
| **Imparfait** | | |
| je | **mettais** | **connaissais** |
| **Futur simple** | | |
| je | **mettrai** | **connaîtrai** |

### Die Konjunktion *si* → § 8.2.1

Wollen Sie einen Vorschlag machen? Dann bilden Sie einfach einen Nebensatz mit der Konjunktion **si** *wenn* gefolgt vom Imparfait, wie im Beispiel:
Et **si tu venais** avec ton cousin ? *Wie wäre es, wenn du mit deinem Cousin kämst?*
Beachten Sie, dass **si + il/ils** zu **s'il/s'ils** wird.

! Einen Vorschlag können Sie auch mit dem Imperativ oder mit dem Konditional (→**L27**) ausdrücken:
**Viens donc** avec ton cousin ! *Komm doch mit deinem Cousin!*
**Tu pourrais** venir avec ton cousin. *Du könntest mit deinem Cousin kommen.*

Beruf

# 26 Kontakte knüpfen

■ **Das Adverb** → §5

Das Adverb ist unveränderlich. Es unterscheidet sich aber im Französischen vom Adjektiv. Viele Formen können Sie vom femininen Adjektiv ableiten, an das Sie die Endung **-ment** anhängen. Achten Sie jedoch auf die Sonderformen!

| Adjektiv *m* | Adjektiv *f* | Adverb | |
|---|---|---|---|
| normal | normale | normale**ment** | *normalerweise* |
| sûr | sûre | sûre**ment** | *sicherlich* |
| bon | bonne | **bien** | *gut, sehr* |
| mauvais | mauvaise | **mal** | *schlecht* |
| rapide | rapide | **vite, rapidement** | *schnell* |

## ▪▪ Übungen

**1 Beschreiben Sie, was die beiden Figuren angezogen haben. Überprüfen Sie Ihre Angaben mithilfe der CD.**

2/39

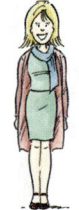

1. L'homme a mis…      2. La femme a mis…

**2 Wie lauten die feminine Form des Adjektivs und das Adverb? Tragen Sie die Formen in die Tabelle ein.**

| Adjektiv *m* | Adjektiv *f* | Adverb |
|---|---|---|
| 1. sûr | _____ | _____ |
| 2. rapide | _____ | _____ |
| 3. curieux | _____ | _____ |
| 4. particulier | _____ | _____ |
| 5. bon | _____ | _____ |
| 6. seul | _____ | _____ |

# Kontakte knüpfen

**3 Kreuzen Sie die passende Konjunktion an.**

1. Je ne connais personne  a) ☐ quand          je suis nouvelle.
                           b) ☐ parce que
2. Et                      a) ☐ parce que      tu mettais ta belle robe ?
                           b) ☐ si
3. Je viens à trois heures a) ☐ comme          tu me l'as dit.
                           b) ☐ quand

## Entre midi et deux

**Entre midi et deux (heures)**, wörtlich *zwischen Mittag und zwei (Uhr)*, ist die Zeit der Mittagspause. Traditionell ist **le déjeuner** *das Mittagessen*, das meistens aus mehreren Gängen besteht, die wichtigste Mahlzeit des Tages. Anschließend wird vielleicht noch ein Kaffee getrunken. Und dies kostet Zeit! Die durchschnittliche **pause de midi** *Mittagspause* dauert circa zwei Stunden ab zwölf Uhr mittags. Soweit vorhanden, gehen die Beschäftigten in Kantinen oder Restaurants essen. Einige nutzen sogar die Zeit, um zu Hause oder in den **salles de sport** *Fitnessstudios* abzuschalten. Allerdings verkürzt sich auch in Frankreich aufgrund des schnelllebigen Alltags die Mittagspause immer öfter auf eine Stunde oder weniger und es wird häufig nur noch ein Sandwich gegessen.

*Kulturtipp*

## Was können Sie schon?

☺ ☐ ☹

- beschreiben, was jemand angezogen hat → **Ü1**
- einen Vorschlag machen → **Ü3**
- Ihr Handeln begründen
- einen Termin bestätigen

*Beruf*

cent quatre-vingt-trois

# **27** Besprechungen

## **In dieser Lektion lernen Sie:**

- eine Besprechung zu eröffnen
- eine Besprechung zu moderieren
- eine Besprechung abzuschließen und zusammenzufassen

## Le jour de la réunion

| | |
|---|---|
| Patrick | Tout d'abord, je voudrais vous présenter notre nouvelle collaboratrice, Nina. Nous animerons la réunion ensemble. Nina est Allemande, alors soyez indulgents ! Je te donne la parole, Nina. |
| Nina | Notre but aujourd'hui est de trouver un logo pour l'entreprise Dandon. Si nous regardons les résultats, nous voyons que son chiffre d'affaires augmente de 5% tous les ans. |
| Patrick | La présentation de Nina montre bien qu'il s'agit d'une P.M.E. en pleine expansion. Son domaine d'activité est le recyclage des déchets. Mais son objectif actuel est d'améliorer son image de marque. |
| Nina | Voilà deux tableaux avec deux concepts différents. Lequel préférez-vous ? |
| Collègue | Si on osait, on pourrait développer le concept écologique. |
| Nina | Je ne suis pas de votre avis : peut-on parler d'écologie quand on traite des déchets ? |
| Patrick | Très bonne remarque ! *(Après de longues discussions…)* Pour conclure, je dirais qu'on se revoit lundi avec des propositions concrètes pour prendre une décision. Nina, tu fais le compte-rendu ? |
| Nina | Bien. Merci à tous. *(Elle chuchote à son chef :)* Zut, j'ai oublié la pause café ! |

# Besprechungen

## Fragen zum Dialog

**Was passt zusammen? Verbinden Sie.**
1. Qui présente Patrick ?
2. Quel est le but de la réunion ?
3. Dans quel domaine travaille l'entreprise Dandon ?
4. Qu'est-ce qu'a oublié Nina ?

a) le traitement des déchets
b) trouver un logo
c) la pause café
d) Nina

## Der Tag der Besprechung

| | |
|---|---|
| Patrick | Zunächst möchte ich Ihnen unsere neue Mitarbeiterin, Nina, vorstellen. Wir werden die Besprechung zusammen moderieren. Nina ist Deutsche, seien Sie also nachsichtig! Ich gebe das Wort an dich weiter, Nina. |
| Nina | Unser Ziel heute ist, ein Logo für das Unternehmen Dandon zu finden. Wenn wir uns die Ergebnisse anschauen, sehen wir, dass sein Umsatz jedes Jahr um 5 % steigt. |
| Patrick | Die Präsentation von Nina zeigt gut, dass es sich um ein mittelständisches Unternehmen im vollen Aufschwung handelt. Sein Aktivitätsbereich ist die Müllverwertung. Aber sein aktuelles Unternehmensziel besteht darin (ist), sein Markenimage zu verbessern. |
| Nina | Hier sind zwei Darstellungen mit zwei verschiedenen Konzepten. Welches bevorzugen Sie? |
| Kollege | Wenn man sich trauen würde, könnte man das ökologische Konzept entwickeln. |
| Nina | Ich bin nicht Ihrer Meinung: Kann man über Ökologie sprechen, wenn man Müll verwertet? |
| Patrick | Sehr gute Bemerkung! *(Nach langen Diskussionen ...)* Zum Abschluss würde ich sagen, dass wir uns am Montag mit konkreten Vorschlägen wiedersehen, um eine Entscheidung zu treffen. Nina, du machst das Protokoll? |
| Nina | Gut. Danke an alle. *(Sie flüstert ihrem Chef zu:)* Mist, ich habe die Kaffeepause vergessen! |

*Beruf*

# 27 Besprechungen

## Lernwortschatz

| | | | |
|---|---|---|---|
| actuel(le) | aktuell | ensemble | zusammen |
| améliorer | verbessern | être de votre avis | Ihrer Meinung sein |
| augmenter | steigen | image f de marque | (Marken-)Image |
| but m | Ziel | indulgent(e) | nachsichtig |
| chiffre m d'affaires | Umsatz | lequel | welcher |
| chuchoter | (zu)flüstern | objectif m | (Unternehmens-)Ziel |
| collaborateur m, collaboratrice f | Mitarbeiter, Mitarbeiterin | oser | wagen; sich trauen |
| compte rendu m | Bericht; Protokoll | pause f (café) | (Kaffee-)Pause |
| concept m | Konzept | P.M.E. f (petite et moyenne entreprise) | mittelständisches Unternehmen |
| concret, concrète | konkret | | |
| déchets mPl | Müll | | |
| développer | entwickeln | pour cent m (%) | Prozent |
| différent(e) | verschieden; unterschiedlich | prendre une décision | eine Entscheidung treffen |
| discussion f | Diskussion | proposition f | Vorschlag |
| domaine m d'activité | Aktivitätsbereich | recyclage m | Recycling; Wiederverwertung |
| donner la parole | das Wort weitergeben | remarque f | Bemerkung |
| | | résultat m | Ergebnis |
| écologie f | Ökologie | s'agir de qc | sich um etw. handeln |
| écologique | ökologisch; umweltfreundlich | se revoir | sich wiedersehen |
| en pleine expansion | in vollem Aufschwung | tableau m | Tabelle; Darstellung |
| | | traiter | verwerten |

### Eine Besprechung organisieren

| | |
|---|---|
| organiser une réunion | eine Besprechung organisieren |
| commencer une réunion | eine Besprechung eröffnen |
| animer une réunion | eine Besprechung moderieren |
| conclure une réunion | eine Besprechung abschließen |

# Besprechungen

## Grammatik und Redemittel

### Der Konditional Präsens → §8.4

Er wird aus dem Stamm des Futur simple (→ **L20, L21**) und den Endungen des Imparfait gebildet.

|          | **Futur simple** | **Konditional** |                    |
|----------|------------------|-----------------|--------------------|
| je       | regarder**ai**   | regarder**ais** | *ich würde schauen*|
| tu       |                  | regarder**ais** |                    |
| il/elle  |                  | regarder**ait** |                    |
| nous     |                  | regarder**ions**|                    |
| vous     |                  | regarder**iez** |                    |
| ils/elles|                  | regarder**aient**|                   |
| je       | ser**ai**        | ser**ais**      | *ich würde*        |
| j'       | aur**ai**        | aur**ais**      | *ich hätte*        |

Mit dieser Form können Sie einen Wunsch, eine Vermutung, einen Ratschlag, eine Möglichkeit oder eine höfliche Bitte ausdrücken:
**Je voudrais** vous présenter Nina.  *Ich möchte Ihnen Nina vorstellen.*
**Elle aimerait** faire une pause.  *Sie möchte eine Pause machen.*
**Tu pourrais** demander au chef.  *Du könntest den Chef fragen.*

### Der Bedingungssatz mit *si*

Wenn das Hauptverb im Konditional ist, steht der **si**-Satz im Imparfait:
**Si on osait, on pourrait…**  *Wenn wir uns trauen würden, könnten wir …*
Ist aber das Hauptverb im Futur simple oder Präsens, dann steht der **si**-Satz im Präsens: **Si on regarde** le tableau, **on voit…**  *Wenn man sich die Darstellung anschaut, sieht man …*

### Das Interrogativpronomen *lequel* → §7.5.2

Es richtet sich in Geschlecht und Zahl nach dem Bezugswort:
Voici les concepts. **Lequel** préférez-vous ?  *Hier sind die Konzepte. Welches bevorzugen Sie?*

|          | **Maskulinum**      | **Femininum**         |
|----------|---------------------|-----------------------|
| **Singular** | **lequel** *welcher* | **laquelle** *welche* |
| **Plural**   | **lesquels** *welche*| **lesquelles** *welche*|

Beruf

# 27 Besprechungen

## :: Übungen

**1 Welche Form von *lequel* passt in die Lücke?**
1. Voici deux logos. _____ choisirais-tu ?
2. Voici deux robes. _____ préfères-tu ?
3. Voici mes chaussures. _____ *(Pl)* te plaisent le plus ?

**2 Stellen Sie sich vor, dass Sie in einer wichtigen Besprechung sitzen. Hören Sie den Dialog und ergänzen Sie die Lücken.**

2/41

▲ Mesdames, Messieurs, commençons tout de suite la réunion. Vous connaissez notre projet. Qu'est-ce que _____ (1.) ?
● Moi, je _____ (2.) le projet va nous coûter beaucoup trop cher cette année.
▲ Vous _____ (3.). Notre budget n'est pas très haut… Et vous Monsieur Ducieux, vous _____ (4.) ?
● Non, je _____ (5.). On pourrait par exemple commencer le projet cette année et le finir l'année prochaine. Le client n'est pas pressé.
▲ Vous _____ (6.) on devrait différer le projet… Pourquoi pas… Bon, je vais voir avec les autres collègues. Merci d'être venus.

**3 Sie hören Verben im Konditional. Notieren Sie diese Verben und schreiben Sie den Infinitiv dazu.**

2/42

| | Konditional | Infinitiv |
|---|---|---|
| 1. nous | *parlerions* | *parler* |
| 2. ils | _____ | _____ |
| 3. je | _____ | _____ |
| 4. vous | _____ | _____ |
| 5. tu | _____ | _____ |

**4 Verbinden Sie die Satzteile. Denken Sie dabei an die Übereinstimmung der Verben.**
1. S'il avait une nouvelle voiture,     a) il peut demander à mon chef.
2. Si Rémi cherche un travail,          b) j'irais voir le docteur.
3. Si j'étais malade,                   c) il tomberait moins en panne.

# Besprechungen 27

## L'économie française

> Unternehmen werden in vier Kategorien eingeteilt: **très petites entreprises** (**T.P.E.**) *sehr kleine Unternehmen* mit weniger als zehn **salariés** *Beschäftigten*, **petites et moyennes entreprises** (**P.M.E.**) *Klein- und Mittelbetriebe* (zwischen 10 und 499 Beschäftigte), **entreprises de taille intermédiaire** (**E.T.I.**) *Unternehmen mittlerer Größe* und **grandes entreprises** (**G.E.**) *große Unternehmen* mit mehr als 5.000 Beschäftigten. Zu den größten Unternehmen Frankreichs gehören Total, Carrefour, P.S.A. (Peugeot Société Anonyme), E.D.F.-G.D.F. (Électricité-Gaz de France), Renault und Suez.
> Aber auch der Landwirtschaftssektor spielt in Frankreich eine wichtige Rolle. Circa 3,5 % der erwerbstätigen Bevölkerung sind in der Landwirtschaft beschäftigt. Sie ist die Grundlage für die Entwicklung einer starken Nahrungsmittelbranche. Wie in Deutschland wächst die Bio-Branche rasant schnell (ca. 10 % pro Jahr). **Manger des produits du terroir bio** *Bio-Regionalprodukte zu essen* ist zu einer Lebensart geworden!

*Kulturtipp*

## Was können Sie schon?

| | ☺ ☺ ☹ | |
|---|---|---|
| jemanden nach seinem Geschmack fragen | | → Ü1 |
| sich an einer Diskussion beteiligen | | → Ü2 |
| Bedingungen verstehen und formulieren | | → Ü3<br>→ Ü4 |
| erzählen, was Sie in bestimmten Situationen machen würden | | → Ü4 |

*Beruf*

# 28 Lebenslauf

## :: In dieser Lektion lernen Sie:

- einen Lebenslauf zu verstehen
- über das Bildungssystem in Frankreich zu sprechen
- Ihre Sprachkompetenzen zu beschreiben

## Le C.V.

| | |
|---|---|
| Patrick | Nina, il faut absolument trouver un juriste-stagiaire pour qu'il nous aide sur les projets internationaux ! |
| Nina | Pour combien de temps ? |
| Patrick | Six mois. Je recherche un étudiant qui a un bon niveau en droit et qui maîtrise au moins une langue étrangère. Il faut qu'il rédige des contrats en anglais. |

*Charlène et Nina lisent ensemble les demandes de candidature.*

| | |
|---|---|
| Charlène | Avant que tu regardes les C.V. dans le détail, tu peux enlever les candidats qui n'ont pas la licence. Ils n'auront pas le niveau. |
| Nina | Super, je ne connais même pas le système universitaire français… Regarde ce C.V. : Jérôme, bac + 4, prépare un master. |
| Charlène | Oui, il correspond exactement aux attentes du chef. Et ses connaissances en langue ? |
| Nina | Moyen. Anglais : parlé et lu, allemand : connaissances scolaires. |
| Charlène | Ah, tu pourrais lui donner des cours… Mais ça ne suffira pas. |
| Nina | J'ai aussi Fabrice, 22 ans, master droit civil. Il parle anglais couramment… |
| Charlène | Enfin un candidat qui a les compétences recherchées. Tu as lu sa lettre de motivation ? |
| Nina | Non, pas encore. |

# Lebenslauf 28

## Fragen zum Dialog

**Finden Sie die richtige Ergänzung.**
1. Patrick recherche a) un stagiaire. b) un client.
2. Le stagiaire doit rester a) trois mois. b) six mois.
3. Le stagiaire doit savoir a) faire des contrats. b) faire le café.
4. Le C.V. de a) Fabrice b) Jérôme
   est le plus intéressant.

## Der Lebenslauf

| | |
|---|---|
| Patrick | Nina, wir müssen unbedingt einen Juristen als Praktikant finden, damit er uns bei den internationalen Projekten hilft! |
| Nina | Für wie lange? |
| Patrick | Sechs Monate. Ich suche einen Studenten, der ein gutes Niveau in Jura hat und der mindestens eine Fremdsprache beherrscht. Er muss Verträge in Englisch schreiben. |

*Charlène und Nina lesen zusammen die Bewerbungen.*

| | |
|---|---|
| Charlène | Bevor du dir die Lebensläufe im Detail anschaust, kannst du die Kandidaten aussortieren, die die *licence* nicht haben. Sie werden das Niveau nicht haben. |
| Nina | Toll, ich kenne nicht einmal das französische Hochschulsystem … Schau dir diesen Lebenslauf an: Jérôme, Abitur + 4(-jähriges Studium), bereitet einen Master vor. |
| Charlène | Ja, er entspricht genau den Erwartungen des Chefs. Und seine Sprachkenntnisse? |
| Nina | Mittelmäßig. Englisch: in Wort und Schrift (gesprochen und gelesen), Deutsch: Schulkenntnisse. |
| Charlène | Ah, du könntest ihm Unterricht erteilen … Aber das wird nicht ausreichen. |
| Nina | Ich habe auch Fabrice, 22 Jahre, Master in Zivilrecht. Er spricht fließend Englisch … |
| Charlène | Endlich ein Kandidat, der die gesuchten Kompetenzen hat. Hast du sein Bewerbungsschreiben gelesen? |
| Nina | Nein, noch nicht. |

Beruf

# 28 Lebenslauf

## Lernwortschatz

| | | | |
|---|---|---|---|
| absolument | *absolut; unbedingt* | étudiant *m* | *Student* |
| attente *f* | *Erwartung* | exactement | *genau* |
| au moins | *mindestens; wenigstens* | juriste *m* | *Jurist* |
| | | langue *f* étrangère | *Fremdsprache* |
| baccalauréat *m*, (*ugs.* bac) | *Abitur, Abi* | langue *f* maternelle | *Muttersprache* |
| candidat *m* | *Kandidat* | lettre *f* de motivation | *Bewerbungsschreiben* |
| combien de temps | *wie lange* | master *m* | *Master; Diplom* |
| compétence *f* | *Kompetenz* | maîtriser | *beherrschen* |
| connaissance *f* | *Kenntnis* | même pas | *nicht einmal* |
| contrat *m* | *Vertrag* | moyen(ne) | *mittelmäßig* |
| correspondre | *entsprechen* | niveau *m* | *Niveau* |
| couramment | *fließend* | parlé et lu | *in Wort und Schrift* |
| demande *f* de candidature | *Bewerbung* | pour que | *damit* |
| | | recherché(e) | *gesucht* |
| détail *m* | *Detail; Einzelheit* | rechercher | *suchen* |
| donner des cours | *Unterricht erteilen* | rédiger | *verfassen; schreiben* |
| droit *m* | *Recht* | | |
| droit *m* civil | *Zivilrecht* | scolaire | *schulisch; Schul …* |
| enlever | *herausnehmen (hier: aussortieren)* | stagiaire *m* | *Praktikant* |
| | | suffire | *(aus)reichen* |

| Lebenslauf | |
|---|---|
| expérience *f* professionnelle | *Berufserfahrung* |
| stage *m* | *Praktikum* |
| études *fPl* | *Studium* |
| formation *f* (professionnelle) | *(Berufs-)Ausbildung* |
| parcours *m* scolaire | *Schulausbildung; Schullaufbahn* |
| connaissances *fPl* en langues | *Sprachkenntnisse* |
| connaissances *fPl* en informatique | *Computerkenntnisse* |
| intérêts *mPl* personnels | *persönliche Interessen* |

# Lebenslauf

## Grammatik und Redemittel

### Das Verb *lire* (lesen)

|  | Präsens | Imparfait | Passé composé | Futur simple | Konditional |
|---|---|---|---|---|---|
| je/j' | l**is** | l**isais** | ai **lu** | l**irai** | l**irais** |
| tu | l**is** | l**isais** | as **lu** | l**iras** | l**irais** |
| il/elle | l**it** | l**isait** | a **lu** | l**ira** | l**irait** |
| nous | l**isons** | l**isions** | avons **lu** | l**irons** | l**irions** |
| vous | l**isez** | l**isiez** | avez **lu** | l**irez** | l**iriez** |
| ils/elles | l**isent** | l**isaient** | ont **lu** | l**iront** | l**iraient** |

### Der Subjonctif → §8.5

Die Formen der Verben auf **-er** gleichen den Formen im Präsens, mit Ausnahme der 1. und 2. Person Plural.

|  |  | **aider** *helfen* |  |
|---|---|---|---|
| **que** | j' | aid**e** | *dass ich helfe* |
| **que** | tu | aid**es** | *dass du hilfst* |
| **qu'** | il/elle | aid**e** | *dass er/sie hilft* |
| **que** | nous | aid**ions** | *dass wir helfen* |
| **que** | vous | aid**iez** | *dass ihr helft/ Sie helfen* |
| **qu'** | ils/elles | aid**ent** | *dass sie helfen* |

Der Subjonctif steht in Nebensätzen, die mit **que** eingeleitet werden. Er steht unter anderem nach Konjunktionen **avant que** *bevor* und **pour que** *damit*.
**Avant que vous commenciez,** je voudrais dire quelque chose. *Bevor Sie beginnen, möchte ich etwas sagen.*
Je cherche un stagiaire **pour qu'il nous aide.** *Ich suche einen Praktikanten, damit er uns hilft.*

### Der Ausdruck *il faut*

Sätze mit **il faut** *es ist nötig/man muss* können entweder mit einem Infinitiv oder mit **que** und einem Verb im Subjonctif gebildet werden.
**Il faut trouver un stagiaire.** Oder: **Il faut qu'on trouve un stagiaire.**
*Wir müssen einen Praktikanten finden.*

## 28 Lebenslauf

### ◾◾ Übungen

 **1 Welcher Bewerber passt am besten zu der Stellenausschreibung? Lesen Sie die kurzen Auszüge aus den Lebensläufen und finden Sie den passenden Kandidaten.**

> 1. Nous cherchons un jeune coiffeur

a) École de coiffeur de 1990 à 1993
   Note : moyen
   Expérience professionnelle :
   Stage Coiffeur Paul
   Stage salon de coiffure « Hair »

b) École de coiffeur à Paris
   Note : bien
   Expérience professionnelle :
   Employé 3 ans chez le coiffeur de
   la gare à Avignon

> 2. Stage comme secrétaire internationale (français-anglais)

a) français : langue maternelle
   italien : parlé et lu
   anglais : connaissances scolaires

b) anglais : langue maternelle
   français : couramment
   espagnol : parlé et lu

 **2 Setzen Sie die richtige Verbform im Subjonctif ein.**
1. Il faut que je _____ (travailler).
2. Il faut que nous _____ (chercher) une maison à louer.
3. Il faut que vous _____ (arriver) de bonne heure.
4. Il faut que tu _____ (parler) plus doucement.

 **3 Bilden Sie mündlich aus der Übung 2 neue Sätze mit einem Infinitiv. Sie hören zunächst das Beispiel. Kontrollieren Sie Ihre Lösungen anhand der CD.**

2/44

 **4 Kreuzen Sie an, welche Form von *lire* Sie hören.**

|   | lis | lirai | lirais |
|---|---|---|---|
| 1. | ☐ | ☐ | ☐ |
| 2. | ☐ | ☐ | ☐ |
| 3. | ☐ | ☐ | ☐ |

2/45

# Lebenslauf 28

## De la maternelle à l'université

Die **maternelle** *Kindergarten* gehört in Frankreich zur Grundschule und ist gebührenfrei. Kinder kommen mit ca. sechs Jahren in die fünfstufige **école primaire** *Grundschule*. Danach folgen vier gemeinsame Jahre im **collège** *Mittelschule*. Anschließend gehen die Schüler ins **lycée** , wo sie mit circa 18 Jahren das **baccalauréat** *Zentralabitur*, umgangssprachlich **bac** *Abi* gennant, machen, oder ins **lycée d'enseignement professionnel** (**L.E.P.**), wo sie eine Berufsausbildung und das Fachabitur absolvieren. Das **système universitaire** *Hochschulsystem* wurde in den letzten Jahren reformiert.

An der **université** *Universität*, umgangssprachlich **fac** *Uni*, kann man sein Studium nach drei Jahren mit einer **licence** abschließen oder nach zwei weiteren Jahren mit einem **master**. Zum Hochschulsystem gehören auch die berühmten **grandes écoles** *Elitehochschulen* oder die **I.U.T. (Institut Universitaire de Technologie)** *Fachhochschulen*.

Aufgrund der begrenzten Studienplätze werden nur wenige Studenten in den **grandes écoles** – und erst nach einem **concours** *Aufnahmeprüfung* – zugelassen. Die meisten französischen Minister zum Beispiel haben an der berühmten **ENA (École Nationale d'Administration)** *Hochschule für Verwaltungswissenschaften* studiert.

*Kulturtipp*

## Was können Sie schon?

☺ ☺ ☹

| | | | |
|---|---|---|---|
| ■ einen Lebenslauf verstehen | | | → Ü1 |
| ■ sagen, was Sie oder andere Personen tun müssen | | | → Ü2<br>→ Ü3 |
| ■ Verben in verschiedenen Zeiten verstehen | | | → Ü3 |

*Beruf*

# 29 Arbeitssuche und Bewerbung

## In dieser Lektion lernen Sie:

- einen Bewerbungsbrief zu schreiben
- Wertungen, Eindrücke und Wünsche auszudrücken
- ein berufliches Profil zu beschreiben

## Sincères salutations

*Nina lit la lettre de motivation du candidat retenu et Charlène vérifie ses diplômes et ses références.*

| | |
|---|---|
| Nina | « Madame, Monsieur, En tant qu'étudiant en droit, je cherche à acquérir une expérience professionnelle en entreprise pour pouvoir entrer plus facilement dans la vie active après mes études. Je recherche un stage de trois mois… » |
| Charlène | Waouh, en plus, il a de bonnes notes aux examens ! |
| Nina | « J'ai amélioré mes connaissances en langues grâce à des stages à l'étranger. J'ai donc un excellent niveau en anglais… Dans l'attente de vous rencontrer, je vous prie… » Je ne crois pas que le chef soit déçu par cette lettre ! |
| Charlène | Le seul problème, c'est la durée de son stage ! Il faut encore qu'il veuille bien rester six mois chez nous ! Il va falloir le convaincre de rester plus longtemps ! |

*Nina fait part à son supérieur de ses impressions.*

| | |
|---|---|
| Nina | On a un très bon candidat qui correspond aux critères. |
| Patrick | Ah, je suis très content que tu aies trouvé quelqu'un. Je voudrais que tu le convoques pour un entretien. Nina, je suis très satisfait de tes premiers jours chez nous. Tu fais du bon travail ! |

# Arbeitssuche und Bewerbung

## ▪▪ Fragen zum Dialog

**Beantworten Sie die Fragen in vollständigen Sätzen.**

1. Que lit Nina ?

2. Que recherche le candidat ?

3. Pourquoi Patrick est très satisfait de Nina ?

## Mit freundlichen Grüßen

*Nina liest das Bewerbungsschreiben des ausgesuchten Kandidaten und Charlène überprüft seine Zeugnisse und seine Referenzen.*

Nina „Sehr geehrte Damen und Herren, als Jurastudent möchte ich (suche ich) Berufserfahrung in einem Unternehmen sammeln, um nach meinem Studium leichter ins Berufsleben einsteigen zu können. Ich suche ein dreimonatiges Praktikum …"

Charlène Wow, er hat außerdem gute Noten in den Prüfungen!

Nina „Ich habe meine Sprachkenntnisse mithilfe von Auslandspraktika verbessert. Ich habe daher ein ausgezeichnetes Niveau in Englisch … In Erwartung, Sie kennenzulernen (zu treffen), verbleibe ich (bitte ich Sie) …" Ich glaube nicht, dass der Chef von diesem Brief enttäuscht sein wird!

Charlène Das einzige Problem ist die Dauer seines Praktikums! Er muss sechs Monate bei uns bleiben wollen! Wir werden ihn überreden müssen, länger zu bleiben!

*Nina teilt ihrem Vorgesetzten ihre Eindrücke mit.*

Nina Wir haben einen sehr guten Kandidaten, der den Kriterien entspricht.

Patrick Ah, ich freue mich sehr, dass du jemanden gefunden hast. Ich möchte, dass du ihn zu einem Vorstellungsgespräch einlädst. Nina, ich bin sehr zufrieden mit deinen ersten Tagen bei uns. Du leistest (machst) gute Arbeit!

Beruf

## 29 Arbeitssuche und Bewerbung

### Lernwortschatz

| | | | |
|---|---|---|---|
| acquérir | *hier: sammeln* | examen *m* | *Prüfung* |
| améliorer | *verbessern* | excellent(e) | *hervorragend* |
| convaincre | *überzeugen; überreden* | faire part | *mitteilen* |
| | | grâce à | *dank; mithilfe* |
| convoquer | *bestellen (hier: einladen)* | | |
| | | impression *f* | *Eindruck* |
| critère *m* | *Kriterium* | lettre *f* | *Brief* |
| dans l'attente de | *in Erwartung* | note *f* | *Note* |
| déçu(e) | *enttäuscht* | prier | *bitten* |
| diplôme *m* | *Zeugnis; Prüfung* | rechercher | *suchen* |
| durée *f* | *Dauer* | référence *f* | *Referenz* |
| en tant que | *als* | retenu(e) | *ausgesucht* |
| entretien *m* | *(Vorstellungs-) Gespräch* | satisfait(e) | *zufrieden* |
| | | seul(e) | *einzig* |
| entrer | *eintreten (hier: einsteigen)* | supérieur *m* | *Vorgesetzter* |
| | | vérifier | *überprüfen* |
| être content(e) | *sich freuen* | vie *f* active | *Berufsleben* |
| étudiant *m* en droit | *Jurastudent* | vouloir (il veuille) | *wollen (er wolle)* |

**Offizieller Brief**

*Als Anrede: Sehr geehrte(r) …*

Madame,          Sehr geehrte Frau XX,
Monsieur,          Sehr geehrter Herr XX,
Madame, Monsieur,    Sehr geehrte Damen und Herren,

*Als Schlussformeln: Mit freundlichen Grüßen*

Je vous prie d'agréer Madame, l'expression de mes salutations respectueuses. *oder*
Veuillez croire, Monsieur, à l'assurance de mes sentiments les meilleurs. *oder*
Veuillez agréer, Monsieur, l'expression de mes sentiments distingués. *oder*
Sincères salutations.

*Vergessen Sie nicht:*

signature *f*          Unterschrift
P.S. *m* (post-scriptum)    PS

# Arbeitssuche und Bewerbung 29

## Grammatik und Redemittel

### Der Subjonctif der unregelmäßigen Verben → §8.5

|  |  | avoir<br>*haben* | être<br>*sein* | faire<br>*machen* | aller<br>*gehen* | prendre<br>*nehmen* | venir<br>*kommen* |
|---|---|---|---|---|---|---|---|
| que | je/j' | aie | sois | fasse | aille | prenne | vienne |
| que | tu | aies | sois | fasses | ailles | prennes | viennes |
| qu' | il/elle | ait | soit | fasse | aille | prenne | vienne |
| que | nous | ayons | soyons | fassions | allions | prenions | venions |
| que | vous | ayez | soyez | fassiez | alliez | preniez | veniez |
| qu' | ils/elles | aient | soient | fassent | aillent | prennent | viennent |

### Der Subjonctif: Zusammenfassung → §8.5

Der Subjonctif steht:

1. nach Verben der Notwendigkeit und der Forderung:
   **Il faut que j'écrive** une lettre. *Ich muss einen Brief schreiben.*
   **Je veux que tu viennes.** *Ich will, dass du kommst.*
2. nach Verben der Wertung:
   **Je suis content que tu aies** quelqu'un. *Ich freue mich, dass du jemanden hast.*
   **Il est important qu'il en parle.** *Es ist wichtig, dass er darüber spricht.*
3. nach Verben des Wünschens oder bei Vorschlägen:
   **Je voudrais que tu le convoques.** *Ich möchte, dass du ihn einlädst.*
   **Je propose que tu viennes** demain. *Ich schlage vor, dass du morgen kommst.*
4. nach verneinten Verben:
   **Je ne pense/crois pas qu'il soit déçu.** *Ich denke/glaube nicht, dass er enttäuscht sein wird.*

# 29 Arbeitssuche und Bewerbung

## Übungen

**1 Lesen Sie den Auszug aus dem Bewerbungsschreiben eines neuen potenziellen Kandidaten für Patrick. Kreuzen Sie dann an, ob der Bewerber Patricks Vorstellungen entsprechen könnte.**

« Avant de finir mes études, je voudrais faire un nouveau stage dans une entreprise. Depuis quatre ans, je fais des études de droit international à l'université de Strasbourg. J'ai un très bon niveau en droit du travail. De plus, je parle couramment allemand parce que ma mère est Allemande, et bien sûr je parle très bien anglais… »

Le candidat correspond-il aux attentes de Patrick ?    ☐ oui    ☐ non

**2 Kreuzen Sie an, ob die Nebensätze, die Sie hören, im Subjonctif oder im Indikativ Präsens stehen.**

|   | Subjonctif | Indikativ Präsens |
|---|---|---|
| 1. | ☐ | ☐ |
| 2. | ☐ | ☐ |
| 3. | ☐ | ☐ |
| 4. | ☐ | ☐ |

**3 Ergänzen Sie die Sätze mit der richtigen Form des Subjonctifs.**

1. Je ne crois pas qu'ils _____ l'allemand. (comprendre)
2. Je voudrais que Valérie _____ un bon diplôme. (avoir)
3. Je suis contente que tu _____ un stage à l'étranger. (faire)

**4 Stellen Sie sich vor, dass Sie zu einem Vorstellungsgespräch eingeladen sind. Wie würden Sie sagen, dass … ? Kontrollieren Sie Ihre Sätze anhand der CD.**

1. … Sie eine gute Berufserfahrung haben?
2. … Sie Französisch und Englisch sprechen?
3. … Sie schon ein Praktikum im Ausland gemacht haben?
4. … Sie den Kriterien des Unternehmens entsprechen?

# Arbeitssuche und Bewerbung

## Poser sa candidature !

Die Arbeitssuche in Frankreich gestaltet sich ähnlich wie in Deutschland. Dennoch gibt es einige Abweichungen: Grundsätzlich werden anfallende Reise- und Übernachtungskosten für ein Vorstellungsgespräch nicht erstattet.
Es ist sehr wichtig, dass das Bewerbungsschreiben handschriftlich verfasst wird. Es soll in einem höflichen, gewählten, aber eher zurückhaltenden Sprachstil auf edler Papierqualität verfasst werden.
Der Lebenslauf sollte rückwärts chronologisch sortiert, nicht datiert und nicht unterschrieben sein. Es ist auch nicht üblich, Kopien von Zeugnissen usw. beizulegen. Daher können die Unterlagen in einem Briefumschlag zusammengefaltet werden. Sie werden auch nicht zurückgesandt. Urkunden und Zeugnisse werden zum Vorstellungsgespräch einfach mitgebracht. Selbst wenn die Franzosen grundsätzlich eine Viertelstunde zu spät bei Verabredungen erscheinen, beim Vorstellungsgespräch sollte man jedoch unbedingt pünktlich sein!

*Kulturtipp*

## Was können Sie schon?

| | ☺ ☹ ☹ | |
|---|---|---|
| ■ ein Bewerbungsschreiben lesen und verstehen | | → Ü1 |
| ■ ausdrücken, dass Sie etwas denken oder glauben | | → Ü3<br>→ Ü3 |
| ■ auf Fragen bei einem Vorstellungsgespräch antworten<br>■ über Ihre Berufserfahrung sprechen<br>■ sagen, welche Sprachen Sie sprechen | | → Ü4 |

*Beruf*

# 30 Wiederholen und üben Sie

## Hier wiederholen Sie:

- einen Lebenslauf zu verfassen
- ein Telefonat zu führen
- zu sagen, wie viel Uhr es ist
- einen Brief zu verstehen
- Ihre Wünsche, Ziele und Vorstellungen auszudrücken

## Übungen

**1 Ergänzen Sie Ihren persönlichen Lebenslauf.**

**Parcours scolaire :**
1. École primaire : _____ (de _____ à _____)
2. Collège/Lycée : _____ (de _____ à _____)
3. Baccalauréat/Diplôme : _____
4. Formation universitaire : _____
   (de _____ à _____)
5. Formation professionnelle : _____
   (de _____ à _____)

**Expérience professionnelle/Stages :**
1. _____ (de _____ à _____)
2. _____ (de _____ à _____)
3. _____ (de _____ à _____)

**Connaissances en langue :**
allemand : _____    anglais : _____
français : _____    autre : _____

**Connaissances en informatique :**
1. Windows :    ☐ très bien    ☐ bien    ☐ moyen    ☐ pas du tout
2. Excel :       ☐ très bien    ☐ bien    ☐ moyen    ☐ pas du tout
3. Powerpoint : ☐ très bien    ☐ bien    ☐ moyen    ☐ pas du tout

**Intérêts personnels :**
1. _____
2. _____
3. _____

# Wiederholen und üben Sie 30

**2 Florence ruft in einer Firma an. Hören Sie das Telefonat zwischen ihr und der Sekretärin an und ergänzen Sie dabei die fehlenden Angaben.**

2/49

| | |
|---|---|
| Secrétaire | Bonjour, c'est Nicole Chilord de l'entreprise Grandet. |
| Florence | Bonjour Madame, Florence Saligne _____ (1.). |
| Secrétaire | Que puis-je faire pour vous, Madame ? |
| Florence | Je cherche un _____ (2.). Vous savez qui est responsable des stages dans l'entreprise ? |
| Secrétaire | Oui, c'est Monsieur Grandet. |
| Florence | Vous pouvez me le _____ (3.) ? |
| Secrétaire | Oh, je suis désolée. Il est _____ (4.). Vous voulez lui _____ (5.) ? |
| Florence | Je préfère _____ (6.). Quand est-ce que je peux le _____ (7.) ? |
| Secrétaire | Demain après 10 heures. |
| Florence | Parfait. Je rapellerai demain. Au revoir, Madame. |

**3 Suchen Sie die Wörter in dem Buchstabengitter und streichen Sie sie durch. Am Ende bleibt nur noch das Lösungswort übrig. Finden Sie es?**

actuels, appareil, but, calendrier, cantine, chef, chic, client, composer, date, droit, fête, heure

information, lire, non, oui, projet, répondeur, salle, site, tantes, tard, téléphone, titre, très

| C | O | M | P | O | S | E | R | I | S |
|---|---|---|---|---|---|---|---|---|---|
| A | A | C | T | U | E | L | S | N | A |
| L | T | N | I | N | C | H | E | F | L |
| E | I | A | T | B | U | T | T | O | L |
| N | T | N | N | I | H | E | U | R | E |
| D | R | O | I | T | N | E | F | M | R |
| R | E | N | R | L | E | E | E | A | N |
| I | D | E | O | U | I | S | T | T | C |
| E | S | A | P | P | A | R | E | I | L |
| R | I | E | T | A | R | D | E | O | I |
| T | T | E | L | E | P | H | O | N | E |
| R | E | P | O | N | D | E | U | R | N |
| C | H | I | C | P | R | O | J | E | T |

Beruf

Lösungswort:

_____

deux cent trois 203

# 30 Wiederholen und üben Sie

**Regel 1: Die Uhrzeit**
*Die Uhrzeit wird mit _____ (a)(wörtlich: Stunde) angegeben. Für „zwölf Uhr" sagt man _____ (b) und für „Mitternacht" _____ (c). Außerdem geht man, abweichend vom Deutschen, bei der halben Stunde von der vorausgehenden Stunde aus. Man unterscheidet auch im Französischen zwischen der umgangssprachlichen Uhrzeit, z. B.* **huit heures et demie***, und der offiziellen Uhrzeit _____ (d).*

**4 Sagen Sie, wie viel Uhr es ist. Überprüfen Sie Ihre Angaben anhand der CD.**

1.   2.   3.   4.

**Regel 2: Das Adverb**
*Anders als im Deutschen unterscheiden sich Adjektive und Adverbien im Französischen voneinander. Die Form des Adverbs wird meist von dem femininen _____ (a) abgeleitet, an das die Endung _____ (b) angehängt wird.*

**5 Tragen Sie die Formen des Adjektivs in die Tabelle ein.**

|   | Adjektiv *f* | Adjektiv *m* |
|---|---|---|
| 1. normalement | *normale* | *normal* |
| 2. officiellement | _____ | _____ |
| 3. dernièrement | _____ | _____ |
| 4. simplement | _____ | _____ |
| 5. longuement | _____ | _____ |
| 6. prochainement | _____ | _____ |
| 7. vite | _____ | _____ |

**6 Lesen Sie nun die Adverbien aus der Übung 5 laut vor und überprüfen Sie Ihre Aussprache mithilfe der CD.**

# Wiederholen und üben Sie

**Regel 3: Das Fragepronomen *lequel***
1. **Lequel** ist ein Fragepronomen, das sich in _____ (a) und _____ (b) nach dem Substantiv richtet, das es bezeichnet.
2. Die Formen sind: **lequel**, _____(a), _____(b), _____(c).

### 7 Welche Aussage passt zu welcher Frage?
1. Regarde ces deux vélos.
2. Ce sont toutes mes cravates.
3. Tu as le choix entre ces deux chemises.
4. J'ai acheté plusieurs t-shirts.

a) Laquelle tu veux ?
b) Lesquels préfères-tu ?
c) Lequel tu prendrais ?
d) Lesquelles te plaisent ?

**Regel 4: Relativpronomen**
Das Relativpronomen **qui** ist _____ (a), _____ (b) ist Objekt des Relativsatzes. Das Relativpronomen _____ (c) bezieht sich auf Orts- und Zeitangaben.

### 8 Einige der Relativpronomen sind durcheinandergeraten. Streichen Sie diese durch und schreiben Sie die richtige Form in die Spalte rechts.
1. Je te présente Jules où est mon nouveau collègue de bureau. _____
2. Patrick qui j'ai rencontré en vacances est responsable d'une P.M.E. _____
3. Nous nous souvenons bien de Brest que nous avons passé nos vacances d'été. _____
4. Je ne connais pas cette fille qui vient d'arriver. _____
5. À l'heure que je te parle, il est déjà au soleil. _____

### 9 Ergänzen Sie die Sätze mit der richtigen Form von *connaître* (kennen), *mettre* (anziehen), *lire* (lesen) und *croire* (glauben).
1. Nous _____ que cette école est le bon choix pour toi.
2. Tu _____ ta robe à fleurs ce soir ?
3. Est-ce que vous _____ Géraldine Leblanc ?
4. Hier, j'_____ dans le journal qu'il y a eu un grave accident sur l'autoroute.
5. Il ne _____ jamais de costume.

# 30 Wiederholen und üben Sie

**Regel 5: Das Imparfait**
*Das Imparfait wird aus dem Stamm der 1. Person Plural _____ (a) gebildet, an den die Endungen _____ (b) angehängt werden.*

### 10 Sie wollen einem Freund oder einer Freundin Vorschläge machen. Bilden Sie dafür Sätze wie im Beispiel:

1. choisir cette robe      *Et si tu choisissais cette robe ?*
2. faire une réunion      _____
3. aller au cinéma      _____
4. mettre une chemise      _____

**Regel 6: Der Konditional**
*Mit dem Konditional kann man einen _____ (a), eine Vermutung, einen Ratschlag, eine Möglichkeit oder eine _____ (b) Bitte ausdrücken. An den Stamm des Futur simple hängt man dafür die Formen des _____ (c) (**-ais**, **-ais**, **-ait**, **-ions**, **-iez**, **-aient**).*

### 11 Jetzt sollten Sie Ihre Vorschläge aus der Übung 10 nach folgendem Muster begründen:

1. choisir cette robe – être très belle
   *Si tu choisissais cette robe, tu serais très belle.*
2. faire une réunion – trouver une solution au problème
   _____
3. aller au cinéma – passer une bonne soirée
   _____
4. mettre une chemise – être chic
   _____

**Regel 7: Der Subjonctif**
*1. Die Formen des Subjonctifs sind _____ .*
*2. Der Subjonctif wird in Nebensätzen verwendet, die mit _____ (a) beginnen. Zusammengefasst ist er meist Ausdruck der Notwendigkeit, des Wünschens und der Wertung. Er steht auch nach _____ (b) Verben oder nach Ausdrücken wie _____ (c) (es ist nötig, dass/man muss).*

# Wiederholen und üben Sie

**12 Hören Sie die Sätze und notieren Sie die fehlenden Verben wie im Beispiel:**

1. que tu    *boives*
2. qu'on    _____
3. que vous _____
4. qu'il    _____

**13 Lesen Sie zunächst den Brief, den S. Martin als Antwort auf eine Bewerbung geschrieben hat. Anschließend unterstreichen Sie alle Verben im Subjonctif und schreiben Sie die Infinitivform in die vorgesehene Spalte.**

Monsieur,
Très intéressé par votre profil, je suis heureux de vous faire    _____
part de ma décision. Grâce à vos connaissances en langues et    _____
vos notes excellentes aux examens, vous avez pu nous              _____
convaincre de vos compétences. Je voudrais que vous veniez        _____
à Angers pour que nous fassions connaissance. Je propose          _____
que vous fixiez un rendez-vous avec notre secrétaire dans la      _____
semaine du 20 au 27 mars. Je ne pense pas qu'il y ait de          _____
problèmes. Dans l'attente de vous rencontrer, je vous prie,
Monsieur, d'agréer mes sincères salutations.
S. Martin

**14 Bilden Sie aus den angegebenen Elementen einen einzigen Satz. Achten Sie dabei auf die Zeiten und die Übereinstimmung der Verben.**

1. Je travaillais. (comme – tu – arriver)
   *Je travaillais comme tu arrivais.*

2. J'attendais devant la porte. (pendant que – tu – chercher – tes clés)
   _____

3. Carl est passé à la boulangerie. (avant de – aller – au bureau)
   _____

4. Je m'achèterais une grande maison. (si – je – avoir – beaucoup d'argent)
   _____

5. Je vais t'aider. (pour que – tu – finir – plus vite)
   _____

# Abschlusstest

## Test 1: Lesen und verstehen

**1 Lesen Sie den Text aufmerksam durch. Finden Sie heraus, worum es sich handelt?**

J'habite dans un pays européen plutôt petit. Nous sommes environ dix millions. À côté de mon pays, il y a la France, l'Allemagne et le Luxembourg par exemple. Moi, je parle français. Mais nous avons trois langues officielles : l'allemand, le français et le néerlandais. Bruxelles est la plus grande ville.

__/2    Je suis _____.

**2 Was bedeutet das fett gedruckte Wort?**

1. **Si** Laure avait le temps, elle partirait en vacances.
    a) ☐ doch            b) ☐ wenn              c) ☐ ob
2. Quel **temps** fera-t-il demain ?
    a) ☐ Wetter          b) ☐ Zeit
3. Je crois **que** tu vas mieux.
    a) ☐ dass            b) ☐ wie               c) ☐ den
4. Je t'attends depuis **neuf** heures !
    a) ☐ neu             b) ☐ neun
5. C'est **qui** ?
    a) ☐ wer             b) ☐ wen               c) ☐ der
6) Je l'ai vue pour la dernière fois **il y a** trois ans.
    a) ☐ vor             b) ☐ es gibt
7. Mon ordinateur est sur mon **bureau**.
    a) ☐ Schreibtisch    b) ☐ Arbeitszimmer     c) ☐ Büro
8. Aujourd'hui, il fait **lourd**.
    a) ☐ schwer          b) ☐ schwül
9. J'ai un cadeau pour **toi**.

__/9    a) ☐ du              b) ☐ dir               c) ☐ dich

# Abschlusstest

**3 Kreuzen Sie die passende Zeitform an.**

1. Et si on
   a) ☐ va
   b) ☐ allait
   c) ☐ irait
   à la piscine ?

2. Elle
   a) ☐ est arrivée
   b) ☐ arrivera
   c) ☐ arriverait
   à l'heure au travail ce matin.

3. Aujourd'hui, j'
   a) ☐ avais
   b) ☐ aurai
   c) ☐ ai
   rendez-vous chez le docteur.

4. Si tu
   a) ☐ dormais
   b) ☐ dormirais
   c) ☐ dors
   un peu, tu
   d) ☐ es
   e) ☐ seras
   f) ☐ serais
   moins fatigué.

5. 
   a) ☐ Parlé
   b) ☐ Parle
   c) ☐ Parles
   moins vite !

6. Il faut que tu
   a) ☐ prendrais
   b) ☐ prends
   c) ☐ prennes
   tes médicaments matin et soir.

7. Vous avez
   a) ☐ choisi
   b) ☐ choisit
   c) ☐ choisissais
   un dessert ?

8. Je voudrais vous
   a) ☐ invité
   b) ☐ inviter
   c) ☐ invitez
   à dîner demain.

9. Elle me
   a) ☐ téléphonerait
   b) ☐ téléphonera
   c) ☐ téléphonait
   demain.

___/10

# Abschlusstest

**4 Verbinden Sie die Satzteile.**

1. J'ai reçu un e-mail
2. Huit heures, c'est l'heure
3. C'est l'imprimante
4. Je vois le train
5. Tu connais la ville
6. Mais, c'est Delphine

a) où je pars.
b) que j'ai vue au marché !
c) qui ne marche pas.
d) que je ne comprends pas.
e) qui arrive.
f) où elle travaille ?

__/6

**5 Wofür stehen die Pronomen? Mehrfachantworten sind möglich.**

1. J'ai une lettre pour eux.
   a) ☐ Patricia           b) ☐ tes parents       c) ☐ ses cousines
2. Grégoire et Martine y pensent déjà.
   a) ☐ à leurs vacances   b) ☐ à Sandrine        c) ☐ en Bretagne
3. Arielle l'a rencontré à Marseille.
   a) ☐ Luc                b) ☐ Sylvie            c) ☐ Karim et Marc
4. Je vais leur dire.
   a) ☐ aux collègues      b) ☐ à la voisine      c) ☐ à Isabelle
5. Vous y êtes allés cet été ?
   a) ☐ du camping         b) ☐ de la Suisse      c) ☐ à Saint-Tropez
6. Vous en voulez encore ?
   a) ☐ du fromage         b) ☐ l'eau             c) ☐ en France
7. Je lui ai prêté un CD.
   a) ☐ à Christine        b) ☐ à mes copains     c) ☐ à David

__/7

## Test 2: Korrekt sprechen

2/53

**6 Wie sagen Sie … ? Die Lösungen finden Sie auf der CD.**

1. … , dass Sie Konfektionsgröße 40 haben.
2. … , wenn Sie sich am Telefon melden.
3. … , dass Sie die Ergebnisse des Fußballspiels kennen.
4. … , dass Sie mit Herrn Muriol sprechen möchten.
5. … , dass Sie am 23. September 2009 einen Termin haben.
6. … , dass Sie Rückenschmerzen haben.
7. … , dass Sie zu einem Vorstellungsgespräch eingeladen sind.
8. … , dass Sie um halb fünf kommen.

__/8

# Abschlusstest

**7 Wie sprechen Sie die verschiedenen Laute aus? Hören Sie die Wörter auf der CD.**

2/54

1. In welchem Wort hören Sie [k]?
   a) ☐ goûter     b) ☐ coûter     c) ☐ cadeau     d) ☐ gâteau
2. In welchem Wort hören Sie [v]?
   a) ☐ vous     c) ☐ vais     e) ☐ fin     g) ☐ veut
   b) ☐ fou     d) ☐ fait     f) ☐ vin     h) ☐ feu
3. In welchem Wort hören Sie [õ] wie in s**on**?
   a) ☐ bon     c) ☐ avant     e) ☐ mon     g) ☐ blond
   b) ☐ beau     d) ☐ avons     f) ☐ main     h) ☐ blanc

___/10

**8 Für jede Wendung erhalten Sie zwei Punkte, wenn Sie sie richtig aussprechen und die passende Entsprechung dazu finden.**

2/55

1. Que puis-je faire pour vous ?
2. Ne quittez pas !
3. Continue tout droit !
4. Veuillez croire à l'assurance de mes sentiments les meilleurs.
5. Calme-toi !
6. Allons-y en taxi !
7. Bon appétit !

a) *Guten Appetit!*
b) *Was kann ich für Sie tun?*
c) *Beruhige dich!*
d) *Mit freundlichen Grüßen*
e) *Bleiben Sie dran!*
f) *Fahren wir mit dem Taxi!*
g) *Fahre geradeaus weiter!*

___/14

## Test 3: Aufgepasst! Gut zuhören.

**9 Was hören Sie? Mehrfachlösungen sind möglich.**

2/56

1. a) ☐ mais     b) ☐ mai     c) ☐ mets
2. a) ☐ non     b) ☐ n'ont     c) ☐ nom
3. a) ☐ c'est     b) ☐ ces     c) ☐ ses
4. a) ☐ eau     b) ☐ haut     c) ☐ oh !
5. a) ☐ prix     b) ☐ pris     c) ☐ prit
6. a) ☐ à temps     b) ☐ attends
7. a) ☐ avoir     b) ☐ à voir

___/7

# Abschlusstest

**10 Hören Sie zuerst den Text und beantworten Sie anschließend die Fragen.**

|  | vrai | faux |
|---|---|---|
| 1. Lucie a écrit la lettre. | ☐ | ☐ |
| 2. Lucie a passé ses vacances en Italie. | ☐ | ☐ |
| 3. Sandrine était en Espagne. | ☐ | ☐ |
| 4. Sandrine a acheté un petit appartement. | ☐ | ☐ |
| 5. L'appartement était près de la plage. | ☐ | ☐ |
| 6. Sandrine travaille depuis lundi. | ☐ | ☐ |
| 7. La carte postale de Lucie n'est pas encore arrivée. | ☐ | ☐ |

__/7

**11 Hören Sie die Fragen auf der CD und kreuzen Sie die richtige Antwort an.**

1. a) ☐ C'est Pierre.  b) ☐ Je te présente Pierre.
2. a) ☐ C'est le 01.81.28.53.68.  b) ☐ Je suis né le 01.05.80.
3. a) ☐ Oui, nous faisons les courses.  b) ☐ Oui, nous faisons du basket.
4. a) ☐ Ma voiture est rouge.  b) ☐ C'est le bleu.
5. a) ☐ Oui, nous prenons un apéritif.  b) ☐ Oui, nous prenons le train.
6. a) ☐ Je vais au théâtre.  b) ☐ Je vais bien.
7. a) ☐ J'ai 38 ans.  b) ☐ J'ai 38 de fièvre.
8. a) ☐ Nous revenons d'Italie.  b) ☐ Nous allons en Italie.

__/8

**12 Ordnen Sie die Begriffe, die Sie hören, einer Kategorie zu. Mehrfachantworten sind möglich.**

|  | la technique | la médecine | les voyages |
|---|---|---|---|
| 1. | ☐ | ☐ | ☐ |
| 2. | ☐ | ☐ | ☐ |
| 3. | ☐ | ☐ | ☐ |
| 4. | ☐ | ☐ | ☐ |
| 5. | ☐ | ☐ | ☐ |
| 6. | ☐ | ☐ | ☐ |
| 7. | ☐ | ☐ | ☐ |
| 8. | ☐ | ☐ | ☐ |
| 9. | ☐ | ☐ | ☐ |
| 10. | ☐ | ☐ | ☐ |

__/10

# Abschlusstest

**13 Hören Sie die Uhrzeit und kreuzen Sie den richtigen Wecker an.**

2/60

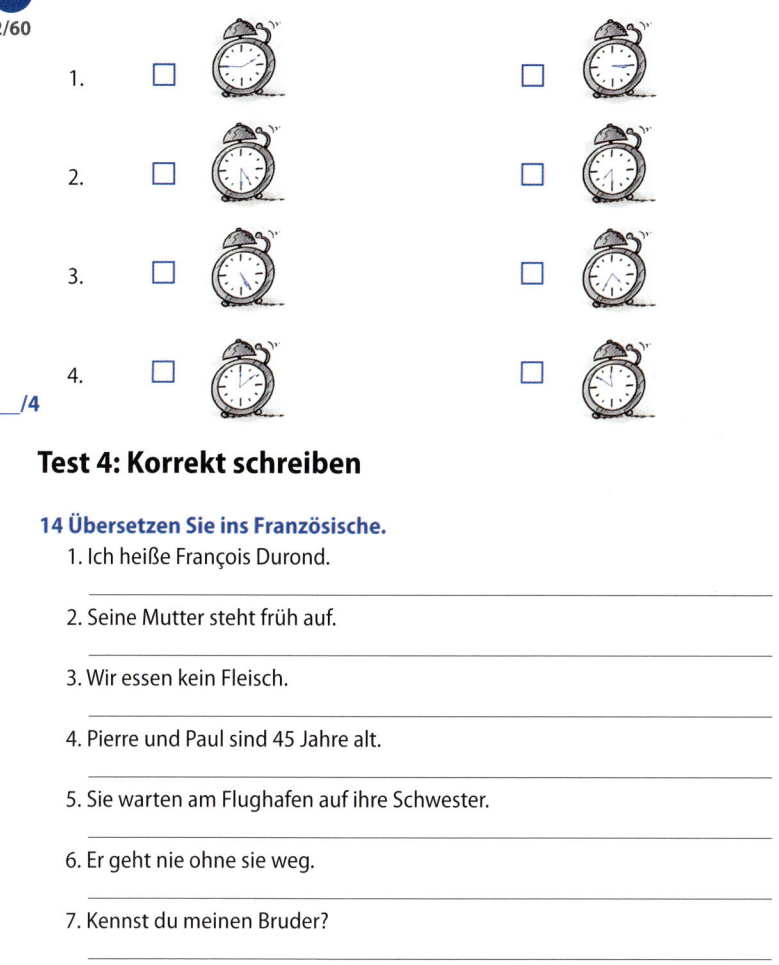

___/4

## Test 4: Korrekt schreiben

**14 Übersetzen Sie ins Französische.**

1. Ich heiße François Durond.

2. Seine Mutter steht früh auf.

3. Wir essen kein Fleisch.

4. Pierre und Paul sind 45 Jahre alt.

5. Sie warten am Flughafen auf ihre Schwester.

6. Er geht nie ohne sie weg.

7. Kennst du meinen Bruder?

8. Bezahlen Sie sofort?

___/8

# Abschlusstest

## 15 Ordnen Sie die Ausdrücke dem passenden Verb zu.

a) demi-tour   b) les courses   c) raison   d) du 38   e) orage   f) besoin
g) de la fièvre   h) de la chance   i) nuit   j) du cheval   k) une voiture

1. avoir

2. faire

__/11

## 16 Wie lautet die richtige Form des Adjektivs?

1. Nous avons un très _____ appartement en ville. (*groß*)
2. Voilà des solutions _____ ! (*interessant*)
3. Nos vacances étaient très _____ . (*teuer*)
4. Mon grand-père est un _____ homme maintenant. (*alt*)
5. Vous avez vu la _____ exposition de Matisse à Paris ? (*letzte*)
6. Valérie est moins _____ que Marianne. (*dick*)
7. Gilles s'est acheté un tout _____ portable. (*klein*)
8. Je te présente ma _____ amie Florence. (*neu*)

__/8

## 17 Bilden Sie aus den Silben vier Körperteile und vier Kleidungsstücke.

| SE | TÊ | BE | PAN | CHE | VEN | MI | LON | JAM |
|----|----|----|-----|-----|-----|----|----|-----|
| TA | TE | PE | CHE | BE  | VEUX| RO | TRE | JU  |

1. _____   5. _____
2. _____   6. _____
3. _____   7. _____
4. _____   8. _____

__/8

# Abschlusstest

### 18 Welcher Begleiter passt in die Lücke?

| les | du | de l' | ma | ce | cet |

1. Tu veux _____ pain ?
2. Ce sont _____ enfants de mon frère.
3. _____ hôtel me plaît beaucoup.
4. Tu n'as pas vu _____ trousse de toilette ?
5. On pourrait faire _____ omelette à midi ?
6. Il fait froid _____ matin.

/6

### 19 Brauchen Sie das Imparfait oder das Passé composé?

1. Et si tu _____ (venir) me voir demain ?
2. Pascal et Amélie _____ (emménager) dans leur nouvel appartement en mars.
3. Comme je _____ (parler) sur le portable, le téléphone _____ (sonner).
4. Carole _____ (espérer) qu'il ne l'oublie pas.
5. Elle _____ (travailler) toute sa vie comme coiffeuse.

/6

### 20 Bilden Sie Bedingungssätze nach folgendem Muster:

1. Tu téléphones à Lucie. Elle est contente.
   *Si tu téléphonais à Lucie, elle serait contente.*
2. Tu prends l'avion. Tu arrives plus vite.
   _____
3. Vous avez assez d'argent. Vous faites un beau voyage.
   _____
4. J'ai 18 ans. Je passe le bac.
   _____

/3

### 21 Schreiben Sie die richtige Form im Subjonctif.

1. aller         qu'elles    _____
2. trouver       que tu      _____
3. avoir         que nous    _____
4. entendre      que vous    _____

/4

/156

# Grammatische Fachausdrücke

| Fachausdruck | Deutsche Bezeichnung | Beispiel |
| --- | --- | --- |
| Adjektiv | Eigenschaftswort | un **bon** restaurant |
| Adverb | Umstandswort | Je suis **très** fatigué. |
| Adverbialpronomen | Fürwort | **en** und **y** |
| bestimmter Artikel | bestimmtes Geschlechtswort | **le** chien, **la** voisine, **les** parents |
| Demonstrativadjektiv | hinweisendes Fürwort | **cette** maison |
| direktes Objektpronomen | direktes persönliches Fürwort für die Satzergänzung | Je **le** regarde. |
| Femininum/feminin | weibliche Form | **la** cousine |
| Futur composé | zusammengesetzte Zukunft | Je **vais venir**. |
| Futur simple | einfache Zukunft | Je lui **demanderai** demain. |
| Genus | Geschlecht | Maskulinum oder Femininum |
| Grundzahl | | **un**, **deux**, **trois** usw. |
| Hilfsverb | | **être**, **avoir** |
| Imperativ | Befehlsform | **Donne !** |
| Imparfait | Imperfekt | Je **regardais** la télé. |
| Indefinitadjektiv | unbestimmter Begleiter | **chaque** chambre |
| Indefinitpronomen | unbestimmtes Fürwort | **Personne** ne vient. |
| Indikativ | Wirklichkeitsform | J'**arrive**. |
| indirektes Objektpronomen | indirektes persönliches Fürwort für die Satzergänzung | Je **lui** parle. |
| Infinitiv | Grundform | travaill**er**, fin**ir** |
| Interrogativadjektiv | Fragebegleiter | Quelle heure est-il ? |
| Interrogativpronomen | Fragefürwort | **Lequel** je vois aujourd'hui ? |
| Intonationsfrage | Betonungsfrage | **Il arrive aujourd'hui ?** |
| Inversionsfrage | Umstellungsfrage | **Arrive-t-il aujourd'hui ?** |
| Komparativ | Vergleichsform (1. Steigerungsstufe) | **plus** beau **que** |
| Konditional | Bedingungsform | Tu devrais chanter. |
| Konjunktion | Bindewort | **mais**, **où**, **que** |
| Konsonant | Mitlaut | **b**, **c**, **d**, **f** usw. |
| Maskulinum/ maskulin | männliche Form | **le** cousin |

# Grammatische Fachausdrücke

| Fachausdruck | Deutsche Bezeichnung | Beispiel |
|---|---|---|
| Ordnungszahlen | | **premier**, **deuxième** usw. |
| Partizip Perfekt | Mittelwort der Vergangenheit | parlé, fini |
| Passé composé | Perfekt | j'**ai dit**, je **suis allé** |
| Personalpronomen | persönliches Fürwort | **je**, **tu**, **il** usw. |
| Plural | Mehrzahl | **des enfants** |
| Possessivadjektiv | besitzanzeigendes Fürwort | C'est **mon** frère. |
| Präposition | Verhältniswort | **avec** Paul, **à** Paris |
| Präsens | Gegenwart | J'**ai** faim. |
| reflexives Verb | rückbezügliches Tätigkeitswort | **se** laver |
| Relativpronomen | bezügliches Fürwort | un homme **qui** travaille |
| Singular | Einzahl | **un enfant** |
| Subjekt | Satzgegenstand | **Fiona** est là. |
| Subjonctif | Subjonctif | Il faut que tu **partes**. |
| Substantiv | Hauptwort | la **maison** |
| Superlativ | Vergleichsform (2. Steigerungsstufe) | **le plus** grand |
| Teilungsartikel | | Je mange **du** poisson, **de la**… |
| unbestimmter Artikel | unbestimmtes Geschlechtswort | **un** hôtel, **une** chambre **des** lits, **la** table |
| unbetontes Personalpronomen | unbetontes persönliches Fürwort | **moi**, **toi** |
| Verb | Tätigkeitswort | **boire**, **manger** |
| Vokal | Selbstlaut | **a**, **e**, **i**, **o**, **u** |
| Verneinung | | Je **ne** sais **pas**. |

# Kurzgrammatik

## § 1  Der Artikel

### § 1.1  Der bestimmte Artikel  → L3

|  | **Maskulinum** | **Femininum** |
|---|---|---|
| **Singular** | **le** cousin *der Cousin* | **la** femme *die Frau* |
|  | **l'**hôtel *das Hotel* | **l'**omelette *das Omelett* |
|  | (**l'** steht vor einem Vokal oder stummem **h**) | |
| **Plural** | **les** enfants *die Kinder* | |

Der bestimmte Artikel steht:
- vor Kontinenten und Ländernamen (→ L15): **la France** Frankreich, **le Portugal** *Portugal*
- vor Körperteilen: **les cheveux longs** *lange Haare*
- vor Wochentagen (zum Ausdruck einer Wiederholung): **le dimanche** *sonntags*
- vor Eigennamen: **les Sartin** *die Sartins*
- nach **apprendre** *lernen*, **adorer** *lieben*, **détester** *verabscheuen*, **préférer** *bevorzugen*: **J'apprends le français.** *Ich lerne Französisch.*

### § 1.2  Der unbestimmte Artikel  → L3

|  | **Maskulinum** | **Femininum** |
|---|---|---|
| **Singular** | **un** voyage *eine Reise* | **une** excursion *ein Ausflug* |
| **Plural** | **des** chambres *Zimmer* | |

### § 1.3  Der Teilungsartikel  → L4

|  | **Maskulinum** | **Femininum** |
|---|---|---|
| **Singular** | **du** pain *Brot* | **de la** viande *Fleisch* |
|  | **de l'**argent *Geld* | **de l'**eau *Wasser* |
|  | (**de l'** steht vor einem Vokal oder stummem **h**) | |
| **Plural** | **des** pommes *Äpfel* | |

Der Teilungsartikel steht:
- bei unzählbaren Dingen und unbestimmten Mengen: **Je mange du pain.** *Ich esse Brot.*
- nach festen Redewendungen: **faire du sport** *Sport treiben*, **faire du foot** *Fußball spielen*, **avoir de la chance** *Glück haben*

# Kurzgrammatik

- nach **avec**: **un sandwich avec du jambon et du beurre** *ein Sandwich mit Schinken und Butter*

Bei Mengenangaben mit **de** (→ L7) gilt:

Mengenangabe + **de** + Substantiv ohne Artikel

**J'achète un kilo de pommes.** *Ich kaufe ein Kilo Äpfel.*
**Je bois beaucoup d'eau.** *Ich trinke viel Wasser.*

## § 2  Die Präpositionen → L3, L10, L15, L17, L18

| | |
|---|---|
| **à** *in; nach* | **de** *aus; von* |
| **en** *in; nach* | **à côté de** *neben; in der Nähe von* |
| **devant** *vor* | **derrière** *hinter* |
| **en face de** *gegenüber von* | **jusqu'à** *bis; bis zu* |
| **à droite de** *rechts von/neben* | **à gauche de** *links von/neben* |
| **loin de** *weit (entfernt) von* | **vers** *bei; in der Nähe von* |
| **avant** *vor* | **après** *nach* |
| **dans** *in* | **sur** *auf* |

Beachten Sie die Verschmelzung des bestimmten Artikels mit den Präpositionen de und à (→ L15):

à + le = **au**     de + le = **du**
à + les = **aux**   de + les = **des**

## § 3  Das Substantiv

### § 3.1  Geschlecht → L3, L15

Femininum = Maskulinum + **-e** (meist bei Personenbezeichnungen)

| | **Maskulinum** | **Femininum** |
|---|---|---|
| **Singular** | un employé *ein Angestellter* | une employé**e** *eine Angestellte* |
| | un Allemand *ein Deutscher* | une Allemand**e** *eine Deutsche* |

Das **-e** wird nicht ausgesprochen.
Manche Substantive haben besondere Endungen im Femininum:

# Kurzgrammatik

| Maskulinum | | Femininum | |
|---|---|---|---|
| **-er** | un ouvri**er** *ein Arbeiter* | **-ère** | une ouvri**ère** *eine Arbeiterin* |
| **-teur** | un chan**teur** *ein Sänger* | **-euse** | une chan**teuse** *eine Sängerin* |
| | un ac**teur** *ein Schauspieler* | **-trice** | une ac**trice** *eine Schauspielerin* |
| **-eur** | un serv**eur** *ein Kellner* | **-euse** | une serv**euse** *eine Kellnerin* |
| **-on** | un piét**on** *ein Fußgänger* | **-onne** | une piét**onne** *eine Fußgängerin* |
| **-en** | un Itali**en** *ein Italiener* | **-enne** | une Itali**enne** *eine Italienerin* |
| **-an** | un pays**an** *ein Bauer* | **-anne** | une pays**anne** *eine Bäuerin* |
| **-in** | un vois**in** *ein Nachbar* | **-ine** | une vois**ine** *eine Nachbarin* |
| **-f** | un sporti**f** *ein Sportler* | **-ve** | une sporti**ve** *eine Sportlerin* |
| **-eux** | un amour**eux** *ein Verliebter* | **-euse** | une amour**euse** *eine Verliebte* |
| **-el** | un industri**el** *ein Industrieller* | **-elle** | une industri**elle** *eine Industrielle* |

Substantive auf **-e** haben im Maskulinum und Femininum die gleiche Form:
un Belg**e**  *ein Belgier*     une Belg**e**  *eine Belgierin*.

### § 3.2 Pluralbildung → L5
Plural = Singular + **-s**

| | Maskulinum | Femininum |
|---|---|---|
| **Plural** | des employé**s** *Angestellte* | des employée**s** *Angestellte* |
| | des Allemand**s** *Deutsche* | des Allemande**s** *Deutsche* |

Das **-s** wird nicht ausgesprochen.
Endet das Substantiv auf **-s**, **-x** oder **-z**, bleibt die Pluralform unverändert:

le bra**s** *der Arm*         les bra**s**
la voi**x** *die Stimme*      les voi**x**
le ne**z** *die Nase*         les ne**z**

Manche Substantive haben besondere Endungen im Plural:

| Singular | | Plural | |
|---|---|---|---|
| **-eau** | un cad**eau** *ein Geschenk* | **-eaux** | des cad**eaux** |
| **-al** | un journ**al** *eine Zeitung* | **-aux** | des journ**aux** |
| **-ail** | un trav**ail** *eine Arbeit* | **-aux** | des trav**aux** |
| **-eu** | un j**eu** *ein Spiel* | **-eux** | des **jeux** |
| **-ou** | un c**ou** *ein Hals* | **-oux** | des c**oux** |

# Kurzgrammatik

Einige Substantive können im Singular und im Plural ganz unterschiedliche Formen haben: l'**œil** *das Auge*  les **yeux** *die Augen*.

## § 4  Das Adjektiv → L10, L11

### § 4.1  Formen und Angleichung

Grundsätzlich richtet sich das attributive Adjektiv in Geschlecht und Zahl nach dem dazugehörigen Substantiv. Anders als im Deutschen wird das prädikative Adjektiv (also nach dem Verb **être** *sein*) auch an das dazugehörige Substantiv angeglichen:

|  | attributives Adjektiv | prädikatives Adjektiv |
|---|---|---|
| **Singular** | un **petit** bus *ein kleiner Bus* | Il est **petit**. *Er ist klein.* |
|  | une voiture **verte** *ein grünes Auto* | Elle est **verte**. *Sie ist grün.* |
| **Plural** | des **grands** enfants *große Kinder* | Ils sont **grands**. *Sie sind groß.* |
|  | des **jolies** robes *schöne Kleider* | Elles sont **jolies**. *Sie sind schön.* |

Einige wenige Adjektive bleiben unverändert: **super**, **chic** *schick*, **marron** *braun*, **orange** *orange* sowie zusammengesetzte Farbadjektive wie **jaune citron** *zitronengelb*.

Wie bei den Substantiven gilt auch bei den Adjektiven:
Femininum = Maskulinum + **-e**
Plural = Singular + **-s**

Die Sonderendungen entnehmen Sie dem Abschnitt **Das Substantiv**.

Weitere besondere Formen im Femininum sind:

| **Maskulinum** | | **Femininum** | | |
|---|---|---|---|---|
| **-il** | gent**il** | **-ille** | gent**ille** | *nett* |
| **-et** | inqui**et** | **-ète** | inqui**ète** | *besorgt* |
|  | viol**et** | **-ette** | viol**ette** | *violett* |
| **-s** | gro**s** | **-sse** | gro**sse** | *dick* |
|  | frai**s** | **-che** | fraî**che** | *frisch* |
| **-x** | rou**x** | **-sse** | rou**sse** | *rothaarig* |
|  | dou**x** | **-ce** | dou**ce** | *sanft* |

Anhang

deux cent vingt et un

# Kurzgrammatik

| Maskulinum | | Femininum | | |
|---|---|---|---|---|
| **-c** | blan**c** | **-che** | blan**che** | *weiß* |
| | gre**c** | **-cque** | gre**cque** | *griechisch* |
| **-g** | lon**g** | **-gue** | lon**gue** | *lang* |

Achten Sie auf die Formen und die Stellung der folgenden Adjektive:

| Maskulinum vor Konsonanten | Maskulinum vor Vokal oder stummem h | Femininum |
|---|---|---|
| **beau** *schön* | un **bel** homme *ein schöner Mann* | **belle** |
| **nouveau** *neu* | un **nouvel** appart *eine neue Wohnung* | **nouvelle** |
| **vieux** *alt* | un **vieil** hôtel *ein altes Hotel* | **vieille** |

### § 4.2 Die Stellung des Adjektivs

Meistens stehen mehrsilbige Adjektive **nach** dem Substantiv, während kurze und häufige gebrauchte Adjektive sowie Zahlwörter **davor** stehen. Nach dem Substantiv stehen auch:

- Farbadjektive: **une robe rouge** *ein rotes Kleid*
- Nationalitätsadjektive: **un enfant belge** *ein belgisches Kind*
- Adjektive mit einer Ergänzung: **une tour haute de vingt mètres** *ein zwanzig Meter hoher Turm*
- körperliche und geistige Eigenschaften: **des yeux verts** *grüne Augen*

## § 5 Das Adverb → L26

Das Adverb ist unveränderlich. Anders als im Deutschen sind die Formen des Adverbs und des Adjektivs im Französischen unterschiedlich. Generell gilt:

Adverb = feminine Adjektivform + **-ment**

| feminine Adjektivform | Adverb | |
|---|---|---|
| exact**e** | **exactement** | *genau* |
| curieu**se** | **curieusement** | *neugierig(erweise)* |
| simple | **simplement** | *einfach* |

# Kurzgrammatik

Beachten Sie folgende unregelmäßige Formen:

| Adjektiv | Adverb | |
|---|---|---|
| bon | **bien** | *gut, sehr* |
| mauvais | **mal** | *schlecht* |
| rapide | **vite, rapidement** | *schnell* |

## § 6  Der Vergleich → L21

Generell gilt:

| | Komparativ | Superlativ |
|---|---|---|
| + | **plus** + Adj./Adv. + **que** | le/la/les **plus** + Adj./Adv. (+ **de**) |
| = | **aussi** + Adj./Adv. + **que** | |
| − | **moins** + Adj./Adv. + **que** | le/la/les **moins** + Adj./Adv. (+ **de**) |

**Sophie est plus petite que Pierre.** *Sophie ist kleiner als Pierre.*
**C'est la plus petite (de tous).** *Sie ist die kleinste (von allen).*
**Je vais moins vite que Pierre.** *Ich fahre weniger schnell als Pierre.*
**Je vais le moins vite (de tous).** *Ich fahre am wenigsten schnell (von allen).*

Bei Adverbien der Menge gilt:

| | Komparativ | Superlativ |
|---|---|---|
| + | **plus de** + Subst. + **que** | **le plus de** + Subst. |
| = | **autant de** + Subst. + **que** | |
| − | **moins de** + Subst. + **que** | **le moins de** + Subst. |

**Léa achète plus de pommes que David.** *Léa kauft mehr Äpfel als David.*
**Elle achète le plus de pommes.** *Sie kauft die meisten Äpfel.*

Achten Sie auf die Sonderformen:

| Adjektiv/Adverb | Komparativ | Superlativ |
|---|---|---|
| **bon** *gut* | **meilleur que** | **le/la/les meilleur(e)(s)** |
| **bien** *gut* | **mieux que** | **le mieux** |
| **mauvais** *schlecht* | **pire que** | **le/la/les pire(s)** |
| | **plus mauvais que** | **le/la/les plus mauvais(e)(s)** |

Anhang

# Kurzgrammatik

## § 7 Das Pronomen

### § 7.1 Das Personal- und Adverbialpronomen

#### § 7.1.1 Formen
Je nach Funktion im Satz hat das Personalpronomen verschiedene Formen:

| unbetontes Subjekt-pronomen | betontes Subjekt-pronomen | direktes Objekt-pronomen | indirektes Objekt-pronomen | Reflexiv-pronomen | Adverbial-pronomen |
|---|---|---|---|---|---|
| **je*** *ich* | **moi** | **me*** | **me*** | **me*** | |
| **tu** *du* | **toi** | **te*** | **te*** | **te*** | |
| **il** *er* | **lui** | **le*** | **lui** | **se*** | |
| **elle** *sie* | **elle** | **la*** | **lui** | **se*** | |
| **nous** *wir* | **nous** | **nous** | **nous** | **nous** | |
| **vous** *ihr/Sie* | **vous** | **vous** | **vous** | **vous** | |
| **ils** *sie* | **eux** | **les** | **leur** | **se*** | |
| **elles** *sie* | **elles** | **les** | **leur** | **se*** | |
| | | | | | **y/en** |

* Die gekennzeichneten Pronomen werden vor einem Vokal oder stummem **h** apostrophiert.

#### § 7.1.2 Die unbetonten Subjektpronomen → L2
- **Vous** ihr ist auch die Höflichkeitsform *Sie*.
- **Elles** ist ausschließlich weiblich: **Sophie et Lucie ? Elles jouent avec Jean. Ils jouent ensemble. Sophie und Lucie?** *Sie spielen mit Jean. Sie spielen zusammen.*
- **Nous** wird in der gesprochenen Sprache oft durch **on** ersetzt:
  **On va au cinéma.** *Wir gehen ins Kino.*

#### § 7.1.3 Die betonten Subjektpronomen → L2
Sie stehen:
- vor einem Subjekt: **Moi, je suis malade.** *Ich bin krank.*
- als Subjekt eines Satzes ohne Verb: **Lui aussi.** *Er auch.*
- nach einer Präposition: **pour eux** *für sie*
- in Sätzen nach einem Vergleich: **Patrick est plus grand que moi**. *Patrick ist*

# Kurzgrammatik

*größer als ich.*
- nach der Wendung **c'est**: **C'est lui ?** *Ist er das?*
- im bejahten Imperativ in der 1. und 2. Person Singular: **Regarde-moi !** *Schau mich an!*

### § 7.1.4 Die direkten Objektpronomen → L16
Direkte Personalpronomen stehen bei Verben, die ohne Präposition verwendet werden: • Tu cherches **Claire ?** *Suchst du Claire?*
▼ Oui, je **la** cherche. *Ja, ich suche sie.*

### § 7.1.5 Die indirekten Objektpronomen → L20
Indirekte Objektpronomen stehen bei Verben, die mit der Präposition **à** verwendet werden:
• Tu demandes **à Claire ?** *Fragst du Claire?*
▼ Oui, je **lui** demande. *Ja, ich frage sie.*

### § 7.1.6 Die reflexiven Pronomen → L18
Reflexive Pronomen werden im Zusammenhang mit einem reflexiven Verb verwendet. Sie richten sich nach dem Subjekt des Satzes: **Paul se lève.** *Paul steht auf.* Nicht alle französischen reflexiven Verben sind auch im Deutschen reflexiv.

### § 7.1.7 Die Adverbialpronomen *y* und *en* → L19
Grundsätzlich können Adverbialpronomen nur für Sachen – also nicht für Personen – stehen.
- Das Adverbialpronomen **y** vertritt:
  a) Ortsangaben:
  • Les clés ne sont pas **sur la table ?** *Die Schlüssel sind nicht auf dem Tisch?*
  ▼ Non, elles n'**y** sont pas. *Nein, sie sind nicht dort.*
  b) Ergänzungen mit der Präposition **à**:
  • Tu penses **à ton travail ?** *Denkst du an deine Arbeit?*
  ▼ Oui, j'**y** pense. *Ja, ich denke daran.*
- Das Adverbialpronomen **en** vertritt:
  a) bestimmte und unbestimmte Mengen:
  • Vous voulez **du lait ?** *Wollen Sie Milch?*
  ▼ Non, je n'**en** veux pas. *Nein, ich will keine.*

Anhang

# Kurzgrammatik

- Tu as **une valise ?** *Hast du einen Koffer?*
- Non, j'**en** ai deux. *Nein, ich habe zwei.*

b) Mengenangaben mit **de**:
- Il y a assez **de pain ?** *Gibt es genug Brot?*
- Oui, il y **en** a assez. *Ja, es gibt genug davon.*

c) Ergänzungen mit der Präposition **de**:
- Elle parle **de son travail ?** *Spricht sie über ihre Arbeit?*
- Oui, elle **en** parle. *Ja, sie spricht darüber.*

### § 7.2 Das Possessivadjektiv → L9

Das Possessivadjektiv richtet sich – anders als im Deutschen – in Geschlecht und Zahl ausschließlich nach dem Substantiv, vor dem es steht: **Voilà son père et sa mère**. *Hier sind sein/ihr Vater und seine/ihre Mutter.*

| Ein Besitzer: | | |
|---|---|---|
| **Singular** | | **Plural** |
| **Maskulinum** | **Femininum** | **Mask./Fem.** |
| **mon** *mein* | **ma** *meine* | **mes** *meine* |
| **ton** *dein* | **ta** *deine* | **tes** *deine* |
| **son** *sein/ihr* | **sa** *seine/ihre* | **ses** *seine/ihre* |
| **Mehrere Besitzer (oder Höflichkeitsform):** | | |
| **notre** *unser; unsere* | | **nos** *unsere* |
| **votre** *euer/Ihr; eure/Ihre* | | **vos** *eure/Ihre* |
| **leur** *ihr; ihre* | | **leurs** *ihre* |

Vor einem Vokal oder stummem h werden die femininen Formen **ma**, **ta**, **sa** zu **mon**, **ton**, **son**: **ton amie** *deine Freundin*.

### § 7.3 Das Demonstrativadjektiv → L18

Das Demonstrativadjektiv richtet sich in Geschlecht und Zahl nach dem dazugehörigen Substantiv:

| | **Singular** | **Plural** |
|---|---|---|
| **Maskulinum** | **ce** jardin *dieser Garten* | **ces** enfants *diese Kinder* |
| **Femininum** | **cette** fille *dieses Mädchen* | **ces** chambres *diese Zimmer* |

# Kurzgrammatik

**Ce** wird vor maskulinen Substantiven, die mit einem Vokal oder stummem **h** anfangen, zu **cet**: **cet enfant** *dieses Kind*.
Das Demonstrativadjektiv wird auch in zeitlichen Wendungen verwendet: **ce matin** *heute Vormittag*, **cet après-midi** *heute Nachmittag*, **ce soir** *heute Abend*.

### § 7.4 Die Relativpronomen *qui, que, où* → L24

Das Relativpronomen ist unveränderlich. Es hat je nach Funktion im Satz eine andere Form:

| | |
|---|---|
| **qui** *der/die/das* | Subjekt; bezieht sich auf Personen und Sachen: **J'entends Luc qui arrive.** *Ich höre Luc, der kommt.* |
| **que/qu'** *den/die/das* | direktes Objekt; bezieht sich auf Personen und Sachen: **C'est Jean qu'elle a vu.** *Es ist Jean, den sie gesehen hat.* |
| **où** *wo/wohin* | bezieht sich auf Orts- und Zeitangaben: **la ville où j'habite** *die Stadt, wo ich wohne* **au moment où il est arrivé** *in dem Moment, als er ankam* |

Anders als im Deutschen steht vor dem Relativpronomen kein Komma.

### § 7.5 Das Interrogativpronomen und -adjektiv

#### § 7.5.1 *Qui, que, quoi* → L13

| | |
|---|---|
| Mit **qui** *wer* | wird nach Personen gefragt: **Qui est là ?** *Wer ist da?* |
| Mit **que** *was* | wird nach Sachen gefragt: **Que veux-tu ?** *Was willst du?* |
| Mit **quoi** *was* | wird nach Sachen gefragt (immer in Verbindung mit einer Präposition): **De quoi parlez-vous ?** *Wovon reden Sie?* |

#### § 7.5.2 Das Interrogativpronomen *lequel* → L27

| | **Maskulinum** | **Femininum** |
|---|---|---|
| **Singular** | **lequel** *welcher* | **laquelle** *welche* |
| **Plural** | **lesquels** *welche* | **lesquelles** *welche* |

Das Interrogativpronomen **lequel** richtet sich in Geschlecht und Zahl nach dem Bezugswort. Es bezieht sich sowohl auf Personen als auch auf Sachen.
**Voilà des fleurs. Lesquelles voulez-vous ?** *Hier sind Blumen. Welche wollen Sie?*

# Kurzgrammatik

### § 7.5.3 Das Interrogativadjektiv *quel* → L17

|  | **Maskulinum** | **Femininum** |
|---|---|---|
| **Singular** | quel numéro *welche Nummer* | quelle couleur *welche Farbe* |
| **Plural** | quels pays *welche Länder* | quelles villes *welche Städte* |

Das Interrogativadjektiv richtet sich in Geschlecht und Zahl nach dem Substantiv, das es begleitet: **Quelle est ta couleur préférée ?** *Welche ist deine Lieblingsfarbe?*

## § 8 Das Verb und die Konjugationen

Im Französischen werden die Verben je nach Infinitivendung in drei Gruppen eingeteilt: Zur 1. Gruppe gehören die meisten Verben mit Infinitivendung auf **-er**, zur 2. Gruppe die meisten Verben auf **-ir** und zur 3. Gruppe alle übrigen, meist unregelmäßigen Verben.

### § 8.1 Das Präsens
Das französische Präsens wird wie im Deutschen verwendet. Generell gilt:

Präsens = Verbstamm + Endungen **-e, -es, -e, -ons, -ez, -ent**

### § 8.1.1 Verben der 1. Gruppe → L3

| **regarder** *schauen* | |
|---|---|
| je regard**e** | nous regard**ons** |
| tu regard**es** | vous regard**ez** |
| il/elle regard**e** | ils/elles regard**ent** |

Vor **-a/-o/-u** werden **-c** und **-g** zu **-ç** und **-ge**:
commen**c**er *beginnen*   nous commen**ç**ons
man**g**er *essen*   nous man**ge**ons

Besonderheiten bei dieser Verbgruppe sind Verben mit folgenden Stammenden (→ L4, L7):

|  | **Infinitiv** | **regelmäßig** (nous/vous) | **unregelmäßig** (je/tu/il/elle/ils/elles) |
|---|---|---|---|
| **e → è** | ach**e**ter *kaufen* | nous ach**e**tons | j'ach**è**te |

# Kurzgrammatik

| | | | |
|---|---|---|---|
| **l → ll** | app**e**ler *(an)rufen* | nous appelons | j'app**e**lle |
| **é → è** | préf**é**rer *bevorzugen* | nous préférons | je préf**è**re |
| **y → i/y** | essa**y**er *probieren* | nous essayons | j'essa**ie**/essa**ye** |
| **y → i** | env**o**yer *senden* | nous envoyons | j'envo**ie** |

### § 8.1.2 Verben der 2. Gruppe → L10, L11
Diese Gruppe wird in zwei Gruppen unterteilt: Verben mit Stammerweiterung im Plural und Verben ohne Stammerweiterung.

| | **choisir** *wählen* | **partir** *weggehen/-fahren* |
|---|---|---|
| je | chois**is** | par**s** |
| tu | chois**is** | par**s** |
| il/elle | chois**it** | par**t** |
| nous | chois**issons** | par**tons** |
| vous | chois**issez** | par**tez** |
| ils/elles | chois**issent** | par**tent** |

### § 8.1.3 Verben der 3. Gruppe → L5, L8, L16, L17, L19, L24, L26, L28
Achten Sie auf die Unregelmäßigkeit dieser Verben. Zur 3. Gruppe gehören auch:

| | **correspondre** *entsprechen* | **recevoir** *empfangen* | **descendre** *aussteigen* |
|---|---|---|---|
| je | correspon**ds** | re**ç**ois | descen**ds** |
| tu | correspon**ds** | re**ç**ois | descen**ds** |
| il/elle | correspon**d** | re**ç**oit | descen**d** |
| nous | correspon**dons** | re**c**evons | descen**dons** |
| vous | correspon**dez** | re**c**evez | descen**dez** |
| ils/elles | correspon**dent** | re**ç**oivent | descen**dent** |

### § 8.1.4 Die Verben *être* und *avoir* → L2

| | **être** *sein* | **avoir** *haben* |
|---|---|---|
| je | **suis** | **ai** |
| tu | **es** | **as** |
| il/elle | **est** | **a** |
| nous | **sommes** | **avons** |
| vous | **êtes** | **avez** |
| ils/elles | **sont** | **ont** |

# Kurzgrammatik

Wie im Deutschen dienen die Verben **être** und **avoir** auch als Hilfsverben bei zusammengesetzten Verben (siehe auch den Abschnitt **Passé composé**):
**j'ai regardé** *ich habe geschaut*
**il est arrivé** *er ist angekommen*

### § 8.1.5 Modalverben → L9, L10

| Infinitiv | 1. Pers. Sing. | 1. Pers. Pl. | 3. Pers. Pl. |
|---|---|---|---|
| **devoir** *müssen/sollen* | je **dois** | nous dev**ons** | ils **doivent** |
| **pouvoir** *können/dürfen* | je **peux** | nous pouv**ons** | ils **peuvent** |
| **vouloir** *wollen/mögen* | je **veux** | nous voul**ons** | ils **veulent** |
| **savoir** *wissen/können* | je **sais** | nous sav**ons** | ils **savent** |

Auf Modalverben folgt ein Verb im Infinitiv: **Ils veulent venir.** *Sie wollen kommen.*

### § 8.1.6 Das unpersönliche Verb
Unpersönliche Verben sind Verben, die nur in der 3. Person Singular mit dem Pronomen il verwendet werden. Dazu gehören:
- Verben zu Wetterangaben: **Il pleut.** *Es regnet.*
- Wendungen wie:
  **Il y a du pain.** *Es gibt Brot.*
  **Il faut réserver.** *Man muss reservieren.*
  **Il faut un ordinateur.** *Man braucht einen Computer.*
  **Il est quelle heure ?** *Wie viel Uhr ist es?*

## § 8.2 Die Vergangenheit

### § 8.2.1 Das Imparfait → L23, L24, L25
Generell gilt:
Imparfait = Stamm der 1. Pers. Pl. Präsens + Endungen **-ais, -ais, -ait, -ions, -iez, -aient**

| **demander** *fragen* | |
|---|---|
| je demand**ais** | nous demand**ions** |
| tu demand**ais** | vous demand**iez** |
| il/elle demand**ait** | ils/elles demand**aient** |

# Kurzgrammatik

| Infinitiv | 1. Pers. Sing. |
|---|---|
| **être** *sein* | j'**étais** |
| **avoir** *haben* | j'av**ais** |
| **aller** *gehen/fahren* | j'all**ais** |
| **faire** *machen/tun* | je fais**ais** |

Achten Sie auf die Stammänderung des Verbs **être**.

Mit dem Imparfait kann Folgendes ausgedrückt werden:
- zeitlich unbegrenzte Handlungen und Zustände aus der Vergangenheit:
  **À la fête, ils chantaient, ils mangeaient et ils buvaient.** *Bei der Feier tanzten, aßen und tranken sie.*
- eine Gewohnheit in der Vergangenheit:
  **Quand elle était en vacances, elle allait tous les jours à la plage.** *Als sie im Urlaub war, ging sie jeden Tag zum Strand.*
- einen Vorschlag (→ **L26**):
  **Et si tu me parlais ?** *Wie wäre es, wenn du mit mir sprechen würdest?*
  In diesem Fall besteht der Satz im Französischen nur aus einem Nebensatz.

### § 8.2.2 Das Passé composé → **L12, L13, L25**
Generell gilt:

Passé composé = Präsens des Hilfsverbs **avoir** oder **être** + Verb im Partizip Perfekt

### § 8.2.2.1 Das Partizip Perfekt
Generell gilt:

| -er | → | -é | manger | → | mang**é** |
| -ir | → | -i | finir | → | fin**i** |
| -dre | → | -u | attendre | → | attend**u** |

Unregelmäßige Formen des Partizips Perfekt sind z. B.:

| **avoir** *haben* | eu | **aller** *fahren/gehen* | allé |
| **être** *sein* | été | **faire** *machen/tun* | fait |
| **prendre** *nehmen* | pris | **venir** *kommen* | venu |

# Kurzgrammatik

### § 8.2.2.2 Das Passé composé mit *avoir*
Mit **avoir** wird das Passé composé gebildet von:
- **avoir** *haben*     j'**ai eu** und **être** *sein*     j'**ai été**
- allen transitiven Verben: **J'ai mangé un œuf.** *Ich habe ein Ei gegessen.*
- den meisten intransitiven Verben: **Mon réveil a sonné.** *Mein Wecker hat geklingelt.*
- Verben der Bewegungsart: **courir** *rennen*     j'**ai couru**
- den unpersönlichen Verben: **Il a fait orage.** *Es hat gewittert.*

Das Partizip Perfekt bleibt dabei in der Regel unverändert:
**J'ai bu une boisson chaude.** *Ich habe ein warmes Getränk getrunken.*
Steht aber ein direktes Objekt vor dem Passé composé, dann wird das Partizip in Geschlecht und Zahl diesem Objekt angeglichen:
**C'est la boisson que j'ai commandée.** *Das ist das Getränk, das ich bestellt habe.*
**Je l'ai commandée.** (= la boisson) *Ich habe es bestellt.*

### § 8.2.2.3 Das Passé composé mit *être*
Hierbei wird das Partizip Perfekt in Geschlecht und Zahl dem Subjekt des Satzes angeglichen, z. B. bei **venir** *kommen*:

| | |
|---|---|
| je suis venu(e) | nous sommes venu(e)s |
| tu es venu(e) | vous êtes venu(e)s |
| il est venu | ils sont venus |
| elle est venue | elles sont venues |

Mit **être** wird das Passé composé gebildet von:
- allen reflexiven Verben: **Elle s'est dépêchée.** *Sie hat sich beeilt.*
- Verben der Bewegungsrichtung: **Ils sont arrivés.** *Sie sind angekommen.*
  Achten Sie darauf, dass manche Verben der Bewegungsrichtung je nach Bedeutung mit **être** oder **avoir** verwendet werden können:
  **Il a sorti les valises.** *Er hat die Koffer herausgetragen.*
  **Il est sorti.** *Er ist ausgegangen.*

### § 8.2.2.4 Gebrauch
Mit dem Passé composé können Sie Folgendes ausdrücken:
- eine Handlung, die bereits abgeschlossen ist, aber zum Teil noch bis in die Gegenwart wirkt: **Il a beaucoup parlé et maintenant il n'a plus de voix.**

# Kurzgrammatik

*Er hat viel geredet und jetzt hat er keine Stimme mehr.*
- aufeinanderfolgende abgeschlossene Handlungen: **Il s'est levé, il a préparé son petit déjeuner et il est allé au travail.** *Er ist aufgestanden, hat sein Frühstück vorbereitet und ist zur Arbeit gefahren.*
- ein weit zurückliegendes Ereignis, meist in der gesprochenen Sprache: **La Révolution Française a commencé en 1789.** *Die Französische Revolution hat 1789 begonnen.*

### § 8.2.3  Das Passé récent  → L17
Passé récent = **venir** + **de** + Infinitiv
**Je viens (juste) d'arriver.** *Ich bin gerade (eben) angekommen.*
So berichten Sie über ein Ereignis aus der unmittelbaren Vergangenheit.

### § 8.3  Das Futur

### § 8.3.1  Das Futur simple  → L20, L21
Generell gilt:
Futur simple = Infinitiv der meisten Verben auf **-er**, **-ir** und **-re** (ohne **-e**) + Endungen **-ai**, **-as**, **-a**, **-ons**, **-ez**, **-ont**

| **arriver** *ankommen* | |
|---|---|
| j'arriver**ai** | nous arriver**ons** |
| tu arriver**as** | vous arriver**ez** |
| il/elle arriver**a** | ils/elles arriver**ont** |

Die Verben auf **-er**, die im Präsens eine Stammänderung haben, behalten diese im Futur simple bei: ach**et**er *kaufen*   j'achèter**ai**

Achten Sie auf die unregelmäßigen Formen:
**devoir** *müssen/sollen*   je dev**rai**
**envoyer** *senden*   j'en**verrai**
**recevoir** *empfangen*   je recev**rai**

Das Futur simple wird häufig in der geschriebenen Sprache verwendet. Im Deutschen steht dafür oft das Präsens: **Je passerai ce soir.** *Ich komme heute Abend vorbei.*

# Kurzgrammatik

### § 8.3.2 Das Futur composé → L17
Generell gilt:

> Futur composé = Präsens von **aller** + Infinitiv
> je **vais lire** *ich werde lesen*

Mit dem Futur composé können Sie, vor allem in der gesprochenen Sprache, über ein unmittelbar bevorstehendes Ereignis oder Ihre Absicht berichten:
**Ils vont lui demander.** *Sie wollen ihn fragen.*
**Le serveur va arriver.** *Der Kellner kommt gleich.*

### § 8.4 Der Konditional Präsens → L27

### § 8.4.1 Formen
Generell gilt:

> Konditional = Verbstamm des Futur simple + Endungen **-rais, -rais, -rait, -rions, -riez, -ront**

| **imprimer** *drucken* | |
|---|---|
| j'imprime**rais** | nous imprime**rions** |
| tu imprime**rais** | vous imprime**riez** |
| il/elle imprime**rait** | ils/elles arrive**ront** |

Angelehnt ans Futur simple werden die unregelmäßigen Formen des Konditionals gebildet (siehe den Abschnitt **Futur simple**).

### § 8.4.2 Gebrauch
Mit dem Konditional Präsens wird Folgendes ausgedrückt:
- Wünsche: **Je voudrais dormir.** *Ich möchte schlafen.*
- höfliche Bitten: **Je pourrais avoir du pain ?** *Könnte ich Brot haben?*
- Ratschläge: **Tu devrais rentrer.** *Du solltest nach Hause gehen.*
- Möglichkeiten: **Par mauvais temps, je resterais chez moi.** *Bei schlechtem Wetter würde ich zu Hause bleiben.*
- Bedingungssätze: **Si j'avais beaucoup d'argent, j'achèterais une maison.** *Wenn ich viel Geld hätte, würde ich ein Haus kaufen.*

# Kurzgrammatik

### § 8.4.3 Der Bedingungssatz mit *si*
■ Wahrscheinliche oder mögliche Erfüllung einer Bedingung:
**si**-Satz im Präsens        Hauptsatz im Präsens, Futur simple oder Imperativ
**Si tu vas au marché, achète des pommes.**
*Wenn du zum Markt gehst, kauf Äpfel.*

■ Unwahrscheinliche oder unmögliche Erfüllung einer Bedingung:
**si**-Satz im Imparfait        Hauptsatz im Konditional Präsens
**Si tu avais un ordinateur, on pourrait s'écrire des e-mails.**
*Wenn du einen Computer hättest, könnten wir uns E-Mails schreiben.*

Anders als im Deutschen steht im Nebensatz mit **si** nie ein Verb im Futur oder Konditional!

### § 8.5   Der Subjonctif Präsens   → L28, L29

### § 8.5.1 Formen
Generell gilt:
Subjonctif = Verbstamm 3. Pers. Pl. Präsens + Endungen **-e, -es, -e, -ions, -iez, -ent**

| **travailler** *arbeiten* | |
|---|---|
| que je travaill**e** | que nous travaill**ions** |
| que tu travaill**es** | que vous travaill**iez** |
| qu'il/elle travaill**e** | qu'ils/elles travaill**ent** |

Achten Sie auf die unregelmäßigen Formen von manchen Verben:

| | | **vouloir** *wollen* | **pouvoir** *können* | **savoir** *wissen* |
|---|---|---|---|---|
| que | je | veuille | puisse | sache |
| que | tu | veuilles | puisses | saches |
| qu' | il/elle | veuille | puisse | sache |
| que | nous | voulions | puissions | sachions |
| que | vous | vouliez | puissiez | sachiez |
| qu' | ils/elles | veuillent | puissent | sachent |

# Kurzgrammatik

### § 8.5.2 Gebrauch
Der Subjonctif steht in Nebensätzen mit **que** bei:

- Verben der Willens- und Wunschäußerung: **vouloir** *wollen*, **aimer** *mögen*, **préférer** *lieben*, **souhaiter** *wünschen*:
  **Je veux que tu viennes tout de suite.** *Ich will, dass du sofort kommst.*
  Beachten Sie jedoch, dass auf **espérer** *hoffen* kein Subjonctif folgt:
  **J'espère que tu vas bien.** *Ich hoffe, dass es dir gut geht.*
- Ausdrücken der Gefühlsäußerung: **être content/triste** *glücklich/traurig sein*, **avoir peur** *Angst haben*, **regretter** *bedauern*:
  **Je suis contente que tu m'appelles.** *Ich freue mich, dass du mich anrufst.*
- unpersönlichen Verben: **il faut que** *man muss/es ist nötig, dass*, **c'est bien/important que** *es ist gut/wichtig, dass*:
  **Il faut que vous alliez en France.** *Sie müssen nach Frankreich fahren.*
- bestimmten Konjunktionen wie **bien que** *obwohl*, **sans que** *ohne dass*, **pour que** *damit*, **jusqu'à ce que** *bis*:
  **Bien qu'il soit malade, il est au bureau.** *Obwohl er krank ist, ist er im Büro.*
- verneinten Verben des Denkens: **ne pas croire** *nicht glauben*, **ne pas être sûr** *nicht sicher sein*, **ne pas penser** *nicht denken*:
  **Je ne pense pas qu'il parte.** *Ich denke nicht, dass er wegfährt.*

### § 8.6   Der Imperativ  → L8
Generell gilt:

Imperativformen = 2. Pers. Sing. Präsens (ohne **-s** für Verben auf **-er**) und 1. und 2. Pers. Pl. Präsens

| **parler** *sprechen* | | **apprendre** *nehmen* | |
|---|---|---|---|
| parl**e** ! | *Sprich!* | appren**ds** ! | *Lern!* |
| parl**ons** ! | *Sprechen wir!* | appren**ons** ! | *Lernen wir!* |
| parl**ez** ! | *Sprecht!/Sprechen Sie!* | appren**ez** ! | *Lernt!/Lernen Sie!* |

Achten Sie auf die Formen von être sein und avoir haben:

| sois | *sei* | aie | *habe* |
|---|---|---|---|
| soyons | *sind wir* | ayons | *haben wir* |
| soyez | *seid/seien Sie* | ayez | *habt/haben Sie* |

# Kurzgrammatik

## § 9 Die Konjunktion *que* → L19

Que kann als alleinige Konjunktion (**Il dit qu'il est fatigué.** *Er sagt, dass er müde ist.*) oder als mehrteilige Konjunktion stehen: **parce que** *weil*, **avant que** *bevor*, **depuis que** *seitdem*, **pendant que** *während*, **sans que** *ohne dass*: **Depuis que je suis là, il ne se passe rien.** *Seitdem ich da bin, passiert nichts.*
Die Zeitform im **que**-Satz wird durch die Verben im Hauptsatz bestimmt.
Der Nebensatz mit der Konjunktion **que** kann in manchen Fällen durch eine Infinitivkonstruktion ersetzt werden, wenn Haupt- und Nebensatz das gleiche Subjekt haben (→ **L23**):

| **que** *dass* | Infinitiv ohne Präposition |
|---|---|
| **Je pense que je viendrai demain.** *Ich denke, dass ich morgen kommen werde.* | **Je pense venir demain.** |
| **pour que** *um … zu*, **sans que** *ohne dass* | **pour/sans** + Infinitiv |
| **Je m'habille pour que je sorte.** *Ich ziehe mich an, um auszugehen.* | **Je m'habille pour sortir.** |
| **il faut que** *man muss/es ist nötig, dass* | **il faut** + Infinitiv |
| **Il faut que je parte.** *Ich muss gehen.* | **Il faut partir.** |

## § 10 Der Fragesatz → L4, L8, L13

Im Französischen gibt es je nach Sprachniveau drei Möglichkeiten, eine Frage zu bilden. Generell gilt:

| | |
|---|---|
| Intonationsfrage | = Subjekt + Verb…? (durch Anheben der Stimme) |
| Frage mit **est-ce que** | = **Est-ce que** + Subjekt + Verb…? |
| Inversionsfrage | = Verb + Subjekt…? |

*Glaubst du?*      **Tu crois ?** (meist gesprochene Sprache)
           **Est-ce que tu crois ?** (gesprochen/geschrieben)
           **Crois-tu ?** (meist geschriebene/gehobene Sprache)

Endet die Verbform in der Inversionsfrage auf **-e** oder **-a**, tritt bei **il/elle/on** zwischen Verb und Subjektpronomen ein **-t-**:
**Regarde-t-il le journal ?** *Schaut er in die Zeitung?*

# Kurzgrammatik

Das Interrogativpronomen steht meist am Anfang des Fragesatzes:

| | |
|---|---|
| *Wie geht es Ihnen?* | **Comment vous allez ?** |
| | **Comment est-ce que vous allez ?** |
| | **Comment allez-vous ?** |

In der gesprochenen Sprache können Sie das Interrogativpronomen in der Intonationsfrage vor- oder nachstellen: **Tu es où ?/Où tu es ?** *Wo bist du?* Weitere Interrogativpronomen finden Sie im Abschnitt **Das Interrogativpronomen und -adjektiv.**

## § 11 Die Verneinung → L7, L11, L12

Generell gilt:
Subjekt + **ne** (+ Personal-/Adverbialpronomen) + konjugiertes (Hilfs-)Verb + **pas** (+ Partizip Perfekt)

**Je ne sais pas.** *Ich weiß nicht.*
**Je n'ai pas compris.** *Ich habe nicht verstanden.*
**Je ne le vois pas.** *Ich sehe ihn nicht.*

| | |
|---|---|
| **ne/n'… pas** *nicht* | **ne/n'… rien** *nichts* |
| **ne/n'… pas encore** *noch nicht* | **ne/n'… plus** *nicht mehr* |
| **ne/n'… pas du tout** *gar nicht* | **ne/n'… personne** *niemand* |
| **ne/n'… pas toujours** *nicht immer* | **ne/n'… jamais** *nie* |
| **ne/n'… pas non plus** *auch nicht* | |

In der gesprochenen Sprache wird **ne** oft weglassen: **J'ai pas faim**. *Ich habe keinen Hunger.*

Die Verneinung des Teilungs- und des unbestimmten Artikels ist **ne… pas de** kein: **Je ne veux pas de thé.** *Ich will keinen Tee.*
**Je ne connais pas de bon restaurant.** *Ich kenne kein gutes Restaurant.*
Beim Verb **être** sein verändern sich die Artikel jedoch nicht:
Ce **n'**est **pas du** thé. *Das ist kein Tee.*
Ce **n'**est **pas un** bon restaurant. *Das ist kein gutes Restaurant.*

# Verbtabellen

## 1. Hilfsverben

**avoir** *haben*

|  | Präsens | Passé composé | Imparfait | Futur simple | Konditional | Subjonctif |
|---|---|---|---|---|---|---|
| j' | ai | ai eu | avais | aurai | aurais | aie |
| tu | as | as eu | avais | auras | aurais | aies |
| il/elle | a | a eu | avait | aura | aurait | ait |
| nous | avons | avons eu | avions | aurons | aurions | ayons |
| vous | avez | avez eu | aviez | aurez | auriez | ayez |
| ils/elles | ont | ont eu | avaient | auront | auraient | aient |

**être** *sein*

|  | Präsens | Passé composé | Imparfait | Futur simple | Konditional | Subjonctif |
|---|---|---|---|---|---|---|
| je/j' | suis | ai été | étais | serai | serais | sois |
| tu | es | as été | étais | seras | serais | sois |
| il/elle | est | a été | était | sera | serait | soit |
| nous | sommes | avons été | étions | serons | serions | soyons |
| vous | êtes | avez été | étiez | serez | seriez | soyez |
| ils/elles | sont | ont été | étaient | seront | seraient | soient |

## 2. Verben auf *-er*

**parler** *reden*

|  | Präsens | Passé composé | Imparfait | Futur simple | Konditional | Subjonctif |
|---|---|---|---|---|---|---|
| je/j' | parle | ai parlé | parlais | parlerai | parlerais | parle |
| tu | parles | as parlé | parlais | parleras | parlerais | parles |
| il/elle | parle | a parlé | parlait | parlera | parlerait | parle |
| nous | parlons | avons parlé | parlions | parlerons | parlerions | parlions |
| vous | parlez | avez parlé | parliez | parlerez | parleriez | parliez |
| ils/elles | parlent | ont parlé | parlaient | parleront | parleraient | parlent |

Anhang

# Verbtabellen

## 3. Verben auf -ir
**finir** *beenden*

|  | Präsens | Passé composé | Imparfait | Futur simple | Konditional | Subjonctif |
|---|---|---|---|---|---|---|
| je/j' | finis | ai fini | finissais | finirai | finirais | finisse |
| tu | finis | as fini | finissais | finiras | finirais | finisses |
| il/elle | finit | a fini | finissait | finira | finirait | finisse |
| nous | finissons | avons fini | finissions | finirons | finirions | finissions |
| vous | finissez | avez fini | finissiez | finirez | finiriez | finissiez |
| ils/elles | finissent | ont fini | finissaient | finiront | finiraient | finissent |

Ebenso **choisir** *wählen*.

## 4. Verben auf -re
**entendre** *hören*

|  | Präsens | Passé composé | Imparfait | Futur simple | Konditional | Subjonctif |
|---|---|---|---|---|---|---|
| je/j' | entends | ai entendu | entendais | entendrai | entendrais | entende |
| tu | entends | as entendu | entendais | entendras | entendrais | entendes |
| il/elle | entend | a entendu | entendait | entendra | entendrait | entende |
| nous | entendons | avons entendu | entendions | entendrons | entendrions | entendions |
| vous | entendez | avez entendu | entendiez | entendrez | entendriez | entendiez |
| ils/elles | entendent | ont entendu | entendaient | entendront | entendraient | entendent |

Ebenso **attendre** *warten*, **rendre** *zurückgeben*.

# Verbtabellen

**faire** *machen/tun*

|  | Präsens | Passé composé | Imparfait | Futur simple | Konditional | Subjonctif |
|---|---|---|---|---|---|---|
| je/j' | fais | ai fait | faisais | ferai | ferais | fasse |
| tu | fais | as fait | faisais | feras | ferais | fasses |
| il/elle | fais | a fait | faisait | fera | ferait | fasse |
| nous | faisons | avons fait | faisions | ferons | ferions | fassions |
| vous | faites | avez fait | faisiez | ferez | feriez | fassiez |
| ils/elles | font | ont fait | faisaient | feront | feraient | fassent |

**aller** *gehen/fahren*

|  | Präsens | Passé composé | Imparfait | Futur simple | Konditional | Subjonctif |
|---|---|---|---|---|---|---|
| je | vais | suis allé(e) | allais | irai | irais | aille |
| tu | vas | es allé(e) | allais | iras | irais | ailles |
| il/elle | va | est allé(e) | allait | ira | irait | aille |
| nous | allons | sommes allé(e)s | allions | irons | irions | allions |
| vous | allez | êtes allé(e)s | alliez | irez | iriez | alliez |
| ils/elles | vont | sont allé(e)s | allaient | iront | iraient | aillent |

# Lösungen und Hörtexte

## Lektion 2

### Fragen zum Dialog
**1.** falsch – **2.** richtig – **3.** falsch – **4.** richtig – **5.** richtig

**1** **1.** f) – **2.** c) – **3.** e) – **4.** a) – **5.** d) – **6.** g) – **7.** b)
**3** **1.** a) – **2.** a) – **3.** c)
**4** **1.** 18: dix-huit – **2.** 7: sept – **3.** 13: treize – **4.** 15: quinze

## Lektion 3

### Fragen zum Dialog
**1.** 25 – **2.** Grenoble – **3.** 28 – **4.** chat – **5.** 15

**1** **1.** arrivent – **2.** présente – **3.** travaillez – **4.** dure – **5.** habitons
**2** **1.** 03.05.84.45.46 – **2.** 02.40.81.36.74 – **3.** 06.94.67.76.30 – **4.** 04.48.86.33.21
**3** **1.** coiffeuse – **2.** actrice – **3.** policier – **4.** chanteur – **5.** secrétaire
**4** Nina

### Hörtext
Je suis une femme. J'ai 28 ans. Je travaille bientôt à Grenoble.
J'habite chez mon cousin pendant deux semaines.
Je suis assistante dans une agence de marketing.

## Lektion 4

### Fragen zum Dialog
**1.** non – **2.** non – **3.** oui

**1** **1.** de la – **2.** du – **3.** des – **4.** de l'
**2** [ɛ̃] wie in tr**ain**: **2.** le cousin
[õ] wie in jamb**on**: **3.** l'oncle
[ɑ̃] wie in m**an**ger: **1.** les parents, **4.** la tante, **5.** le grand-père, **6.** l'enfant
**3** **1.** Nous mangeons – **2.** Je m'appelle – **3.** Vous commandez – **4.** Son père préfère – **5.** Raymond commence
**4** **Hörtext**
Beispiel: Tu prends un café ? – **1.** Tu prends un thé ? – **2.** Tu prends une limonade ? – **3.** Tu prends un croissant ? – **4.** Tu prends une omelette ? – **5.** Tu prends une salade ?

# Lösungen und Hörtexte

## Lektion 5

**Fragen zum Dialog**

**1.** c) – **2.** b) – **3.** a)

1   **1.** enfants – **2.** fille – **3.** omelette – **4.** gâteaux – **5.** heures – **6.** verres – **7.** entreprise

2   **1.** d) – **2.** c) – **3.** e) – **4.** f) – **5.** b) – **6.** a)

3   **2.** Sie wurden „französisiert".

**Hörtext**

**1.** le week-end – **2.** le tennis – **3.** le jogging – **4.** le gentleman – **5.** le footing – **6.** la basket

4   **1.** Je fais du sport. – **2.** Nous allons en ville. – **3.** Tu fais les courses ?

## Lektion 6

1   **1.** oui – **2.** non – **3.** non – **4.** oui – **5.** non

**Hörtext**

| | |
|---|---|
| Marie | Christelle, tu commandes quelque chose ? |
| Christelle | Oui, une boisson chaude. Et toi, Marie ? |
| Marie | Je ne sais pas. |
| Christelle | Ah oui, je prends un thé ! |
| Marie | Moi, je préfère un coca. |
| Christelle | Un thé et un coca cola, s'il vous plaît. |
| Serveur | Je vous les apporte tout de suite. Et voilà les boissons ! |
| Christelle | Oh, du sucre aussi, s'il vous plaît. |
| Serveur | Oui. Tout de suite. |
| Christelle | Merci. |

3   [y]: **2.** sucre – [u]: **1.** bonjour – **3.** cousin – **4.** jouer – **5.** chouette – [ʒ]: **1.** bonjour. – **4.** jouer – **6.** voyage – [ʃ]: **5.** chouette – **7.** tache

4   **1.** Bonjour. – **2.** Bonsoir. – **3.** Salut. – **4.** Au revoir. – **5.** Ça va ? – **6.** Je m'appelle… – **7.** Je ne comprends pas.

**Regel 1**

*a) -e – b) -s*

5   **1.** a) – **2.** b) – **3.** c)

6   **1.** chaussures – **2.** bagages – **3.** famille – **4.** ouvrier – **5.** restaurant
Lösungswort: SALUT

# Lösungen und Hörtexte

**7** **Individuelle Antworten**
**Regel 2**
*a) 4 x 20 – b) 4 x 20 + 10*

**8** **1.** cinquante-six – **2.** quarante-huit – **3.** quatre-vingt-trois – **4.** quatre-vingt-quinze

**9** **1.** Coiffeur, 97, 12 – **2.** Technicien, 36, 56 – **3.** Journaliste, 18, 73
**Hörtext**
**1.** Je m'appelle Christian. Je suis coiffeur. J'habite à Vannes en Bretagne. Mon numéro de téléphone est le 02.97.54.66.12.
**2.** Salut. C'est Gérard Crochet. J'habite au 36b, rue du tunnel et mon numéro de téléphone est le 05.56.81.30.22. Au fait, je suis technicien.
**3.** Bonjour. Moi, je m'appelle Isabelle Maurice. Je suis journaliste. Mon adresse ? C'est 18, avenue Charles de Gaulle à Clermont-Ferrand. Voici le numéro de téléphone du bureau : 04.73.56.41.76.

**10** **Individuelle Antworten**
**Regel 3**
*a) unbestimmten – b)* ***le, la, l', les*** *– c)* ***du, de la, de l', des***

**11** **1.** Le – **2.** un – **3.** du – **4.** l' – **5.** des
**Regel 4**
*a) Vokal – b) stummem* ***h***

**12** **1.** les banques – **2.** des enfants – **3.** les maisons – **4.** des idées – **5.** les portes – **6.** les hôtels – **7.** les policiers
**Regel 5**
*a)* ***je, tu, il/elle, nous, vous, ils/elles*** *– b) betonte*

**13** **1.** Il – **2.** Toi – **3.** vous – **4.** elle – **5.** Nous
**Regel 6**
*anheben*

**14** **Hörtext**
**1.** Il a 20 ans ? – **2.** Toi, tu es chanteuse ? – **3.** C'est à vous ? – **4.** Il travaille avec elle ? – **5.** Nous faisons les courses aujourd'hui ?

**15** **1.** c) – **2.** g) – **3.** f) – **4.** a) – **5.** b) – **6.** e) – **7.** d)
**Regel 7**
**1.** *-e, -es, -e, -ons, -ez, -ent* – **2.** *a)* ***avoir*** *– b)* ***être***

**16** **1.** prépare – **2.** parlent – **3.** jouons – **4.** trouvent – **5.** dure – **6.** travaillez

**17** **1.** manger – **2.** répéter – **3.** faire – **4.** aller – **5.** préférer – **6.** être –**7.** avoir

# Lösungen und Hörtexte

## Zwischentest 1

**1**  **1.** assistante – **2.** policier – **3.** actrice
→ **L3**

**2**  **1.** b), d) – **2.** a), c), e)
→ **L5**

**3**  **Hörtext**
**1.** Je suis assistante. – **2.** Il est policier. – **3.** Elle est actrice.

**4**  mit Bindung: **1.** un employé – **3.** un appartement – **5.** un homme
ohne Bindung: **2.** des femmes – **4.** un café
→ **Aussprache**

**5**  **1.** a) – **2.** c) – **3.** b) – **4.** b) – **5.** a)
→ **Aussprache**

**6**  **1.** a) – **2.** b) – **3.** c) – **4.** b) – **5.** c)
→ **L2, L3, L4**

**7**  **1.** 31 – **2.** 99 – **3.** 25 – **4.** 48 – **5.** 93
→ **L3**

**8**  **1.** du – **2.** Le – **3.** un – **4.** des – **5.** une
→ **L3, L4**

**9**  **2.** On habite à Marseille. – **3.** On est en vacances. – **4.** On fait une pause. – **5.** On arrive à la gare. – **6.** On regarde un film.
→ **L2**

**10**  *fSg:* **1.** journaliste – **3.** employée – **5.** gare – **9.** secrétaire – *mSg:* **1.** journaliste – **4.** verre – **6.** sucre – **9.** secrétaire – *fPl:* **2.** boissons – **7.** techniciennes – *mPl:* **9.** restaurants
→ **L3, L5**

**Von 50 Punkten haben Sie _____ erreicht.**

| | |
|---|---|
| 50–41: | **très bien** *sehr gut*. Weiter so! |
| 40–31: | **bien** *gut*. Sie sind auf dem richtigen Weg. |
| 30–21: | **satisfaisant** *zufriedenstellend*. Üben Sie noch die Themen, die Ihnen Probleme bereitet haben. Sie haben aber schon viele Fortschritte gemacht. |
| weniger als 20: | **vous pouvez mieux faire** *Sie können es noch besser*. In den Lösungen finden Sie Verweise zu den Lektionen, in denen Sie den Stoff wiederholen können. |

# Lösungen und Hörtexte

## ■■ Lektion 7

**Fragen zum Dialog**
**1.** c) – **2.** a) – **3.** d) – **4.** b)

**1**    **1.** vrai – **2.** faux – **3.** vrai

**Hörtext**

| | |
|---|---|
| Marchand | Bonjour madame. |
| Cliente | Je voudrais un kilo de pommes de terre, s'il vous plaît. |
| Marchand | Oui et avec ça ? |
| Cliente | Je prends une livre de carottes. |
| Marchand | Voilà madame. |
| Cliente | Vous avez des poires ? |
| Marchand | Non, je n'ai pas de poires aujourd'hui. Mais j'ai des belles pommes ! |
| Cliente | Alors six pommes, s'il vous plaît. |
| Marchand | Et voilà les pommes ! Ça fait 15 euros, madame. |
| Cliente | Voilà. Au revoir monsieur. |

**2**    **Hörtext**
**1.** Je voudrais un kilo de pommes de terre, s'il vous plaît. – **2.** Je prends une livre de carottes. – **3.** Vous avez des poires ?

**3**    **1.** Patricia ne va pas à la boucherie. – **2.** Martine n'ouvre pas le sac. – **3.** Nous n'achetons pas de pain. – **4.** Je ne regarde pas de film. – **5.** Vous n'allez pas en ville aujourd'hui ?

**4**    **1.** b) – **2.** a) – **3.** a) – **4.** c) – **5.** a)

## ■■ Lektion 8

**Fragen zum Dialog**
**1.** « Chez Raymond » – **2.** 18 euros – **3.** du vin et de l'eau

**1**    **1.** Réponse 1 – **2.** Réponse 2 – **3.** Réponse 2

**Hörtext**
**1.** Je vous recommande du vin blanc. – Je commande un sandwich.
**2.** Nous avons de la chance. – Nous avons de la tartiflette, par exemple.
**3.** C'est un sac de voyage. – C'est un dessert au chocolat.

**2**    **1.** a) – **2.** a) – **3.** b)

**3**    **1.** aime – **2.** attendons – **3.** arrive – **4.** commandons – **5.** prenons – **6.** prends – **7.** prend – **8.** buvons

# Lösungen und Hörtexte

**4 Hörtext**
1. Mange des fruits et des légumes ! – **2.** Fais du sport ! – **3.** Bois beaucoup d'eau ! – **4.** Mange du poisson !

## Lektion 9
### Fragen zum Dialog
1. Elle lit le programme du week-end dans le journal. – **2.** Il y a un karaoké avec des chansons françaises. – **3.** Elle veut aller au cinéma.

1   **1.** son – **2.** son – **3.** leur – **4.** leurs
2   **1.** peux – **2.** voulons – **3.** veux – **4.** pouvez
4   [s] wie in salut: **1.** salle – **3.** concert – **4.** cinéma – **6.** chanson – **7.** séance
    [z] wie in zéro: **2.** exposition – **5.** musée
    **8.** Wortanfang – **9.** Konsonanten – **10.** c – **11.** Vokalen

## Lektion 10
### Fragen zum Dialog
1. dimanche – **2.** entraînement – **3.** Antoine – **4.** cousine –
**5.** entraîneur – **6.** ballon

1   Antoine
    ### Hörtext
    Je suis un homme. Je suis grand et sportif. Mon sport préféré est le volley et je joue dans l'équipe de Grenoble. Je vais tous les dimanches à l'entraînement. J'ai beaucoup d'amis. Mes amis s'appellent Pierre et Pauline. J'ai même une amie allemande, c'est Nina. Je suis…
2   **1.** Savez b) – **2.** finit a) – **3.** choisir c)
3   **1.** grande – **2.** bons – **3.** contents – **4.** intéressant

## Lektion 11
### Fragen zum Dialog
**1.** b) – **2.** b) – **3.** a)

1   **1.** a) – **2.** a) – **3.** b) – **4.** b)
2   **1.** fais – **2.** prends l'apéritif – **3.** avec plaisir – **4.** inviter – **5.** venir –
    **6.** rendez-vous – **7.** dommage – **8.** prochaine
3   **1.** grande – **2.** belle – **3.** intéressant – **4.** contente – **5.** roux – **6.** gentil

# Lösungen und Hörtexte

## ▪▪ Lektion 12

### Fragen zum Dialog
**1.** vrai – **2.** faux : Pierre a aidé Nina. – **3.** faux : Nina emménage dans deux semaines.

**1** **3.**

**2** **Hörtext**
Je cherche un F3 en ville avec une grande cuisine et un balcon. L'appartement doit être grand.

**3** **1.** J'ai loué… – **2.** André et Charlotte ont mangé… – **3.** Nous avons cherché… – **4.** Géraldine a acheté…

**4** **1.** mit Verneinung – **2.** mit Verneinung – **3.** ohne Verneinung – **4.** mit Verneinung – **5.** ohne Verneinung

### Hörtext
**1.** Gilles ne travaille pas aujourd'hui. – **2.** Martine n'a pas appelé son amie. – **3.** On a été au cinéma. – **4.** Il ne prend rien. – **5.** Ils ont trouvé une maison à louer.

## ▪▪ Lektion 13

### Fragen zum Dialog
**1.** b) – **2.** a) – **3.** b)

**1** **1.** Qui – **2.** qui – **3.** Que – **4.** Que

**2** **1.** Qui est-ce que tu vois ? – **2.** À qui est-ce que tu veux demander ? – **3.** Qu'est-ce qu'il fait ? – **4.** Qu'est-ce que vous dites ?

**3** **1.** est allée – **2.** sont arrivés – **3.** sont restées – **4.** est allé

**4** **1.** la main – **2.** le ventre – **3.** le bras – **4.** l'oreille – **5.** l'œil – **6.** le nez – **7.** la jambe – **8.** le pied – **9.** les cheveux

## ▪▪ Lektion 14

**1** **1.** b) – **2.** a) – **3.** c)

### Hörtext
Salut Sandrine. C'est José. Dommage, tu n'es pas là. Je t'invite demain soir à la maison. Toi et Thomas bien sûr. Je fais un apéritif avec des amis. Vous pouvez passer après le travail. Est-ce que vous voulez venir ? Appelle-moi ce soir. Merci. À bientôt. Au revoir.

**2** Reihenfolge: **10.** – **7.** – **4.** – **3.** – **5.** – **9.** – **1.** – **6.** – **2.** – **8.**

# Lösungen und Hörtexte

**3** **Hörtext**

| | |
|---|---|
| Docteur | Bonjour. Qu'est-ce qu'il vous arrive ? |
| Patient | Bonjour, je suis malade. |
| Docteur | Je vois. Vous avez de la fièvre ? |
| Patient: | Oui, j'ai 38 depuis trois jours. |
| Docteur | Depuis trois jours ! Où est-ce que vous avez mal ? |
| Patient | J'ai mal à la gorge. |
| Docteur | Faites voir ! Mais vous avez une bonne angine ! |
| Patient | Je ne peux pas aller au travail alors ? |
| Docteur | Non. Prenez vos médicaments et restez chez vous pendant une semaine ! |
| Patient | Merci. Au revoir, docteur. |

**4** **1.** e) – **2.** d) – **3.** c) – **4.** b) – **5.** a) – **6.** f)

**5** **1.** 2x : Cali est un très b**on** chanteur en c**on**cert. – **2.** 2x : On a acheté de la vi**an**de excell**en**te. – **3.** 4x : Dami**en** est **in**vité à **un** apéritif dema**in**.

**6** **1.** bureau – **2.** cave – **3.** chambre – **4.** cuisine – **5.** salon – **6.** salle de bains

**7** **Hörtext**

**1.** • Quelle est votre couleur préférée ?   ▾ Ma couleur préférée est le vert.
**2.** • Quelle est votre ville préférée ?   ▾ Ma ville préférée est Paris.
**3.** • Quels sont vos loisirs préférés ?   ▾ Mes loisirs préférés sont le sport et la musique.
**4.** • Quel est votre film préféré ?   ▾ Mon film préféré est un film d'action.
**5.** • Quelle est votre chanson préférée ?   ▾ Ma chanson préférée est « The Wall ».
**6.** • Quels sont vos chanteurs préférés ?   ▾ Mes chanteurs préférés sont Herbert Grönemeyer et Jacques Brel.

**8** **1.** foot – **2.** notation – **3.** ballon – **4.** joueurs – **5.** basket
Lösungwort: FILET
**Regel 1**
*a) Aufforderung – b) zweiten – c) Plural*

**9** **1.** c) – **2.** b) – **3.** a)
**Regel 2**
**1.** *a) drei – b) Betonung – c)* **est-ce que** *– d) Inversionsfrage –* **2.** *a) Verb – b) Personalpronomen – c)* **-t-**

# Lösungen und Hörtexte

**11** **1.** Allez-vous à Paris ? – **2.** Ont-ils mangé un plat typique de la région ? – **3.** A-t-elle mal à la tête ? – **4.** Attend-elle son frère à la gare ? – **5.** Bois-tu un apéritif ?
**Regel 3**
**1.** a) Geschlecht – b) Zahl – c) Substantiv – **2.** a) nach – b) vor

**12** **1.** veste noire – **2.** nouvel appartement – **3.** cheveux longs – **4.** bonne joueuse
**Regel 4**
a) *-is*, *-is*, *-it*, *-issons*, *-issez*, *-issent* – b) unregelmäßig

**13** **1.** choisissez – **2.** prenez
**Regel 5**
a) devoir – b) pouvoir – c) vouloir – d) savoir – e) Infinitivergänzung

**14** **1.** b) – **2.** a) – **3.** b) – **4.** b) – **5.** a)
**Regel 6**
a) *-é* – b) *-ir*

**15** **1.** demandé – **2.** fini – **3.** pris – **4.** attendu – **5.** resté – **6.** fait
**Hörtext**
**1.** demander – **2.** finir – **3.** prendre – **4.** attendre – **5.** rester – **6.** faire
**Regel 7**
a) **avoir** – b) **être** – c) Partizip Perfekt – d) angeglichen

**16** **1.** d) – **2.** e) – **3.** b) – **4.** c) – **5.** a)
**Regel 8**
a) **ne… pas** – b) umschließt – c) **ne… pas de**

**17** **1.** Nous ne prenons pas l'apéritif chez Muriel. – **2.** Paul ne va plus à l'entraînement de foot. – **3.** Aline ne veut jamais aller au cinéma. – **4.** Fabien et Catherine n'aiment pas du tout le sport. – **5.** Nous ne sommes pas allées au restaurant. – **6.** Je n'ai jamais fait de ski.

## ▪▪ Zwischentest 2

**1** **1.** d) – **2.** b) – **3.** c) – **4.** a)

**2** **1.** b) – **2.** b) – **3.** c) – **4.** a) – **5.** b) – **6.** a)
→ **L10, L12**

**3** **1.** b) – **2.** b) – **3.** a) – **4.** b) – **5.** a)
→ **L10**

**4** **1.** a) – **2.** b) – **3.** b) – **4.** a) – **5.** b) – **6.** a)

**5** **1.** c) – **2.** b) – **3.** a) – **4.** a) – **5.** b) – **6.** c)

# Lösungen und Hörtexte

**Hörtext**

**1.** Elle ouvre la porte. – **2.** Mangez des fruits ! – **3.** Arrive-t-il aujourd'hui ? – **4.** Tu ne comprends pas ? – **5.** Demande au serveur ! – **6.** Nous allons au théâtre.

→ **L8, L13**

6 les fruits et légumes : la pomme – la tomate – les carottes
le sport : le match – l'entraîneur
les activités de loisir : l'exposition – le concert
le corps : les oreilles – la main

7 **1.** loué – **2.** restés – **3.** fini – **4.** allés – **5.** attendu – **6.** sorties – **7.** bu

→ **L12, L13**

8 **1.** finissons – **2.** buvons – **3.** prenez – **4.** sortez – **5.** emmènent – **6.** comprennent – **7.** boivent

→ **L7, L8, L10, L11**

**Von 50 Punkten haben Sie _____ erreicht.**

| | |
|---|---|
| 50–41: | **très bien** *sehr gut*. Weiter so! |
| 40–31: | **bien** *gut*. Sie sind auf dem richtigen Weg. |
| 30–21: | **satisfaisant** *zufriedenstellend*. Üben Sie noch die Themen, die Ihnen Probleme bereitet haben. Sie haben aber schon viele Fortschritte gemacht. |
| weniger als 20: | **vous pouvez mieux faire** *Sie können es noch besser*. In den Lösungen finden Sie Verweise zu den Lektionen, in denen Sie den Stoff wiederholen können. |

## Lektion 15

**Fragen zum Dialog**

**1.** b) – **2.** b) – **3.** b)

1 **1.** en – **2.** à – **3.** au – **4.** aux – **5.** de

2 **1.** b) – **2.** b) – **3.** b) – **4.** a) – **5.** a)

**Hörtext**

**1.** Karin habite en Allemagne. – **2.** Mon ami habite en Angleterre. – **3.** Sophie et Julie habitent en France. – **4.** Pedro habite au Portugal. – **5.** Francesco et Maria habitent en Italie.

# Lösungen und Hörtexte

**3 Hörtext**
1. Elle parle allemand. – **2.** Il parle anglais. – **3.** Elles parlent français. – **4.** Il parle portugais. – **5.** Ils parlent italien.

**4** à: **2.** Madrid – **5.** Lille – en: **3.** Hollande – **4.** France – du: **1.** Maroc – **6.** cinéma

## Lektion 16

**Fragen zum Dialog**
**1.** faux – **2.** faux – **3.** faux – **4.** faux

**1** **2.** Jean les invite au restaurant. – **3.** Béatrice les a rangées dans le couloir. – **4.** Je l'ai acheté.

**2** **1.** a) – **2.** b) – **3.** a) – **4.** a)

**Hörtext**
**1.** Nous sommes le 23 juin. – **2.** Aujourd'hui, nous sommes le 11 janvier. – **3.** C'est le 31 août. – **4.** Nous sommes le 14 décembre.

**3** **1.** 445. 000 – **2.** 215. 000 – **3.** 808. 000

## Lektion 17

**Fragen zum Dialog**
**1.** le chauffeur de taxi – **2.** à un passant – **3.** de la plage

**1 Hörtext**
**1.** Je vais tout droit. – **2.** Je traverse la rue. – **3.** La pharmacie est à droite de la boulangerie. – **4.** Tourne au feu à gauche ! – **5.** Je veux aller à la plage.

**2** **1.** quel – **2.** Quels – **3.** Quel – **4.** Quelles – **5.** quelle

**3** **1.** c) – **2.** d) – **3.** a) – **4.** e) – **5.** b)

**4 Hörtext**
**1.** Tu regardes la carte. – Tu vas regarder la carte. – **2.** Ils louent un film. – Ils vont louer un film. – **3.** Nous demandons notre chemin à un passant. – Nous allons demander notre chemin à un passant. – **4.** Elle achète le journal. – Elle va acheter le journal. – **5.** Je viens avec vous. – Je vais venir avec vous.

# Lösungen und Hörtexte

## Lektion 18

**Fragen zum Dialog**
**1.** oui – **2.** oui – **3.** non – **4.** oui – **5.** non

1 **1.** t'appelles – **2.** nous sommes perdu(e)s – **3.** me lève – **4.** Dépêche-toi – **5.** se reposent

2 **1.** cette – **2.** ces – **3.** cette – **4.** cet – **5.** ce – **6.** cet – **7.** ce – **8.** ces – **9.** cette

3 **1.** faux – **2.** faux – **3.** faux – **4.** vrai

**Hörtext**

| | |
|---|---|
| Dame | Bienvenue à l'hôtel « La grande plage ». |
| Touriste | Bonjour, est-ce que vous avez une chambre individuelle pour une semaine ? |
| Dame | Une semaine… Vous n'avez pas réservé ? |
| Touriste | Non. |
| Dame | Je vais voir… Oui, j'ai encore une chambre au premier étage ! |
| Touriste | Elle coûte combien ? |
| Dame | 90 euros la nuit. |
| Touriste | D'accord, je la prends. |
| Dame | Très bien. Vous remplissez le formulaire, s'il vous plaît ? |
| Touriste | Vous voulez mon adresse en Allemagne ? |
| Dame | Oui, bien sûr ! |
| Touriste | Voilà le formulaire. |
| Dame | Parfait. Je vais vous montrer votre chambre. |

4 **Hörtext**

| | |
|---|---|
| Dame | Oui, j'ai encore une chambre au premier étage pour une semaine. |
| Touriste | Vous avez une chambre pour une semaine ? |
| Dame | C'est 90 euros la nuit. |
| Touriste | La chambre coûte combien ? |
| Dame | Oui, il y a un accès à Internet dans toutes les chambres. |
| Touriste | Est-ce qu'il y a un accès à Internet dans les chambres ? |
| Dame | Non, les chambres du premier étage sont non-fumeur. |
| Touriste | Les chambres sont fumeur ? |

deux cent cinquante-trois

# Lösungen und Hörtexte

## ■■ Lektion 19

**Fragen zum Dialog**
**1.** Elle trouve que les matelas sont un peu vieux. – **2.** Ils ont pensé à l'anniversaire de Nina. – **3.** Ils vont partir demain.

**Geburtstagslied im Dialog**
Joyeux anniversaire, joyeux anniversaire ! Joyeux anniversaire Nina, joyeux anniversaire.

**1**   **1.** c) – **2.** a) – **3.** d) – **4.** b)

**2**   **Hörtext**
**1.** Il fait très froid. – **2.** À Paris, il pleut. – **3.** Il neige. – **4.** Il fait chaud à Cannes.

**3**   **2.** Je pense qu'il va pleuvoir à Paris demain. – **3.** Je pense qu'il va neiger demain. – **4.** Je pense qu'il va faire chaud à Cannes demain.

**4**   **1.** y – **2.** en – **3.** en – **4.** y – **5.** en

## ■■ Lektion 20

**Fragen zum Dialog**
**1.** a) – **2.** b) – **3.** a)

**1**   **1.** b), c), d) – **2.** a)

**2**   **1.** a) – **2.** a) – **3.** a) – **4.** b)

**Hörtext**
**1.** Le serveur apporte une boisson à François. – **2.** L'agence de voyages recommande à mes parents un voyage en Grèce. – **3.** Je vais écrire une carte postale à Stéphanie. – **4.** J'ai téléphoné hier à Fabrice et Sandrine.

**3**   **1.** retourner**ons** – **2.** louer**a** – **3.** neiger**a** – **4.** rentrer**ons** – **5.** passer**ai** – **6.** téléphoner**ai**

**4**   **Hörtext**
Cher Paul,
Grosses bises de vacances où nous passons une super semaine. Aujourd'hui, nous sommes allés faire du ski. J'ai adoré ! Nous y retournerons demain. On louera même des snowboards. La région est magnifique. En plus, il y a beaucoup de neige. Ils disent à la météo qu'il neigera tout le week-end. Pas trop quand même, j'espère ! Nous rentrerons dans trois jours et je passerai te voir. Je te téléphonerai de la maison. À bientôt !
Émile

# Lösungen und Hörtexte

## ▪▪ Lektion 21

**Fragen zum Dialog**
**1.** b) – **2.** b) – **3.** b)

1. **1.** c) – **2.** c) – **3.** a)
2. **1.** vol – **2.** témoins – **3.** jardin – **4.** poste – **5.** tout de suite
3. **1.** irai – **2.** ferons – **3.** viendrez – **4.** sera

## ▪▪ Lektion 22

1. **2.** – **3.**
   **Hörtext**
   Bienvenue à la météo sur Radio Bleue. Quel temps fera-t-il demain ? Demain matin, profitez du soleil. Il fera encore beau et chaud. Mais attention, dans l'après-midi, les orages arriveront. Le thermomètre descendra à 10° C. Il va pleuvoir jusqu'à vendredi. Mais ce week-end, il fera soleil !

2. **Lösungsvorschläge**
   Cher XX, (**1.**) Je suis en vacances en France. (**2.**) Je vais bien. (**3.**) Il fait beau. (**4.**) La plage est magnifique. (**5.**) Ça me plaît. (**6.**) Grosses bises.

3. **Individuelle Antworten**

4. **Hörtext**
   Vous allez tout droit. Au feu, vous tournez à droite. Vous allez jusqu'à la boulangerie. Vous prenez ensuite la petite rue en face de la boulangerie. Vous continuez jusqu'au rond-point et vous allez voir la cathédrale.

5. **1.** voiture – **2.** avion – **3.** train – **4.** tramway

6. **1.** quatre-vingt-dix-neuf, cent deux – **2.** mercredi, jeudi – **3.** février, juillet, août

7. stummes/kurzes **e** wie in **dame** : **1.** vacanc**es** – **2.** blagu**e** – **5.** pann**e** – **7.** touris**te**
   geschlossenes **ö** wie in **euro** : **3.** joy**eu**x
   offenes **ö** wie in **heure** : **4.** chal**eu**r – **6.** fum**eu**r

8. **2.** Ma tante est plus vieille que mon oncle. – **3.** David est moins curieux que Claude. – **4.** Les gâteaux sont meilleurs que les légumes. – **5.** Françoise est aussi grande que Sébastien.

   **Regel 1**
   **1.** *a) en, b) Vokal* – **2.** *a) Städten, b) Konsonanten* – **3. de**

# Lösungen und Hörtexte

**Regel 2**

**1.** *a) Geschlecht, b) Zahl* – **2.** *a)* ***quelle****, b)* ***quels****, c)* ***quelles***

**1.** quel pays – **2.** Quel, le nom – **3.** Quels – **4.** quelle ville

**Hörtext**

**1.** Elle vient d'Angleterre. – **2.** Son nom est Paolo. – **3.** Les pays préférés de Paolo sont l'Espagne et les Pays-Bas. – **4.** Elle a fait sa connaissance à Paris.

**Regel 3**

**1.** *a) Ortsangaben, b)* ***à*** – **2.** *a)* ***En****, b)* ***de***

**Hörtext**

**1.** • Tu vas au cinéma ?   ▼ Oui, j'y vais.

**2.** • Ils vont en Italie ?   ▼ Oui, ils y vont.

**3.** • Vous avez du vin ?   ▼ Oui, nous en avons.

**4.** • Vous parlez souvent de votre voyage en Afrique ?   ▼ Oui, nous en parlons souvent.

**5.** • Denise a commandé un gâteau d'anniversaire ?   ▼ Oui, elle en a commandé un.

**6.** • Vous avez habité à Marseille pendant deux ans ?   ▼ Oui, j'y ai habité pendant deux ans.

**Regel 4**

**1.** ***te****,* ***le****,* ***la****,* ***nous****,* ***vous****,* ***les*** – **2.** *Präposition* – **3.** *a) Partizip Perfekt, b) Geschlecht, c) Zahl*

**Regel 5**

**1.** ***me****,* ***te****,* ***lui****,* ***nous****,* ***vous****,* ***leur*** – **2.** *à*

**1.** leur – **2.** lui – **3.** l' – **4.** l' – **5.** le – **6.** l'

**1.** dites – **2.** venons – **3.** pars – **4.** comprends – **5.** voient – **6.** traverse

Lösungswort: DORMIR

**Regel 6**

***me****,* ***te****,* ***se****,* ***nous****,* ***vous****,* ***se***

**1.** se – **2.** te – **3.** s' – **4.** me – **5.** nous

**Regel 7**

**1.** *a) Futur simple, b)* ***-ai****,* ***-as****,* ***-a****,* ***-ons****,* ***-ez****,* ***-ont*** – **2.** *a) Futur composé, b) aller, c) Infinitiv, d) Absicht*

**1.** En juillet, nous partirons en vacances. – **2.** En été, je mangerai des glaces. – **3.** Demain, ma mère viendra me voir. – **4.** L'année prochaine, Daniel aura 25 ans. – **5.** Ce soir, Claire et Laure dormiront à l'hôtel.

# Lösungen und Hörtexte

## Zwischentest 3

**1**  **1.** pompiers – **2.** S.A.M.U. – **3.** police/gendarmerie – **4.** agence de voyages – **5.** avion – **6.** train
→ **L15, L16, L21**

**2**  **1.** c) – **2.** a) – **3.** c) – **4.** b) – **5.** c) – **6.** a) – **7.** c)

**3**  **1.** Je voudrais réserver une chambre. – **2.** Je ne prends pas cette chambre. – **3.** La chambre me plaît. – **4.** J'adore ce pays ! – **5.** Vous avez des cartes postales ? – **6.** J'ai vu un accident.
→ **L18, L21**

**4**  **1.** a) – **2.** a) – **3.** b) – **4.** b) – **5.** b)
→ **L15, L16**

**5**  **1.** c) – **2.** b) – **3.** c) – **4.** c) – **5.** b)

**6**  **1.** b) – **2.** a) – **3.** b)

**Hörtext**

**1.** Tournez à droite ! – **2.** Faites demi-tour ! – **3.** Traversez la rue !
→ **L17**

**7**  **1.** a) – **2.** b) – **3.** a) – **4.** b) – **5.** a) – **6.** b) – **7.** b) – **8.** a) – **9.** b)

**Hörtext**

**1.** Je l'ai vu. – **2.** Elle se repose. – **3.** Dans quelle ville habitez-vous ? – **4.** Cet hôtel me plaît. – **5.** Ces valises ne sont pas à moi. – **6.** Il m'a téléphoné. – **7.** Nous sommes à Berlin. – **8.** Ils sont en Italie. – **9.** Je sais qu'elle viendra.

**8**  **1.** les – **2.** en – **3.** l' – **4.** lui – **5.** y – **6.** leur
→ **L16, L19, L20**

**Von 47 Punkten haben Sie _____ erreicht.**

| | |
|---|---|
| 47–40: | **très bien** *sehr gut*. Weiter so! |
| 39–31: | **bien** *gut*. Sie sind auf dem richtigen Weg. |
| 30–21: | **satisfaisant** *zufriedenstellend*. Üben Sie noch die Themen, die Ihnen Probleme bereitet haben. Sie haben aber schon viele Fortschritte gemacht. |
| weniger als 20 | **vous pouvez mieux faire** *Sie können es noch besser*. In den Lösungen finden Sie Verweise zu den Lektionen, in denen Sie den Stoff wiederholen können. |

# Lösungen und Hörtexte

## ▪▪ Lektion 23

### Fragen zum Dialog
**4.** – **1.** – **3.** – **5.** – **2.**

**1**   **1.** b) – **2.** e) – **3.** a) – **4.** c) – **5.** d)

**2**   **1.** a) – **2.** b) – **3.** b) – **4.** a)

### Hörtext

| | |
|---|---|
| Sonia | Allô ? |
| Caroline | Salut Sonia, c'est Caroline, ça va ? |
| Sonia | Ah Caroline. Oui, ça va. |
| Caroline | Jules et moi, nous voulons aller au cinéma samedi soir. Ça te dit ? |
| Sonia | Oui, pourquoi pas. |
| Caroline | Tu peux venir avec ton copain si tu veux. |
| Sonia | Écoute, il n'est pas là. On raccroche et je lui demande quand il arrive. |
| Caroline | D'accord, je te rappellerai dans la soirée pour savoir. |
| Sonia | Alors, à plus tard ! |
| Caroline | Salut ! |

**3**   **Hörtext**

| | |
|---|---|
| Caroline | Salut Sonia, c'est Caroline, ça va ? |
| Sonia | Ah Caroline. Oui, ça va. |
| Caroline | Jules et moi, nous voulons aller au cinéma samedi soir. Ça te dit ? |
| Sonia | Oh, samedi, je ne peux pas. |
| Caroline | Oh, c'est dommage. Bon, une prochaine fois alors. Je te rappellerai. Salut. |
| Sonia | Salut ! |

**4**   **1.** Je prends le bus pour aller au travail. – **2.** Je me suis renseigné(e) avant de partir. – **3.** Je ne passe pas chez lui sans l'appeler avant. – **4.** J'ai pris des vacances pour me reposer.

## ▪▪ Lektion 24

### Fragen zum Dialog
**1.** vrai – **2.** vrai – **3.** faux – **4.** vrai – **5.** faux

**1**   **1.** b) – **2.** c) – **3.** a) – **4.** c)

**2**   **1.** l'ordinateur – **2.** Internet – **3.** l'imprimante

# Lösungen und Hörtexte

**3**  **1.** Cher Antoine, Hier, c'était mon premier jour de travail. – **2.** Je m'inquiétais un peu parce que je ne connaissais pas du tout l'entreprise. – **3.** Je te raconterai tout ça quand on se reverra. Amicalement.

## Lektion 25

### Fragen zum Dialog
**1.** La réunion est mercredi. – **2.** La réunion va durer environ une heure. – **3.** Elle doit finir à l'heure parce que la salle est à nouveau réservée de 10h à midi.

**1**  **1.** travaillait – **2.** aimait – **3.** détestait – **4.** n'a pas sonné – **5.** a dormi – **6.** est arrivé – **7.** s'inquiétaient – **8.** cherchaient – **9.** a décidé

**4**  **1.** 3h30 – **2.** 5h45 – **3.** 7h25 – **4.** 12h

### Hörtext
**1.** Il est trois heures et demie. – **2.** Il est six heures moins le quart. – **3.** Il est sept heures vingt-cinq. – **4.** Il est midi.

## Lektion 26

### Fragen zum Dialog
**1.** c) – **2.** a), c) – **3.** a)

**1**  **1.** L'homme a mis une chemise, un pull, une cravate, un pantalon et des chaussures.

**2.** La femme a mis une jupe, un chemisier, une écharpe, un manteau et des chaussures.

**2**  **1.** sûre, sûrement – **2.** rapide, rapidement / vite – **3.** curieuse, curieusement – **4.** particulière, particulièrement – **5.** bonne, bien – **6.** seule, seulement

**3**  **1.** b) – **2.** b) – **3.** a)

## Lektion 27

### Fragen zum Dialog
**1.** d) – **2.** b) – **3.** a) – **4.** c)

**1**  **1.** Lequel – **2.** Laquelle – **3.** Lesquelles

**2**  **1.** vous en pensez – **2.** pense que – **3.** avez raison – **4.** êtes d'accord – **5.** ne suis pas de cet avis – **6.** voulez dire qu'

**3**  **2.** seraient, être – **3.** finirais, finir – **4.** prendriez, prendre – **5.** donnerais, donner

**4**  **1.** c) – **2.** a) – **3.** b)

# Lösungen und Hörtexte

## Lektion 28

### Fragen zum Dialog
**1.** a) – **2.** b) – **3.** a) – **4.** a)

**1**  **1.** b) – **2.** b)

**2**  **1.** travaille – **2.** cherchions – **3.** arriviez – **4.** parles

**3**  **Hörtext**

**1.** Il faut que je travaille. – Il faut travailler.

**2.** Il faut que nous cherchions une maison à louer. – Il faut chercher une maison à louer.

**3.** Il faut que vous arriviez de bonne heure. – Il faut arriver de bonne heure.

**4.** Il faut que tu parles plus doucement. – Il faut parler plus doucement.

**4**  **1.** lis – **2.** lirais – **3.** lirai

**Hörtext**

**1.** Je lis le programme de cinéma. – **2.** Si j'avais le temps, je lirais toute la journée. – **3.** Je lirai le journal demain.

## Lektion 29

### Fragen zum Dialog
**1.** Elle lit la lettre de motivation du candidat. – **2.** Il recherche un stage de trois mois. – **3.** Il est très satisfait de Nina parce qu'elle fait du bon travail.

**1**  **1.** oui

**2**  im Subjonctif: **2.** und **3.**

im Indikativ Präsens: **1.** und **4.**

**Hörtext**

**1.** Je pense qu'il a trop de travail. – **2.** Il faut qu'elle aille dans le bureau du chef. – **3.** Elle est contente qu'il vienne la voir. – **4.** Je crois que tu ne bois pas de café.

**3**  **1.** comprennent – **2.** ait – **3.** fasses

**4**  **Hörtext**

**1.** J'ai une bonne expérience professionnelle.

**2.** Je parle français et anglais.

**3.** J'ai déjà fait un stage à l'étranger.

**4.** Je corresponds aux critères de l'entreprise.

# Lösungen und Hörtexte

## Lektion 30

**1** **Individuelle Antworten**

**2** **1.** à l'appareil – **2.** stage – **3.** passer – **4.** en réunion – **5.** laisser un message – **6.** rappeler – **7.** joindre3

**3**

| C | O | M | P | O | S | E | R | I | S |
|---|---|---|---|---|---|---|---|---|---|
| A | A | C | T | U | E | L | S | N | A |
| L | T | N | I | N | C | H | E | F | L |
| E | I | A | T | B | U | T | T | O | L |
| N | T | N | N | I | H | E | U | R | E |
| D | R | O | I | T | N | E | F | M | R |
| R | E | N | R | L | E | E | E | A | N |
| I | D | E | O | U | I | S | T | T | E |
| E | S | A | P | P | A | R | E | I | L |
| R | I | E | T | A | R | D | E | O | I |
| T | T | E | L | E | P | H | O | N | E |
| R | E | P | O | N | D | E | U | R | N |
| C | H | I | C | P | R | O | J | E | T |

Lösungswort: INTERNET

**Regel 1**

*a)* **heure** – *b)* **midi** – *c)* **minuit** – *d)* **8h30**

**4** **1.** Il est deux heures vingt. – **2.** Il est six heures et quart. – **3.** Il est une heure moins vingt. – **4.** Il est onze heures et demie.

**Regel 2**

*a) Adjektiv* – *b)* **-ment**

**5** **2.** officielle, officiel – **3.** dernière, dernier – **4.** simple, simple – **5.** longue, long – **6.** prochaine, prochain – **7.** rapide, rapide

**Regel 3**

**1.** *a) Geschlecht, b) Zahl* – **2.** *a)* **laquelle**, *b)* **lesquels**, *c)* **lesquelles**

**7** **1.** c) – **2.** d) – **3.** a) – **4.** b)

**Regel 4**

*a) Subjekt* – *b)* **que** – *c)* **où**

**8** **1.** ~~où~~, qui – **2.** ~~qui~~, que – **3.** ~~que~~, où – **4.** qui – **5.** ~~que~~, où

# Lösungen und Hörtexte

**9**    **1.** croyons – **2.** mets – **3.** connaissez – **4.** ai lu – **5.** met
**Regel 5**
*a)* Präsens – *b)* **-ais**, **-ais**, **-ait**, **-ions**, **-iez**, **-aient**

**10**    **2.** Et si tu faisais une réunion ? – **3.** Et si tu allais au cinéma ? – **4.** Et si tu mettais une chemise ?
**Regel 6**
*a)* Wunsch – *b)* höfliche – *c)* Imparfait

**11**    **2.** Si tu faisais une réunion, tu trouverais une solution au problème. – **3.** Si tu allais au cinéma, tu passerais une bonne soirée. – **4.** Si tu mettais une chemise, tu serais chic.
**Regel 7**
**1.** *-e*, *-es*, *-e*, *-ions*, *-iez*, *-ent* – **2.** *a)* **que**, *b)* verneinten, *c)* il **faut que**

**12**    **2.** se renseigne – **3.** restiez – **4.** revienne
**Hörtext**
**1.** Il faut que tu boives plus. – **2.** Il faut qu'on se renseigne. – **3.** Il faut que vous restiez. – **4.** Elle veut qu'il revienne.

**13**    **1.** veniez : venir – **2.** fassions : faire – **3.** fixiez : fixer – **4.** ait : avoir

**14**    **2.** J'attendais devant la porte pendant que tu cherchais tes clés. – **3.** Carl est passé à la boulangerie avant d'aller au bureau. – **4.** Je m'achèterais une grande maison si j'avais beaucoup d'argent. – **5.** Je vais t'aider pour que tu finisses plus vite.

## ▪▪ Abschlusstest

**1**    Belge

**→ L15**

**2**    **1.** b) – **2.** a) – **3.** a) – **4.** b) – **5.** a) – **6.** a) – **7.** a) – **8.** b) – **9.** c)

**3**    **1.** b) – **2.** a) – **3.** c) – **4.** a), f) – **5.** b) – **6.** c) – **7.** a) – **8.** b) – **9.** b)

**4**    **1.** d) – **2.** a) – **3.** c) – **4.** e) – **5.** f) – **6.** b)

**→ L24**

**5**    **1.** b) – **2.** a) – **3.** a) – **4.** a) – **5.** c) – **6.** a) – **7.** a), c)

**6**    **Hörtext**
**1.** Je fais du 40. – **2.** Allô. – **3.** Je connais les résultats du match de foot. – **4.** Je voudrais parler à Monsier Muriol. – **5.** J'ai un rendez-vous le 23 septembre 2009. – **6.** J'ai mal au dos. – **7.** Je suis convoqué à un entretien. – **8.** Je viens à quatre heures et demie.

# Lösungen und Hörtexte

**7**  **1.** b), c) – **2.** a), c), f), g) – **3.** a), d), e), g)
**8**  **1.** b) – **2.** e) – **3.** g) – **4.** d) – **5.** c) – **6.** f) – **7.** a)
**9**  **1.** a), c) – **2.** b) – **3.** a) – **4.** a) – **5.** a) – **6.** a) – **7.** b)
**Hörtext**
**1.** Mais qu'est-ce que tu mets demain soir ? – **2.** Ils n'ont pas de chance. – **3.** C'est Pierre ! – **4.** Tu peux me passer l'eau ? – **5.** Quel est le prix du voyage ? – **6.** Luc est arrivé à temps à la gare. – **7.** Il n'y a rien à voir.

**10**  **1.** faux – **2.** faux – **3.** faux – **4.** faux – **5.** vrai – **6.** vrai – **7.** faux
**Hörtext**
Chère Lucie,
J'espère que tu as passé de bonnes vacances. Ici, tout va bien. Pendant que tu étais en Espagne, nous sommes allés en Italie pour une semaine. Nous étions dans un petit appartement près de la plage. Depuis lundi, nous avons repris le chemin du travail. Merci pour ta carte que nous avons reçue hier. Grosses bises et à bientôt. Sandrine
→ **L20**

**11**  **1.** a) – **2.** a) – **3.** b) – **4.** b) – **5.** a) – **6.** b) – **7.** a) – **8.** a)
**Hörtext**
**1.** Qui est à l'appareil ? – **2.** Quel est ton numéro de téléphone ? – **3.** Vous faites du sport ? – **4.** Quelle est ta couleur préférée ? – **5.** Vous voulez prendre une boisson ? – **6.** Comment allez-vous ? – **7.** Tu as quel âge ? – **8.** D'où revenez-vous ?

**12**  la technique: **1.** – **6.** – **7.** – **9.** – **10.**
la médecine: **2.** – **5.** – **7.**
les voyages: **3.** – **4.** – **8.**
**Hörtext**
**1.** l'ordinateur – **2.** le docteur – **3.** l'étranger – **4.** le Portugal – **5.** la grippe – **6.** l'informaticien – **7.** le virus – **8.** la plage – **9.** Internet – **10.** le portable
→ **L13, L15, L24**

**13**  **1.** 14.45 – **2.** 6.30 – **3.** 16.35 – **4.** 12.10
**Hörtext**
**1.** Il est trois heures moins le quart. – **2.** Il est six heures et demie. – **3.** Il est cinq heures moins vingt-cinq. – **4.** Il est midi dix.
→ **L25**

deux cent soixante-trois

# Lösungen und Hörtexte

**14** **1.** Je m'appelle François Durond. – **2.** Sa mère se lève tôt. – **3.** Nous ne mangeons pas de viande. – **4.** Pierre et Paul ont 45 ans. – **5.** Ils attendent leur sœur à l'aéroport. – **6.** Il ne part jamais sans elle. – **7.** Tu connais mon frère ? – **8.** Vous payez tout de suite ?

**15** **1.** c), f), g), h), k) – **2.** a), b), d), e), i), j)
→ **L5**

**16** **1.** grand – **2.** intéressantes – **3.** chères – **4.** vieil – **5.** dernière – **6.** grosse – **7.** petit – **8.** nouvelle
→ **L10, L11**

**17** **1.** tête – **2.** ventre – **3.** jambe – **4.** cheveux – **5.** pantalon – **6.** chemise – **7.** jupe – **8.** robe
→ **L13, L26**

**18** **1.** du – **2.** les – **3.** Cet – **4.** ma – **5.** de l' – **6.** ce
→ **L3, 4, L9, L18**

**19** **1.** venais – **2.** ont emménagé – **3.** parlais, a sonné – **4.** espérait – **5.** a travaillé
→ **L25**

**20** **2.** Si tu prenais l'avion, tu arriverais plus vite. – **3.** Si vous aviez assez d'argent, vous feriez un beau voyage. – **4.** Si j'avais 18 ans, je passerais le bac.
→ **L27**

**21** **1.** aillent – **2.** trouves – **3.** ayons – **4.** entendiez
→ **L28, L29**

**Von 156 Punkten haben Sie _____ erreicht.**

156–146: **très bien** *sehr gut*. Prima! Ihre Mühe hat sich wirklich gelohnt. Sie sind schon ein Meister!

145–120: **bien** *gut*. Toll! Die Grundzüge beherrschen Sie schon einwandfrei. Sie sind ein geübter Lerner!

119–75: **satisfaisant** *zufriedenstellend*. Einige Themen klappen schon ganz gut. Üben Sie weiter mithilfe der Verweise die Themen, bei denen Sie noch Schwierigkeiten haben.

weniger als 74: **vous pouvez mieux faire** *Sie können es noch besser*. Aller Anfang ist schwer. Wiederholen Sie noch einmal die Lektionen, die Sie noch nicht so gut können. Die Verweise helfen Ihnen, die Lektionen schneller zu finden.

# Alphabetisches Wörterverzeichnis

## A
**à** [a] in; am; um **2**
**à carreaux** [akaʀo] kariert **26**
**à côté de** [akoted(ə)] neben **17**
**à droite** [adʀwat] (nach) rechts **17**
**à gauche** [agoʃ] (nach) links **17**
**à l'étranger** [aletʀɑ̃ʒe] im Ausland **24**
**à l'heure** [alœʀ] pünktlich **25**
**à la tienne** [alatjɛn] zum Wohl! (wenn zwei Personen anstoßen) **11**
**à la vôtre** [alavotʀ(ə)] zum Wohl! (wenn mehrere Personen anstoßen oder Höflichkeitsform) **11**
**à mi-temps** [amitɑ̃] in Teilzeit **25**
**absolument** [apsɔlymɑ̃] unbedingt **28**
**accès** m [aksɛ] Zugang **18**
**accident** m [aksidɑ̃] Unfall **21**
**accompagner** [akɔ̃paɲe] begleiten **26**
**acheter** [aʃte] kaufen **7**
**acquérir** [akeʀiʀ] sich aneignen; sammeln **29**
**acteur** m, **actrice** f [aktœʀ, aktʀis] Schauspieler(in) **3**
**activité** f [aktivite] Tätigkeit; Aktivität **27**
**actuel(le)** [aktɥɛl] aktuell **23**
**addition** f [adisjɔ̃] Rechnung **8**
**administration** f [administʀasjɔ̃] Verwaltung **28**
**adorer** [adɔʀe] sehr lieben **5**
**adresse** f [adʀɛs] Adresse **17**
**aéroport** m [aeʀɔpɔʀ] Flughafen **16**
**affectueusement** [afɛktɥøzmɑ̃] liebe Grüße; herzlichst **20**
**Afrique** f [afʀik] Afrika **15**
**âge** m [ɑʒ] Alter **3**
**agence** f [aʒɑ̃s] Agentur **3**
**agence f immobilière** [aʒɑ̃s im(m)ɔbiljɛʀ] Maklerbüro **12**
**agir (s')** [saʒiʀ] sich handeln um **27**
**agression** f [agʀɛsjɔ̃] Überfall; Angriff **21**
**aider** [ede] helfen **12**
**aimer** [eme] lieben; mögen **8**
**alcool** m [alkɔl] Alkohol **4**
**Allemagne** f [almaɲ] Deutschland **15**
**allemand(e)** [almɑ̃, almɑ̃d] deutsch **10**
**aller** [ale] gehen; fahren **2**
**allô** [alo] hallo (am Telefon) **23**
**alors** [alɔʀ] also; dann **2**
**ambulance** f [ɑ̃bylɑ̃s] Krankenwagen **21**
**améliorer** [ameljɔʀe] verbessern **27**
**Amérique** f [ameʀik] Amerika **15**
**ami** m, **amie** f [ami] Freund(in) **9**
**amicalement** [amikalmɑ̃] freundliche Grüße **20**
**amitiés** f Pl [amitje] freundliche Grüße **20**
**amoureux, amoureuse** [amuʀø, amuʀøz] verliebt **25**
**an** m, **année** f [ɑ̃, ane] Jahr **3**
**angine** f [ɑ̃ʒin] Angina; Halsentzündung **14**
**anglais(e)** [ɑ̃glɛ, ɑ̃glɛz] englisch **9**
**Angleterre** f [ɑ̃glətɛʀ] England **15**

# Alphabetisches Wörterverzeichnis

**animer** [anime] moderieren **27**
**anniversaire** *m* [anivɛʀsɛʀ] Geburtstag **19**
**annonce** *f* [anõs] Annonce; Anzeige **12**
**annuler** [anyle] absagen **25**
**août** *m* [u(t)] August **16**
**aoûtiens** *mPl* [ausjɛ̃] Augusturlauber **15**
**apéritif** *m*, **apéro** *m* [apeʀitif, apeʀo] Aperitif **11**
**appareil** *m* [apaʀɛj] Apparat **23**
**appartement** *m*, **appart** *m* [apaʀtəmã, apaʀt] Wohnung **2**
**appeler** [aple] rufen **8**
**appeler (s')** [saple] heißen **3**
**appétit** *m* [apeti] Appetit **8**
**apporter** [apɔʀte] bringen **4**
**apprendre** [apʀãdʀ(ə)] lernen **9**
**après** [apʀɛ] nach; danach **5**
**après-midi** *m* [apʀɛmidi] Nachmittag **25**
**argent** *m* [aʀʒã] Geld **18**
**arrêter (s')** [saʀete] anhalten **21**
**arrivée** *f* [aʀive] Ankunft **20**
**arriver** [aʀive] ankommen **3**
**ascenseur** *m* [asãsœʀ] Aufzug; Lift **12**
**asseoir (s')** [saswaʀ] sich setzen **10**
**assez** [ase] genug; ziemlich **10**
**assistant** *m*, **assistante** *f* [asistã, asistãt] Assistent(in) **3**
**Assomption** *f* [asõpsjõ] Mariä Himmelfahrt **17**
**assurance** *f* [asyʀãs] Versicherung; Zusicherung **29**
**Atlantique** *m* [atlãtik] Atlantik **15**
**attendre** [atãdʀ] warten **2**
**attente** *f* [atãt] Erwartung **28**
**attention** *f* [atãsjõ] Achtung; Vorsicht **21**
**au revoir** [oʀ(ə)vwaʀ] auf Wiedersehen **2**
**au total** [otɔtal] insgesamt **7**
**aucune idée** *f* [okyn ide] keine Ahnung **17**
**augmenter** [ɔgmãte/ogmãte] steigen **27**
**aujourd'hui** [oʒuʀdɥi] heute **6**
**aussi** [osi] auch **2**
**automne** *m* [otɔn] Herbst **20**
**autoroute** *f* [otoʀut] Autobahn **21**
**autre** [otʀ] andere(r, s) **4**
**Autriche** *f* [otʀiʃ] Österreich **15**
**autrichien(ne)** [otʀiʃjɛ̃, otʀiʃjɛn] österreichisch **15**
**avant** [avã] vor; vorher **5**
**avec** [avɛk] mit **3**
**avenue** *f* [avny] Prachtstraße; Allee **6**
**avion** *m* [avjõ] Flugzeug **16**
**avis** *m* [avi] Meinung **27**
**avoir** [avwaʀ] haben **2**
**avoir besoin** [avwaʀ bəzwɛ̃] brauchen **14**
**avril** *m* [avʀil] April **16**

# B

**baccalauréat** *m*, **bac** *m* [bakalɔʀea, bak] Abitur **28**
**badminton** *m* [badmintɔn] Badminton; Federball **10**

# Alphabetisches Wörterverzeichnis

**bagages** *mPl* [bagaʒ] Gepäck **2**
**baguette** *f* [bagɛt] Baguette **7**
**baiser** *m* [beze] Kuss **5**
**balcon** *m* [balkõ] Balkon **12**
**ballon** *m* [balõ] Ball **10**
**banc** *m* [bã] (Sitz-)Bank **5**
**banlieue** *f* [bãljø] Vorort **20**
**banque** *f* [bãk] Bank **5**
**bar** *m* [baʀ] Bar **4**
**basket** *f* [baskɛt] Sportschuh **5**
**bateau** *m* [bato] Boot **10**
**bateau-mouche** *m* [batomuʃ] Vergnügungsdampfer (auf der Seine) **19**
**beau, belle** [bo, bɛl] schön **3**
**beaucoup** [boku] viel **7**
**belge** [bɛlʒ] belgisch **15**
**Belgique** *f* [bɛlʒik] Belgien **15**
**ben** [bɛ̃] nun; nun ja **19**
**beur** *m/f* [bœʀ] Nordafrikaner(in) **20**
**beurre** *m* [bœʀ] Butter **4**
**bien** [bjɛ̃] gut **2**
**bien sûr** [bjɛ̃ syʀ] natürlich **9**
**bientôt** [bjɛ̃to] bald **12**
**bienvenu(e)** [bjɛ̃vny] willkommen **2**
**bière** *f* [bjɛʀ] Bier **4**
**bijouterie** *f* [biʒutʀi] Schmuckgeschäft **7**
**bio** [bjo] bio **27**
**bise** *f* [biz] Kuss (auf die Wange) **2**
**bizarre** [bizaʀ] seltsam **23**
**blague** *f* [blag] Witz **16**
**blanc, blanche** [blã, blãʃ] weiß **5**
**blessé** *m* [blese] Verletzter **21**
**bleu(e)** [blø] blau **11**
**blond(e)** [blõ, blõd] blond **11**
**bloquer** [blɔke] blockieren; freihalten **25**
**boire** [bwaʀ] trinken **8**
**boisson** *f* [bwasõ] Getränk **4**
**bon(ne)** [bõ, bɔn] gut **2**
**bonbon** *m* [bõbõ] Bonbon **4**
**bonjour** [bõʒuʀ] guten Tag **2**
**bonnet** *m* [bɔnɛ] Mütze **26**
**bonsoir** [bõswaʀ] guten Abend **2**
**boucherie** *f* [buʃʀi] Metzgerei **7**
**bouger** [buʒe] (sich) bewegen **21**
**boulangerie** *f* [bulãʒʀi] Bäckerei **7**
**boulevard** *m* [bulvaʀ] breite (Ring-)Straße **12**
**bouteille** *f* [butɛj] Flasche **7**
**bras** *m* [bʀa/bʀɑ] Arm **13**
**brun(e)** [bʀɛ̃/bʀœ̃, bʀyn] braun **11**
**budget** *m* [bydʒɛ] Budget **27**
**bureau** *m* **de tabac** [byʀo də taba] Tabakladen **4**
**buron** *m* [byʀõ] Sennhütte **12**
**bus** *m* [bys] Bus **16**
**but** *m* [by(t)] Ziel **27**

## C

**c'est** [sɛ/se] das ist **3**
**ça va?** [sa va] wie geht's? **2**
**cabinet** *m* **du docteur** [kabinɛ dy dɔktœʀ] Arztpraxis **13**
**cadeau** *m* [kado] Geschenk **5**
**café** *m* [kafe] Café; Kaffee **4**
**calendrier** *m* [kalãdʀije] Kalender **25**
**calmer (se)** [səkalme] sich beruhigen **16**

# Alphabetisches Wörterverzeichnis

**camping** m [kɑ̃piŋ] Campingplatz **18**
**candidat** m [kɑ̃dida] Kandidat; Bewerber **28**
**candidature** f [kɑ̃didatyʀ] Bewerbung **28**
**cantine** f [kɑ̃tin] Kantine **26**
**car** [kaʀ] denn **25**
**carafe** f [kaʀaf] Karaffe **8**
**carotte** f [kaʀɔt] Karotte **7**
**carrefour** m [kaʀfuʀ] Kreuzung **17**
**carte** f [kaʀt] Karte **4**
**carte** f **postale** [kaʀt pɔstal] Postkarte **20**
**cas** m [kɑ] Fall **21**
**catastrophe** f [katastʀɔf] Katastrophe **18**
**cave** f [kav] Keller **12**
**CD** m [sede] CD **12**
**CDD** m (contrat à durée déterminée) [sedede] befristeter Arbeitsvertrag **25**
**CDI** m (contrat à durée indéterminée) [sedei] unbefristeter Arbeitsvertrag **25**
**ce** [s(ə)] diese(r, s) **5**
**cent** [sɑ̃] hundert **16**
**centre** m [sɑ̃tʀ] Zentrum **12**
**certainement** [sɛʀtɛnmɑ̃] sicherlich **26**
**chalet** m [ʃalɛ] Berghütte **12**
**chaleur** f [ʃalœʀ] Wärme; Hitze **16**
**chambre** f [ʃɑ̃bʀ] Zimmer **12**
**chambre** f **à coucher** [ʃɑ̃bʀ akuʃe] Schlafzimmer **12**
**chambre** f **d'hôtes** [ʃɑ̃bʀ dot] Gästezimmer **18**
**chambre** f **double** [ʃɑ̃bʀ(ə) dubl] Doppelzimmer **18**
**chambre** f **individuelle** [ʃɑ̃bʀ ɛ̃dividɥɛl] Einzelzimmer **18**
**chameau** m [ʃamo] Kamel **16**
**chance** f [ʃɑ̃s] Glück **3**
**changer** [ʃɑ̃ʒe] wechseln **18**
**chanson** f [ʃɑ̃sõ] Lied **9**
**chanter** [ʃɑ̃te] singen **19**
**chanteur** m, **chanteuse** f [ʃɑ̃tœʀ, ʃɑ̃tøz] Sänger(in) **3**
**chat** m [ʃa] Katze **3**
**château** m [ʃato] Schloss **19**
**chaud(e)** [ʃo, ʃod] warm **4**
**chauffeur** m **de taxi** [ʃofœʀ də taksi] Taxifahrer **17**
**chaussette** f [ʃosɛt] Socke **26**
**chaussure** f [ʃosyʀ] Schuh **5**
**chef** m [ʃɛf] Chef **23**
**chemin** m [ʃ(ə)mɛ̃] Weg **17**
**chemin** m **de fer** [ʃ(ə)mɛ̃dəfɛʀ] Eisenbahn **16**
**chemise** f [ʃ(ə)miz] Hemd **26**
**chemisier** m [ʃ(ə)mizje] Bluse **26**
**cher, chère** [ʃɛʀ] teuer **12**
**chercher** [ʃɛʀʃe] suchen **12**
**cheval** m (Pl **chevaux**) [ʃ(ə)val, ʃ(ə)vo] Pferd **10**
**cheveux** mPl [ʃ(ə)vø] Haare **11**
**chez** [ʃe] bei **3**
**chic** [ʃik] schick **26**
**chiffre** m **d'affaires** [ʃifʀ(ə) dafɛʀ] Umsatz **27**

# Alphabetisches Wörterverzeichnis

**chips** *mPl* [ʃips] Chips **6**
**chocolat** *m* [ʃɔkɔla] Schokolade **7**
**choisir** [ʃwaziʀ] (aus)wählen **10**
**choix** *m* [ʃwa] (Aus-)Wahl **8**
**chouette** [ʃwɛt] toll **2**
**chuchoter** [ʃyʃɔte] (zu)flüstern **27**
**cinéma** *m*, **ciné** *m* [sinema, sine] Kino **9**
**cinq** [sɛ̃k, *vor Konsonant a.* sɛ̃] fünf **2**
**cinquante** [sɛ̃kɑ̃t] fünfzig **3**
**cirque** *m* [siʀk] Zirkus **9**
**clé** *f* [kle] Schlüssel **18**
**client** *m*, **cliente** *f* [klijɑ̃, klijɑ̃t] Kunde, Kundin **7**
**cliquer** [klike] klicken **24**
**club** *m* [klœb] Klub; Verein **9**
**coffre** *m* [kɔfʀ(ə)] Kofferraum **16**
**coiffeur** *m*, **coiffeuse** *f* [kwafœʀ, kwaføz] Friseur(in) **3**
**collaborateur** *m*, **collaboratrice** *f* [kɔlabɔʀatœʀ, kɔlabɔʀatʀis] Mitarbeiter(in) **27**
**collège** *m* [kɔlɛʒ] Mittelschule **28**
**collègue** *m/f* [kɔlɛg] Kollege, Kollegin **23**
**Cologne** [kɔlɔɲ] Köln **2**
**colombage** *m* [kɔlɔ̃baʒ] Fachwerk **12**
**combien** [kɔ̃bjɛ̃] wie viel **7**
**commander** [kɔmɑ̃de] bestellen **4**
**comme** [kɔm] wie **10**
**commencer** [kɔmɑ̃se] beginnen; anfangen **3**
**comment** [kɔmɑ̃] wie **2**

**commun(e)** [kɔmɛ̃/komœ̃, kɔmyn] gemeinsam **20**
**communication** *f* [kɔmynikasjɔ̃] Kommunikation; Gespräch **23**
**compétence** *f* [kɔ̃petɑ̃s] Kompetenz **28**
**composé(e)** [kɔ̃poze] zusammengesetzt **17**
**composer un numéro** [kɔ̃poze œ̃ nymero] eine Nummer wählen **23**
**comprendre** [kɔ̃pʀɑ̃dʀ] verstehen **2**
**compris** [kɔ̃pʀi] inklusive **8**
**compte-rendu** *m* [kɔ̃tʀɑ̃dy] Bericht; Protokoll **27**
**concept** *m* [kɔ̃sɛpt] Konzept **27**
**concert** *m* [kɔ̃sɛʀ] Konzert **6**
**concert** *m* **de rock** [kɔ̃sɛʀ də ʀɔk] Rockkonzert **9**
**conclure** [kɔ̃klyʀ] (ab)schließen **27**
**concours** *m* [kɔ̃kuʀ] Prüfung; Auswahlverfahren **28**
**concret, concrète** [kɔ̃kʀɛ, kɔ̃kʀɛt] konkret **27**
**conférence** *f* [kɔ̃feʀɑ̃s] Konferenz; Besprechung **25**
**confirmer** [kɔ̃fiʀme] bestätigen **25**
**confiture** *f* [kɔ̃fityʀ] Marmelade **7**
**confortable** [kɔ̃fɔʀtabl] bequem **21**
**congé** *m* **parental** [kɔ̃ʒe paʀɑ̃tal] Erziehungsurlaub **23**
**connaissance** *f* [kɔnɛsɑ̃s] Bekanntschaft **2**
**connaissances** *fPl* [kɔnɛsɑ̃s] Kenntnisse **28**

deux cent soixante-neuf 269

Anhang

# Alphabetisches Wörterverzeichnis

**connaître** [kɔnɛtʀ] kennen **9**
**connecter (se)** [səkɔnɛkte] sich einloggen **24**
**connexion** f [kɔnɛksjõ] Verbindung **24**
**content(e)** [kõtã, kõtãt] glücklich; zufrieden **2**
**continuer** [kõtinɥe] fortfahren **9**
**contrat** m [kõtʀa] Vertrag **28**
**convaincre** [kõvɛ̃kʀ] überzeugen **29**
**convention** f **collective** [kõvãsjõ kɔlɛktiv] Tarifvertrag **25**
**convoquer** [kõvɔke] bestellen **29**
**copain** m, **copine** f [kɔpɛ̃, kɔpin] Freund(in) **11**
**corps** m [kɔʀ] Körper **13**
**correspondre** [kɔʀɛspõdʀ] entsprechen **28**
**Corse** f [kɔʀs] Korsika **23**
**costume** m [kɔstym] Anzug **26**
**couleur** f [kulœʀ] Farbe **14**
**couloir** m [kulwaʀ] Flur **12**
**coup** m **médiatique** [ku medjatik] Medienereignis **26**
**couple** m [kupl] Paar **15**
**couramment** [kuʀamã] fließend **28**
**courir** [kuʀiʀ] rennen **21**
**courriel** m [kuʀjɛl] E-Mail **24**
**cours** m [kuʀ] Kurs; Unterrichtsstunde **28**
**court(e)** [kuʀ, kuʀt] kurz **11**
**cousin** m, **cousine** f [kuzɛ̃, kuzin] Cousin(e) **2**
**coûter** [kute] kosten **7**
**cravate** f [kʀavat] Krawatte **26**

**crème** f [kʀɛm] Sahne; Creme **4**
**crème** f **chantilly** [kʀɛm ʃãtiji] Schlagsahne **7**
**crier** [kʀije] schreien **21**
**critère** m [kʀitɛʀ] Kriterium **29**
**croire** [kʀwaʀ] glauben **7**
**croissant** m [kʀwasã] Croissant **4**
**croque-monsieur** m [kʀɔkmøsjø] getoastetes Schinken-Käse-Sandwich **4**
**crudités** fPl [kʀydite] gemischter Salat; Rohkost **8**
**cuisine** f [kɥizin] Küche **12**
**curieux, curieuse** [kyʀjø, kyʀjøz] neugierig **11**
**curiosité** f [kyʀjozite] Sehenswürdigkeit **19**

## D

**d'abord** [dabɔʀ] zuerst **27**
**d'accord** [dakɔʀ] einverstanden **2**
**d'habitude** f [dabityd] normalerweise **11**
**dans** [dã] in **3**
**date** f [dat] Datum **25**
**de** [d(ə)] von; aus **2**
**débordé(e)** [debɔʀde] überlastet **23**
**décembre** m [desãbʀ(ə)] Dezember **16**
**déchets** mPl [deʃɛ] Müll **27**
**décider** [deside] entscheiden **9**
**décision** f [desizjõ] Entscheidung **27**
**décoller** [dekɔle] abfliegen **16**
**décoration** f, **déco** f [dekɔʀasjõ, dekɔ] Raumgestaltung; Einrichtung **12**

# Alphabetisches Wörterverzeichnis

**décrocher** [dekʀɔʃe] (den Hörer) abnehmen **23**
**déçu(e)** [desy] enttäuscht **29**
**degré** *m* [dəgʀe] Grad **13**
**déjà** [deʒa] schon **4**
**délicieux, délicieuse** [delisjø, delisjøz] köstlich **8**
**demain** [d(ə)mɛ̃] morgen **13**
**demander** [d(ə)mɑ̃de] fragen **9**
**demi-pension** *f* [d(ə)mipɑ̃sjɔ̃] Halbpension **15**
**dent** *f* [dɑ̃] Zahn **13**
**dentiste** *m* [dɑ̃tist] Zahnarzt **13**
**dépanneur** *m* [depanœʀ] Abschleppdienst **21**
**départ** *m* [depaʀ] Abreise **16**
**dépêcher (se)** [sədepeʃe] sich beeilen **18**
**déplacer (se)** [sədeplase] sich fortbewegen **16**
**depuis** [d(ə)pɥi] seit **13**
**dérailler** [deʀaje] spinnen **24**
**dernier, dernière** [dɛʀnje, dɛʀnjɛʀ] letzte(r, s) **19**
**dernièrement** [dɛʀnjɛʀmɑ̃] kürzlich **30**
**descendre** [desɑ̃dʀ] aussteigen **17**
**dessert** *m* [desɛʀ] Dessert; Nachtisch **5**
**destinataire** *m* [dɛstinatɛʀ] Empfänger **24**
**destination** *f* [dɛstinasjɔ̃] Ziel **15**
**détail** *m* [detaj] Detail; Einzelheit **28**
**détester** [detɛste] hassen **20**
**deux** [dø] zwei **2**

**deuxième** [døzjɛm] zweite(r, s) **17**
**devant** [d(ə)vɑ̃] vor **17**
**développer** [devlɔpe] entwickeln **27**
**devenir** [dəv(ə)niʀ] werden **12**
**devoir** [d(ə)vwaʀ] müssen **9**
**différent(e)** [difeʀɑ̃, difeʀɑ̃t] verschieden **27**
**différer** [difeʀe] verschieben **25**
**difficile** [difisil] schwierig **20**
**dimanche** *m* [dimɑ̃ʃ] Sonntag **10**
**dîner** *m* [dine] Abendessen **8**
**diplôme** *m* [diplom] Zeugnis; Diplom **29**
**dire** [diʀ] sagen **5**
**direction** *f* [diʀɛksjɔ̃] Direktion; Leitung **16**
**discussion** *f* [diskysjɔ̃] Unterhaltung **10**
**disposition** *f* [dispozisjɔ̃] Verfügung **18**
**dix** [dis *vor Konsonant* di, *vor Vokal* diz] zehn **2**
**docteur** *m* [dɔktœʀ] Arzt **13**
**document** *m* [dɔkymɑ̃] Dokument **24**
**doigt** *m* [dwa] Finger **13**
**domaine** *m* [dɔmɛn] Bereich; Gebiet **27**
**dommage** [dɔmaʒ] schade **11**
**donc** [dɔ̃k] also **3**
**donner** [dɔne] geben **2**
**dont** [dɔ̃] dessen; deren **9**
**dormir** [dɔʀmiʀ] schlafen **19**
**dos** *m* [do] Rücken **13**

# Alphabetisches Wörterverzeichnis

**dossier** m [dosje] Akte **23**
**doucement** [dusmɑ̃] langsam **2**
**doute** m [dut] Zweifel **23**
**douze** [duz] zwölf **2**
**droit** m **civil** [dʀwa sivil] Zivilrecht **28**
**dur(e)** [dyʀ] hart **20**
**durée** f [dyʀe] Dauer **29**
**durer** [dyʀe] dauern **2**

## E

**eau** f [o] Wasser **4**
**écharpe** f [eʃaʀp] Schal **26**
**échauffement** m [eʃofmɑ̃] Aufwärmen **10**
**école** f **primaire** [ekɔl pʀimɛʀ] Grundschule **28**
**écologie** f [ekɔlɔʒi] Ökologie **27**
**écologique** [ekɔlɔʒik] ökologisch; umweltfreundlich **27**
**économie** f [ekɔnɔmi] Wirtschaft; Ökonomie **27**
**écouter** [ekute] (zu)hören **23**
**écrire** [ekʀiʀ] schreiben **20**
**effacer** [efase] löschen **24**
**égouts** mPl [egu] Kanalisation **19**
**électronique** [elɛktʀɔnik] elektronisch **24**
**elle** [ɛl] sie **2**
**elles** [ɛl] sie (Pl) **2**
**e-mail** m [imɛl] E-Mail **6**
**embrasser** [ɑ̃bʀase] küssen; umarmen **10**
**emménager** [ɑ̃menaʒe] einziehen **12**
**emmener** [ɑ̃mne] mitnehmen **10**

**employé** m, **employée** f [ɑ̃plwaje] Angestellter, Angestellte **3**
**employer** [ɑ̃plwaje] beschäftigen; einstellen **3**
**en** [ɑ̃, vor Vokal u. stummem h ɑ̃n] in **4**
**en effet** [ɑ̃ nefɛ] in der Tat **19**
**en face de** [ɑ̃ fas d(ə)] gegenüber **17**
**en même temps** [ɑ̃ mɛm tɑ̃] gleichzeitig **16**
**ENA** f (École nationale d'administration) [ena] Hochschule für Verwaltungswissenschaften **28**
**enchanté(e)** [ɑ̃ʃɑ̃te] (sehr) erfreut **3**
**encore** [ɑ̃kɔʀ] (immer) noch **10**
**enfant** m/f [ɑ̃fɑ̃] Kind **3**
**enfin** [ɑ̃fɛ̃] endlich; naja **5**
**enlever** [ɑ̃lve] wegnehmen **28**
**enseignement** m [ɑ̃sɛɲmɑ̃] Unterricht **28**
**ensemble** [ɑ̃sɑ̃bl] zusammen; gemeinsam **27**
**ensuite** [ɑ̃sɥit] dann; danach **12**
**entendre** [ɑ̃tɑ̃dʀ] hören **13**
**entraînement** m [ɑ̃tʀɛnmɑ̃] Training **10**
**entraîneur** m [ɑ̃tʀɛnœʀ] Trainer **10**
**entre** [ɑ̃tʀ] zwischen; unter **5**
**entrée** f [ɑ̃tʀe] Vorspeise **8**
**entreprise** f [ɑ̃tʀəpʀiz] Unternehmen **3**
**entrer** [ɑ̃tʀe] hereintreten; einsteigen **29**
**entretien** m [ɑ̃tʀətjɛ̃] (Vorstellungs-) Gespräch **29**

# Alphabetisches Wörterverzeichnis

**enveloppe** *f* [ɑ̃vlɔp] Umschlag **19**
**environ** [ɑ̃viʀɔ̃] ungefähr **25**
**envoyer** [ɑ̃vwaje] schicken **20**
**épicerie** *f* [episʀi] Lebensmittelgeschäft **7**
**équipe** *f* [ekip] Team; Mannschaft **10**
**Espagne** *f* [ɛspaɲ] Spanien **15**
**espagnol(e)** [ɛspaɲɔl] spanisch **15**
**espérer** [ɛspeʀe] hoffen **10**
**essayer** [eseje] versuchen; probieren **10**
**et** [e] und **2**
**étage** *m* [etaʒ] Etage; Stockwerk **12**
**étoile** *f* [etwal] Stern **18**
**être** [ɛtʀ(ə)] sein **2**
**être au courant** [ɛtʀokuʀɑ̃] auf dem Laufenden sein **25**
**être pressé(e)** [ɛtʀə pʀɛse] es eilig haben **16**
**études** *fPl* [etyd] Studium **28**
**étudiant** *m*, **étudiante** *f* [etydjɑ̃, etydjɑ̃t] Student(in) **28**
**euro** *m* [øʀo] Euro **6**
**Europe** *f* [øʀɔp] Europa **15**
**exactement** [ɛgzaktəmɑ̃] genau **28**
**exagérer** [ɛgzaʒeʀe] übertreiben **16**
**examen** *m* [ɛgzamɛ̃] Prüfung **29**
**excellent(e)** [ɛksɛlɑ̃, ɛksɛlɑ̃t] ausgezeichnet **5**
**excursion** *f* [ɛkskyʀsjɔ̃] Ausflug **19**
**excuser (s')** [sɛkskyze] sich entschuldigen **4**

**exemple** *m* [ɛgzɑ̃pl] Beispiel **7**
**expansion** *f* [ɛkspɑ̃sjɔ̃] Expansion; Aufschwung **27**
**expéditeur** *m* [ɛkspeditœʀ] Absender **24**
**expérience** *f* [ɛkspeʀjɑ̃s] Erfahrung **28**
**expérience** *f* **professionnelle** [ɛkspeʀjɑ̃s pʀɔfɛsjɔnɛl] Berufserfahrung **28**
**exposition** *f* [ɛkspozisjɔ̃] Ausstellung **9**
**expression** *f* [ɛkspʀɛsjɔ̃] Ausdruck **24**

## F

**F2, F3, F4** *m* [ɛfdø, ɛftʀwa, ɛfkatʀ(ə)] Zwei-, Drei-, Vierzimmerwohnung **12**
**fac** *f* [fak] Uni **28**
**facile** [fasil] einfach; leicht **12**
**facilement** [fasilmɑ̃] einfach **29**
**faire** [fɛʀ] machen; tun **2**
**faire du ski** [fɛʀ dy ski] Ski fahren **10**
**faire les courses** [fɛʀ le kuʀs] einkaufen **6**
**falloir** [falwaʀ] müssen **29**
**famille** *f* [famij] Familie **4**
**fatigué(e)** [fatige] müde **2**
**faux, fausse** [fo, fos] falsch **7**
**femme** *f* [fam] Frau **2**
**ferme** *f* [fɛʀm] Bauernhof **18**
**fête** *f* [fɛt] Fest; Feiertag **17**
**fêter** [fete] feiern **26**
**feu** *m* [fø] Feuer; Ampel **17**

# Alphabetisches Wörterverzeichnis

**février** *m* [fevʁije] Februar **16**
**fièvre** *f* [fjɛvʁ(ə)] Fieber **13**
**filet** *m* [filɛ] Netz **10**
**fille** *f* [fij] Tochter; Mädchen **4**
**film** *m* [film] Film **3**
**film** *m* **d'action** [film daksjõ] Actionfilm **9**
**fils** *m* [fis] Sohn **4**
**finir** [finiʁ] beenden **30**
**fixer** [fikse] festlegen **30**
**fleur** *f* [flœʁ] Blume **26**
**fois** *f* [fwa] Mal **11**
**fonctionner** [fõksjɔne] funktionieren **24**
**fondue** *f* [fõdy] Fondue **7**
**foot** *m* [fut] Fußball **10**
**footing** *m* [futiŋ] Jogging **5**
**formation** *f* [fɔʁmasjõ] Ausbildung **28**
**forme** *f* [fɔʁm] Form **10**
**formulaire** *m* [fɔʁmylɛʁ] Formular **18**
**fou, folle** [fu, fɔl] verrückt **19**
**four** *m* [fuʁ] Ofen **8**
**fracture** *f* [fʁaktyʁ] (Knochen-)Bruch **21**
**français(e)** [fʁɑ̃sɛ, fʁɑ̃sɛz] französisch **5**
**France** *f* [fʁɑ̃s] Frankreich **10**
**francophonie** *f* [fʁɑ̃kɔfoni] Frankofonie **5**
**frère** *m* [fʁɛʁ] Bruder **4**
**frigo** *m* [fʁigo] Kühlschrank **7**
**froid(e)** [fʁwa, fʁwad] kalt **13**
**fromage** *m* [fʁɔmaʒ] Käse **4**
**fruit** *m* [fʁɥi] Frucht **7**
**fumeur** *m* [fymœʁ] Raucher **18**

# G

**gagner** [gaɲe] gewinnen **19**
**gant** *m* [gɑ̃] Handschuh **26**
**garage** *m* [gaʁaʒ] Garage **12**
**garçon** *m* [gaʁsõ] Junge **11**
**gare** *f* [gaʁ] Bahnhof **2**
**gâteau** *m* [gɑto] Kuchen **5**
**geler** [ʒ(ə)le] gefrieren **19**
**gendarmerie** *f* [ʒɑ̃daʁməʁi] Gendarmerie **21**
**gens** *mPl* [ʒɑ̃] Leute **17**
**gentil(le)** [ʒɑ̃ti, ʒɑ̃tij] nett **7**
**gentleman** *m* [dʒɛntləman] Gentleman **2**
**gîte** *m* [ʒit] Unterkunft **18**
**glace** *f* [glas] Eis **5**
**glaçon** *m* [glasõ] Eiswürfel **11**
**gorge** *f* [gɔʁʒ] Hals **13**
**goûter** *m* [gute] Zwischenmahlzeit; Imbiss **8**
**grâce à** [gʁɑs a] dank **29**
**grand(e)** [gʁɑ̃/in der Bindung gʁɑ̃t, gʁɑ̃d] groß **3**
**grande école** *f* [gʁɑ̃d ekɔl] Elitehochschule **28**
**grands-parents** *mPl* [gʁɑ̃paʁɑ̃] Großeltern **4**
**grave** [gʁav] schlimm **7**
**grec(que)** [gʁɛk] griechisch **15**
**Grèce** *f* [gʁɛs] Griechenland **15**
**grenier** *m* [gʁənje] Dachboden **12**
**gros(se)** [gʁo, gʁos] groß; dick **11**

# Alphabetisches Wörterverzeichnis

**guide** *m* [gid] Fremdenführer **19**
**gynécologue** *m/f* [ʒinekɔlɔg] Frauenarzt, -ärztin **13**

## H

**habiller (s')** [sabije] sich anziehen **26**
**habitant** *m* [abitɑ̃] Einwohner **16**
**habiter** [abite] wohnen **3**
**habitué** *m* [abitɥe] Stammgast **4**
**hall** *m* [ol] Halle **18**
**haut(e)** [o, ot] hoch **10**
**heure** *f* [œR] Stunde **2**
**heureusement** [øRøzmɑ̃] glücklicherweise **13**
**heureux, heureuse** [øRø, øRøz] glücklich **11**
**hier** [ijɛR/jɛR] gestern **17**
**hiver** *m* [ivɛR] Winter **20**
**hollandais(e)** [ɔlɑ̃dɛ, ɔlɑ̃dɛz] holländisch **15**
**Hollande** *f* [ɔlɑ̃d] Holland **15**
**homme** *m* [ɔm] Mann **11**
**hôpital** *m* [ɔpital] Krankenhaus **21**
**hors-d'œuvre** *m* [ɔrdœvr(ə)] Vorspeise **8**
**hôtel** *m* [otɛl] Hotel **5**
**huile** *f* [ɥil] Öl **7**
**huit** [ɥit, *vor Konsonant* ɥi] acht **2**
**hypermarché** *m* [ipɛRmaRʃe] Verbrauchermarkt **7**

## I

**ici** [isi] hier **8**
**idée** *f* [ide] Idee **5**
**il** [il] er **2**
**il faut** [ilfo] man braucht; man benötigt **7**
**image** *f* [imaʒ] Bild; Image **27**
**impeccable** [ɛ̃pɛkabl(ə)] einwandfrei **24**
**important(e)** [ɛ̃pɔRtɑ̃, ɛ̃pɔRtɑ̃t] wichtig **10**
**impression** *f* [ɛ̃pRɛsjɔ̃] Eindruck **29**
**imprimante** *f* [ɛ̃pRimɑ̃t] Drucker **24**
**imprimer** [ɛ̃pRime] drucken **24**
**incendie** *m* [ɛ̃sɑ̃di] Brand **21**
**incroyable** [ɛ̃kRwajabl] unglaublich **19**
**indéterminé(e)** [ɛ̃detɛRmine] unbestimmt; unbefristet **25**
**indiquer** [ɛ̃dike] anzeigen **19**
**indulgent(e)** [ɛ̃dylʒɑ̃, ɛ̃dylʒɑ̃t] nachsichtig **27**
**informaticien** *m* [ɛ̃fɔRmatisjɛ̃] Informatiker **24**
**information** *f* [ɛ̃fɔRmasjɔ̃] Information **30**
**informatique** *f* [ɛ̃fɔRmatik] Informatik **28**
**inondation** *f* [inɔ̃dasjɔ̃] Überschwemmung **21**
**inquiet, inquiète** [ɛ̃kjɛ, ɛ̃kjɛt] beunruhigt; besorgt **11**
**inquiéter (s')** [sɛ̃kjete] sich Sorgen machen **23**
**inscription** *f* [ɛ̃skRipsjɔ̃] Anmeldung **18**

# Alphabetisches Wörterverzeichnis

**institut** m [ɛ̃stity] Institut **28**
**intéressant(e)** [ɛ̃tɛʀɛsɑ̃, ɛ̃tɛʀɛsɑ̃t] interessant **10**
**intéressé(e)** [ɛ̃teʀese] interessiert **30**
**intérêt** m [ɛ̃teʀɛ] Interesse **28**
**intermédiaire** [ɛ̃tɛʀmedjɛʀ] mittel … **27**
**international(e)** [ɛ̃tɛʀnasjɔnal] international **29**
**Internet** m [ɛ̃tɛʀnɛt] Internet **12**
**invitation** f [ɛ̃vitasjɔ̃] Einladung **19**
**inviter** [ɛ̃vite] einladen **11**
**Italie** f [itali] Italien **22**
**italien(ne)** [italjɛ̃, italjɛn] italienisch **15**

## J

**jamais** [ʒamɛ] nie **11**
**jambe** f [ʒɑ̃b] Bein **13**
**jambon** m [ʒɑ̃bɔ̃] Schinken **4**
**janvier** m [ʒɑ̃vje] Januar **16**
**jardin** m [ʒaʀdɛ̃] Garten **12**
**jaune** [ʒon] gelb **11**
**je** [ʒ(ə)] ich **2**
**je suis désolé(e)** [ʒ(ə) sɥi desole] es tut mir leid **30**
**jeter** [ʒ(ə)te] werfen **23**
**jeu** m [ʒø] Spiel **9**
**jeu** m **de société** [ʒø də sɔsjete] Gesellschaftsspiel **9**
**jeudi** m [ʒødi] Donnerstag **15**
**jeune** [ʒœn] jung **28**
**jogging** m [dʒɔgiŋ] Jogginganzug **5**
**joindre** [ʒwɛ̃dʀ] beifügen **24**
**joli(e)** [ʒoli] hübsch **12**

**jouer** [ʒwe] spielen **5**
**joueur, joueuse** [ʒwœʀ, ʒwøz] Spieler(in) **10**
**jour** m, **journée** f [ʒuʀ, ʒuʀne] Tag **8**
**jour** m **férié** [ʒuʀfeʀje] Feiertag **17**
**journal** m [ʒuʀnal] Zeitung **9**
**journaliste** m/f [ʒuʀnalist] Journalist(in) **3**
**joyeux, joyeuse** [ʒwajø, ʒwajøz] fröhlich **19**
**juillet** m [ʒɥijɛ] Juli **16**
**juillettistes** mPl [ʒɥijɛtist] Juliurlauber **15**
**juin** m [ʒɥɛ̃] Juni **16**
**jumeau** m, **jumelle** f [ʒymo, ʒymɛl] Zwilling **18**
**jupe** f [ʒyp] Rock **26**
**juriste** m/f [ʒyʀist] Jurist(in) **28**
**jusqu'à** [ʒyska] bis; bis zu **17**
**juste** [ʒyst] nur **18**
**justement** [ʒystəmɑ̃] gerade eben **15**

## K

**karaoké** m [kaʀɔke] Karaoke **9**
**kilo** m [kilo] Kilo **7**

## L

**là** [la] da; dort **2**
**laid(e)** [lɛ, lɛd] hässlich **11**
**laisser** [lese] lassen **17**
**lait** m [lɛ] Milch **4**
**langage** m **familier** [lɑ̃gaʒ familje] Umgangssprache **20**
**langue** f [lɑ̃g] Sprache **5**

# Alphabetisches Wörterverzeichnis

**langue** f **étrangère** [lɑ̃g etrɑ̃ʒɛʀ]
Fremdsprache **28**
**légumes** mPl [legym] Gemüse **8**
**lequel, laquelle** [l(ə)kɛl, lakɛl]
welche(r, s) **27**
**lettre** f [lɛtʀ] Brief **28**
**lettre** f **de motivation** [lɛtʀə də mɔtivasjõ] Bewerbungsschreiben **28**
**lever (se)** [səl(ə)ve] aufstehen **18**
**liberté** f [libɛʀte] Freiheit **16**
**licence** f [lisɑ̃s] Hochschulabschluss nach dreijährigem Studium **28**
**ligne** f [liɲ] Linie; Zeile **24**
**limonade** f [limɔnad] Limonade **4**
**lire** [liʀ] lesen **9**
**liste** f [list] Liste **7**
**lit** m [li] Bett **18**
**livre** m [livʀ(ə)] Buch **7**
**logo** m [logo] Logo **27**
**loin** [lwɛ̃] weit (entfernt) **17**
**loisirs** mPl [lwaziʀ] Freizeit **9**
**long(ue)** [lõ, lõg] lang **11**
**longtemps** [lõtɑ̃] lange (Zeit) **12**
**louer** [lwe] mieten **12**
**lourd(e)** [luʀ, luʀd] schwer **19**
**loyer** m [lwaje] Miete **12**
**lundi** m [lɛ̃di/lœdi] Montag **13**
**luxe** m [lyks] Luxus **12**
**lycée** m [lise] Gymnasium; Oberschule **28**

## M

**ma** [ma] mein(e) **2**
**madame** f (Pl **mesdames**) [madam, mɛdam] Frau (Anrede) **3**
**mademoiselle** f (Pl **mesdemoiselles**) [madmwazɛl, mɛdmwazɛl]
Fräulein (Anrede) **3**
**magasin** m [magazɛ̃] Geschäft **5**
**magnifique** [maɲifik] großartig; herrlich **20**
**mai** m [mɛ] Mai **16**
**maigre** [mɛgʀ] mager; dünn **11**
**maillot** m **de bain** [majo də bɛ̃]
Badeanzug **26**
**main** f [mɛ̃] Hand **11**
**maintenant** [mɛ̃tnɑ̃] jetzt **2**
**mais** [mɛ] aber **2**
**maison** f [mɛzõ] Haus **2**
**maîtriser** [metrize]
beherrschen **28**
**mal** m **à la tête** [malalatɛt]
Kopfweh **13**
**malade** [malad] krank **13**
**maman** f [mamɑ̃] Mama **20**
**manger** [mɑ̃ʒe] essen **4**
**manquer** [mɑ̃ke] fehlen **23**
**manteau** m [mɑ̃to] Mantel **26**
**marchand** m**, marchande** f [maʀʃɑ̃, maʀʃɑ̃d] Händler(in) **7**
**marché** m [maʀʃe] Markt **7**
**marcher** [maʀʃe] gehen; laufen **24**
**mardi** m [maʀdi] Dienstag **15**
**marketing** m [maʀkətiŋ]
Marketing **3**
**Maroc** m [maʀɔk] Marokko **15**
**marocain(e)** [maʀɔkɛ̃, maʀɔkɛn]
marokkanisch **15**
**marque** f [maʀk] Marke **27**
**marrant(e)** [maʀɑ̃, maʀɑ̃t] lustig **4**

deux cent soixante-dix-sept 277

# Alphabetisches Wörterverzeichnis

**marron** [maʀõ] braun **11**
**mars** m [maʀs] März **16**
**mas** m [mɑ(s)] Landhaus in der Provence **12**
**master** m [mastɛʀ] Master; Diplom **28**
**match** m [matʃ] Spiel **10**
**matelas** m [matla] Matratze **19**
**matériel** m [mateʀjɛl] Material **25**
**maternelle** f [matɛʀnɛl] Vorschule **28**
**matin** m, **matinée** f [matɛ̃, matine] Morgen **10**
**mauvais(e)** [mɔvɛ, mɔvɛz] schlecht **11**
**méchant(e)** [meʃɑ̃, meʃɑ̃t] böse **11**
**médecin** m [mɛdsɛ̃] Arzt **13**
**médecin** m **de garde** [mɛdsɛ̃ də gaʀd] diensthabender Arzt; Notarzt **21**
**médecin** m **traitant** [medsɛ̃ tʀɛtɑ̃] behandelnder Arzt **13**
**médical(e)** [medikal] medizinisch **21**
**médicament** m [medikamɑ̃] Medikament **13**
**meilleur** [mɛjœʀ] besser **21**
**même** [mɛm] sogar **16**
**menu** m [məny] Menü **8**
**mer** f [mɛʀ] Meer **20**
**merci** [mɛʀsi] danke **2**
**mercredi** m [mɛʀkʀədi] Mittwoch **9**
**mère** f [mɛʀ] Mutter **4**
**meringue** f [məʀɛ̃g] Baiser **5**
**message** m [mɛsaʒ] Nachricht **23**
**météo** f [meteo] Wetterbericht **19**
**métier** m [metje] Beruf **3**

**mètre** m [mɛtʀ] Meter **12**
**mètre** m **carré** [mɛtʀ kaʀe] Quadratmeter **12**
**métropolitain** m, **métro** m [metʀɔpɔlitɛ̃, metʀo] U-Bahn **16**
**mettre** [mɛtʀ] setzen; stellen; legen **16**
**midi** m [midi] Südfrankreich; Mittag **15**
**mieux** [mjø] besser **13**
**mille** [mil] tausend **16**
**million** m [miljõ] Million **16**
**minuit** m [minɥi] Mitternacht **25**
**minute** f [minyt] Minute **6**
**moins** [mwɛ̃] weniger; minus **19**
**mois** m [mwa] Monat **28**
**moment** m [mɔmɑ̃] Moment **19**
**mon** [mõ] mein(e) **4**
**monnaie** f [mɔnɛ] Kleingeld; Wechselgeld **7**
**monsieur** m (Pl **messieurs**) [məsjø, mɛsjø] Herr (Anrede) **3**
**monter** [mõte] einsteigen; hinaufgehen **17**
**montrer** [mõtʀe] zeigen **18**
**mot** m [mo] Wort **20**
**moulin** m [mulɛ̃] Mühle **8**
**mousse** f **au chocolat** [musoʃɔkɔla] Schokoladencreme **8**
**moyen** m **de transport** [mwajɛ̃ də tʀɑ̃spɔʀ] Verkehrsmittel **16**
**moyen(ne)** [mwajɛ̃, mwajɛn] mittel(mäßig) **27**
**muscat** m [myska] Muscat (süßes Weingetränk) **11**
**musée** m [myze] Museum **9**

# Alphabetisches Wörterverzeichnis

**N**

**naître** [nɛtʀ(ə)] geboren werden **19**
**natation** *f* [natasjɔ̃] Schwimmsport **10**
**national(e)** [nasjɔnal] national **16**
**naviguer** [navige] surfen (im Internet); navigieren **24**
**navire** *m* [naviʀ] Schiff **9**
**ne… pas** [n(ə) pa] nicht **2**
**ne quittez pas !** [nə kite pa] bleiben Sie dran! (am Telefon)
**né(e)** [ne] geboren **19**
**neiger** [nɛʒe] schneien **19**
**net** *m* [nɛt] Internet **24**
**neuf** [nœf] neun **2**
**neuf, neuve** [nœf, nœv] neu **11**
**nez** *m* [ne] Nase **13**
**niveau** *m* [nivo] Niveau **28**
**Noël** *m* [nɔɛl] Weihnachten **17**
**noir(e)** [nwaʀ] schwarz **4**
**nom** *m* [nɔ̃] Name **18**
**non** [nɔ̃] nein **2**
**nord** *m* [nɔʀ] Nord(en) **23**
**normal(e)** [nɔʀmal] normal **17**
**normalement** [nɔʀmalmɑ̃] normalerweise **26**
**note** *f* [nɔt] Note **29**
**noter** [nɔte] notieren **21**
**notre** [nɔtʀ] unser(e) **9**
**nous** [nu] wir; uns **2**
**nouveau, nouvelle** [nuvo, nuvɛl] neu **11**
**nouvelles** *fPl* [nuvɛl] Neuigkeiten **20**
**novembre** *m* [nɔvɑ̃bʀ(ə)] November **16**
**nuit** *f* [nɥi] Nacht **16**
**nul** [nyl] blöd **20**
**numéro** *m* [nymeʀo] Nummer **23**

**O**

**objectif** *m* [ɔbʒɛktif] Ziel **27**
**objet** *m* [ɔbʒɛ] Gegenstand; Betreff **24**
**occupé(e)** [ɔkype] besetzt; belegt **23**
**occuper (s')** [sɔkype] sich kümmern **25**
**octobre** *m* [ɔktɔbʀ(ə)] Oktober **16**
**œil** *m* (*Pl* **yeux**) [œj, jø] Auge **13**
**œuf** *m* (*Pl* **œufs**) [œf, ø] Ei **7**
**office** *m* **de tourisme** [ɔfis də tuʀism(ə)] Fremdenverkehrsamt **15**
**officiel(le)** [ɔfisjɛl] offiziell **19**
**officiellement** [ɔfisjɛlmɑ̃] offiziell; amtlich **30**
**oignon** *m* [ɔɲɔ̃] Zwiebel **8**
**ombre** *f* [ɔ̃bʀ] Schatten **19**
**omelette** *f* [ɔmlɛt] Omelett **4**
**on** [ɔ̃] man; wir **2**
**oncle** *m* [ɔ̃kl] Onkel **4**
**onze** [ɔ̃z, *keine Bindung und keine Elision*] elf **2**
**orage** *m* [ɔʀaʒ] Gewitter **19**
**ordinateur** *m* [ɔʀdinatœʀ] Computer **15**
**ordonnance** *f* [ɔʀdɔnɑ̃s] (Arzt-)Rezept **13**
**ordre** *m* **du jour** [ɔʀdʀədyʒuʀ] Tagesordnung **25**
**oreille** *f* [ɔʀɛj] Ohr **13**
**organiser** [ɔʀganize] organisieren **23**

# Alphabetisches Wörterverzeichnis

**oser** [oze] sich trauen **27**
**ou** [u] oder **3**
**où** [u] wo **3**
**oublier** [ublije] vergessen **7**
**ouest** *m* [wɛst] West(en) **23**
**oui** [wi] ja **2**
**ouvrier** *m*, **ouvrière** *f* [uvʀije, uvʀijɛʀ] Arbeiter(in) **3**
**ouvrir** [uvʀiʀ] öffnen **7**

## P

**pain** *m* [pɛ̃] Brot **7**
**panne** *f* [pan] Panne **21**
**pantalon** *m* [pɑ̃talɔ̃] Hose **26**
**papa** *m* [papa] Papa **20**
**papiers** *mPl* [papje] Ausweis; Papiere **21**
**Pâques** *m* [pɑk] Ostern **17**
**par contre** [paʀ kɔ̃tʀ] jedoch **25**
**par exemple** *m* [paʀ egzɑ̃pl] zum Beispiel **7**
**parce que** [paʀs k(ə)] weil **19**
**parcours** *m* **scolaire** [paʀkuʀ skɔlɛʀ] Schulausbildung **28**
**parents** *mPl* [paʀɑ̃] Eltern **4**
**parfait(e)** [paʀfɛ, paʀfɛt] perfekt **7**
**parking** *m* [paʀkiŋ] Parkplatz **2**
**parler** [paʀle] sprechen **5**
**parole** *f* [paʀɔl] Wort **27**
**particulier, particulière** [paʀtikylje, paʀtikyljɛʀ] besondere(r, s) **15**
**partir** [paʀtiʀ] weggehen **15**
**partout** [paʀtu] überall **4**
**passant** *m*, **passante** *f* [pasɑ̃, pasɑ̃t] Passant(in) **17**

**passeport** *m* [paspɔʀ] Pass **21**
**passer** [pase/pase] (vorbei)schauen **7**
**pastis** *m* [pastis] Aperitif mit Anis **11**
**pâtisserie** *f* [patisʀi/pɑtisʀi] Konditorei **5**
**pause** *f* [poz] Pause **26**
**payer** [peje] (be)zahlen **7**
**pays** *m* [pei] Land **8**
**paysage** *m* [peizaʒ] Landschaft **20**
**Pays-Bas** *mPl* [peiba] Niederlande **15**
**pédiatre** *m* [pedjatʀ] Kinderarzt **13**
**peinture** *f* [pɛ̃tyʀ] Malen; Malerei **9**
**pendant** [pɑ̃dɑ̃] während **3**
**penser** [pɑ̃se] denken **9**
**pension** *f* [pɑ̃sjɔ̃] Pension **15**
**Pentecôte** *f* [pɑ̃tkot] Pfingsten **17**
**perdre (se)** [səpɛʀdʀ] sich verlaufen **18**
**père** *m* [pɛʀ] Vater **4**
**personne** *f* [pɛʀsɔn] Person **8**
**personnel** *m* [pɛʀsɔnɛl] Personal **26**
**pétanque** *f* [petɑ̃k] Boule-, Bocciaspiel **11**
**petit déjeuner** *m* [p(ə)tideʒœne] Frühstück **8**
**petit(e)** [p(ə)ti, p(ə)tit] klein **4**
**petit-fils** *m* [p(ə)tifis] Enkel **4**
**pharmacie** *f* [faʀmasi] Apotheke **13**
**phrase** *f* [fʀɑz] Satz **13**
**pièce** *f* **de théâtre** [pjɛs də teatʀ(ə)] Theaterstück **9**
**pièce** *f* **jointe** [pjɛs ʒwɛ̃t] Anlage **24**
**pied** *m* [pje] Fuß **13**
**piéton** *m* [pjetɔ̃] Fußgänger **21**

# Alphabetisches Wörterverzeichnis

**pile** f [pil] Stapel **23**
**pire** [piʁ] schlimmer; schlechter **21**
**piscine** f [pisin] Schwimmbad **20**
**plage** f [plaʒ] Strand **17**
**plaire** [plɛʁ] gefallen **27**
**plaisir** m [plɛziʁ] Vergnügen **11**
**plan** m [plɑ̃] Plan **16**
**plaque** f **d'immatriculation** [plak dim(m)atʁikylasjɔ̃] Nummernschild **21**
**plat** m [pla] Gericht **8**
**plat** m **principal** [pla pʁɛ̃sipal] Hauptgericht **8**
**plateau** m [plato] Tablett **26**
**plein(e)** [plɛ̃, plɛn] voll **16**
**pleine saison** f [plɛn sɛzɔ̃] Hochsaison **18**
**pleuvoir** [pløvwaʁ] regnen **19**
**plusieurs** [plyzjœʁ] mehrere **13**
**plutôt** [plyto] eher; lieber **19**
**poche** f [pɔʃ] (Hosen-)Tasche **21**
**poids lourd** m [pwa luʁ] Lastwagen **25**
**poire** f [pwaʁ] Birne **7**
**poisson** m [pwasɔ̃] Fisch **8**
**police** f [pɔlis] Polizei **5**
**policier** m, **policière** f [pɔlisje, pɔlisjɛʁ] Polizist(in) **3**
**pomme** f [pɔm] Apfel **7**
**pomme** f **de terre** [pɔm dətɛʁ] Kartoffel **7**
**pompiers** mPl [pɔ̃pje] Feuerwehr(leute) **21**
**pont** m [pɔ̃] Brücke **19**
**portable** m [pɔʁtabl] Handy **21**
**porte** f [pɔʁt] Tür **3**
**porter** [pɔʁte] tragen **26**
**portugais(e)** [pɔʁtygɛ, pɔʁtygɛz] portugiesisch **15**
**Portugal** m [pɔʁtygal] Portugal **15**
**poser sa candidature** [pozesa kɑ̃didatyʁ] sich bewerben **29**
**possible** [pɔsibl] möglich **21**
**poste** m **de police** [pɔst də pɔlis] Polizeiwache **21**
**pot** m [po] Topf; Glas **7**
**pour** [puʁ] für **3**
**pourboire** m [puʁbwaʁ] Trinkgeld **8**
**pourquoi** [puʁkwa] warum **9**
**pourtant** [puʁtɑ̃] dennoch; trotzdem **24**
**pouvoir** [puvwaʁ] können **9**
**préféré(e)** [pʁefeʁe] Lieblings… **9**
**préférer** [pʁefeʁe] bevorzugen **4**
**premier, première** [pʁəmje, pʁəmjɛʁ] erste(r, s) **15**
**prendre** [pʁɑ̃dʁ] nehmen **4**
**prénom** m [pʁenɔ̃] Vorname **22**
**préparer** [pʁepaʁe] vorbereiten **5**
**présentation** f [pʁezɑ̃tasjɔ̃] Präsentation **27**
**présenter** [pʁezɑ̃te] vorstellen **3**
**presque** [pʁɛsk] fast **5**
**pressing** m [pʁɛsiŋ] Reinigung **7**
**prêter** [pʁɛte] leihen **26**
**prévoir** [pʁevwaʁ] planen; vorsehen **7**
**prier** [pʁije] bitten **29**
**printemps** m [pʁɛ̃tɑ̃] Frühling **20**

# Alphabetisches Wörterverzeichnis

**prix** *m* [pʀi] Preis **15**
**problème** *m* [pʀɔblɛm] Problem **10**
**prochain(e)** [pʀɔʃɛ̃, pʀɔʃɛn] nächste(r, s) **10**
**prochainement** [pʀɔʃɛnmɑ̃] demnächst; nächstens **30**
**produit** *m* [pʀɔdɥi] Produkt **27**
**professionnel(le)** [pʀɔfɛsjɔnɛl] beruflich **28**
**profil** *m* [pʀɔfil] Profil **30**
**profiter** [pʀɔfite] genießen; profitieren **20**
**programme** *m* [pʀɔgʀam] Programm **9**
**projet** *m* [pʀɔʒɛ] Projekt **23**
**proposer** [pʀɔpoze] vorschlagen **5**
**proposition** *f* [pʀɔpozisjɔ̃] Vorschlag **27**
**propre** [pʀɔpʀ(ə)] eigen **19**
**pullover** *m*, **pull** *m* [pylɔvɛʀ, pyl] Pullover; Pulli **26**

## Q

**qu'est-ce que** [kɛskə] was **8**
**quand** [kɑ̃, *vor Vokal* kɑ̃t] wann **12**
**quarante** [kaʀɑ̃t] vierzig **3**
**quart** *m* [kaʀ] Viertel **25**
**quatorze** [katɔʀz] vierzehn **2**
**quatre** [katʀ] vier **2**
**quel(le)** [kɛl] welche(r, s); was für ein(e) **3**
**quelqu'un** [kɛlkɛ̃/kɛlkœ̃] jemand **17**
**quelque chose** [kɛlkəʃoz] etwas **4**
**question** *f* [kɛstjɔ̃] Frage **9**
**qui** [ki] wer **11**

**quiche** *f* [kiʃ] Quiche **4**
**quinze** [kɛ̃z] fünfzehn **2**
**quitter** [kite] verlassen **23**
**quoi** [kwa] was **4**

## R

**raconter** [ʀakɔ̃te] erzählen **20**
**raison** *f* [ʀɛzɔ̃] Recht **20**
**randonnée** *f* [ʀɑ̃dɔne] Wanderung **10**
**ranger** [ʀɑ̃ʒe] aufräumen **16**
**rapide** [ʀapid] schnell **26**
**rapidement** [ʀapidmɑ̃] schnell **26**
**rappeler** [ʀaple] zurückrufen **23**
**rater** [ʀate] verpassen **16**
**réception** *f* [ʀesɛpsjɔ̃] Rezeption **18**
**recevoir** [ʀəsəvwaʀ] empfangen **24**
**rechercher** [ʀ(ə)ʃɛʀʃe] suchen **28**
**recommander** [ʀ(ə)kɔmɑ̃de] empfehlen **8**
**recommencer** [ʀ(ə)kɔmɑ̃se] noch einmal beginnen **24**
**recyclage** *m* [ʀ(ə)siklaʒ] Recycling; Wiederverwertung **27**
**rédiger** [ʀediʒe] verfassen **28**
**référence** *f* [ʀefeʀɑ̃s] Referenz **29**
**regarder** [ʀ(ə)gaʀde] schauen **4**
**région** *f* [ʀeʒiɔ̃] Region **8**
**régional(e)** [ʀeʒiɔnal] regional **16**
**règle** *f* **du jeu** [ʀɛglə dy ʒø] Spielregel **10**
**remarque** *f* [ʀ(ə)maʀk] Bemerkung **27**

# Alphabetisches Wörterverzeichnis

**remplaçant** *m*, **remplaçante** *f* [ʀɑ̃plasɑ̃, ʀɑ̃plasɑ̃t] Vertretung **23**
**remplir** [ʀɑ̃pliʀ] ausfüllen **18**
**rencontrer** [ʀɑ̃kɔ̃tʀe] treffen; begegnen **2**
**rendez-vous** *m* [ʀɑ̃devu] Verabredung; Termin **25**
**rendre** [ʀɑ̃dʀ] zurückgeben **18**
**renseigner (se)** [səʀɑ̃sɛɲe] sich erkundigen **23**
**rentrer** [ʀɑ̃tʀe] zurückkehren **20**
**renverser** [ʀɑ̃vɛʀse] verschütten **4**
**repartir** [ʀ(ə)paʀtiʀ] wegfahren **21**
**repas** *m* [ʀ(ə)pɑ] Essen; Mahlzeit **8**
**répéter** [ʀepete] wiederholen **2**
**répondeur** *m* [ʀepɔ̃dœʀ] Anrufbeantworter **23**
**répondre** [ʀepɔ̃dʀ] antworten **24**
**réponse** *f* [ʀepɔ̃s] Antwort **8**
**reporter** [ʀ(ə)pɔʀte] verschieben **25**
**reposer (se)** [səʀ(ə)poze] sich ausruhen **18**
**R.E.R.** *m* (réseau express régional) [ɛʀəɛʀ] S-Bahn **16**
**réservé(e)** [ʀezɛʀve] reserviert **25**
**réserver** [ʀezɛʀve] buchen; reservieren **15**
**respectueux, respectueuse** [ʀɛspɛktyø, ʀɛspɛktyøz] respektvoll; ehrerbietig **29**
**responsable** [ʀɛspɔ̃sabl] verantwortlich **25**
**restaurant** *m*, **resto** *m* [ʀɛstɔʀɑ̃, ʀɛsto] Restaurant **5**
**reste** *m* [ʀɛst] Rest **7**
**rester** [ʀɛste] bleiben **13**
**résultat** *m* [ʀezylta] Resultat; Ergebnis **27**
**retard** *m* [ʀ(ə)taʀ] Verspätung **11**
**retenu(e)** [ʀətny] ausgesucht **29**
**retour** *m* [ʀ(ə)tuʀ] Rückkehr **20**
**retourner** [ʀ(ə)tuʀne] zurückgehen; zurückkommen **17**
**retraite** *f* [ʀ(ə)tʀɛt] Rente; Ruhestand **4**
**retrouver** [ʀ(ə)tʀuve] wiederfinden **5**
**réunion** *f* [ʀeynjɔ̃] Besprechung **23**
**réveil** *m* [ʀevɛj] Wecker **16**
**revoir** [ʀ(ə)vwaʀ] wiedersehen **27**
**rhume** *m* [ʀym] Schnupfen **13**
**rien** [ʀjɛ̃] nichts **4**
**robe** *f* [ʀɔb] Rock **26**
**romantique** [ʀɔmɑ̃tik] romantisch **9**
**rond-point** *m* [ʀɔ̃pwɛ̃] Kreisverkehr **17**
**rouge** [ʀuʒ] rot **8**
**route** *f* [ʀut] Reise; Fahrt **16**
**roux, rousse** [ʀu, ʀus] rothaarig **11**
**rue** *f* [ʀy] Straße **6**
**rugby** *m* [ʀygbi] Rugby **10**
**ruine** *f* [ʀɥin] Ruine **19**

# S

**s'il te plaît** [siltəplɛ] bitte (*bei einer Person*) **4**
**s'il vous plaît** [silvuplɛ] bitte (*bei mehreren Personen oder Höflichkeitsform*) **4**

# Alphabetisches Wörterverzeichnis

**sa** [sa] sein(e), ihr(e) **2**
**sac** *m* [sak] Tasche **5**
**salade** *f* [salad] Salat **4**
**salarié** *m* [salaʁje] Beschäftigter; Arbeitnehmer **27**
**salle** *f* [sal] Saal **9**
**salle** *f* **de bains** [saldəbɛ̃] Badezimmer **12**
**salon** *m* [salõ] Salon **7**
**salut** [saly] hallo **2**
**salutation** *f* [salytasjõ] Gruß **24**
**samedi** *m* [samdi] Samstag **15**
**sandwich** *m* [sɑ̃dwi(t)ʃ] Sandwich; belegtes Brot **4**
**sang** *m* [sɑ̃] Blut **21**
**sans** [sɑ̃] ohne **3**
**santé** *f* [sɑ̃te] prost!; Gesundheit **11**
**satisfait(e)** [satisfɛ, satisfɛt] zufrieden **29**
**saucisson** *m* [sosisõ] Wurst; Salami **8**
**sauvegarder** [sovgaʁde] speichern **24**
**savoir** [savwaʁ] können; wissen **10**
**scolaire** [skɔlɛʁ] schulisch **28**
**séance** *f* [seɑ̃s] Sitzung **9**
**secrétaire** *m/f* [s(ə)kʁetɛʁ] Sekretär(in) **3**
**sécurité** *f* **sociale** [sekyʁite sɔsjal] Sozialversicherung **13**
**seize** [sɛz] sechzehn **2**
**séjour** *m* [seʒuʁ] Aufenthalt **15**
**semaine** *f* [s(ə)mɛn] Woche **3**
**sept** [sɛt] sieben **2**
**septembre** *m* [sɛptɑ̃bʁ] September **16**

**serveur** *m*, **serveuse** *f* [sɛʁvœʁ, sɛʁvøz] Kellner(in) **4**
**service** *m* [sɛʁvis] Bedienung **8**
**seul(e)** [sœl] allein **26**
**seulement** [sœlmɑ̃] nur **26**
**shopping** *m* [ʃɔpiŋ] Einkaufen; Shopping **5**
**si** [si] wenn; falls **2**
**siffler** [sifle] pfeifen **10**
**signature** *f* [siɲatyʁ] Unterschrift **29**
**signer** [siɲe] unterschreiben **20**
**simple** [sɛ̃pl] einfach **10**
**simplement** [sɛ̃pləmɑ̃] einfach **15**
**sincère** [sɛ̃sɛʁ] aufrichtig; ehrlich **24**
**site** *m* **Internet** [sit ɛ̃tɛʁnɛt] Internetseite **24**
**six** [sis] sechs **2**
**snowboard** *m* [snobɔʁd] Snowboard **20**
**social(e)** [sɔsjal] sozial **13**
**société** *f* [sɔsjete] Gesellschaft **9**
**sœur** *f* [sœʁ] Schwester **4**
**soir** *m*, **soirée** *f* [swaʁ, swaʁe] Abend **7**
**soixante** [swasɑ̃t] sechzig **3**
**soleil** *m* [sɔlɛj] Sonne **15**
**solution** *f* [sɔlysjo] Lösung **30**
**sommeil** *m* [sɔmɛj] Schlaf **19**
**sommelier** *m* [sɔməlje] Weinkellner **8**
**son** [sõ] sein(e), ihr(e) **3**
**sonner** [sɔne] klingeln **16**
**sortir** [sɔʁtiʁ] ausgehen **11**
**sous** [su] unter **23**

# Alphabetisches Wörterverzeichnis

**souvenir (se)** [səsuvniʀ] sich erinnern **19**
**souvent** [suvɑ̃] oft **8**
**spaghettis** *mPl* [spageti] Spaghetti **4**
**spectacle** *m* [spɛktakl] Vorstellung **9**
**spontané(e)** [spõtane] spontan **15**
**sport** *m* [spɔʀ] Sport **4**
**sportif, sportive** [spɔʀtif, spɔʀtiv] sportlich **12**
**stage** *m* [staʒ] Praktikum **28**
**stagiaire** *m/f* [staʒjɛʀ] Praktikant(in) **28**
**sucre** *m* [sykʀ] Zucker **5**
**sud** *m* [syd] Süd(en) **4**
**Suède** *f* [sɥɛd] Schweden **19**
**suffire** [syfiʀ] genügen **28**
**suivre** [sɥivʀ] folgen **18**
**super** [sypɛʀ] super **5**
**supérieur** *m* [sypeʀjœʀ] Vorgesetzter **29**
**supermarché** *m* [sypɛʀmaʀʃe] Supermarkt **5**
**sur** [syʀ] auf **10**
**sûr(e)** [syʀ] sicher **26**
**sûrement** [syʀmɑ̃] sicherlich **26**
**surpris(e)** [syʀpʀi, syʀpʀiz] überrascht **5**
**surprise** *f* [syʀpʀiz] Überraschung **18**
**surtout** [syʀtu] besonders **16**
**sympa** [sɛ̃pa] sympathisch **11**
**système** *m* [sistɛm] System **28**

## T

**ta** [ta] dein(e) **2**
**tabac** *m* [taba] Tabak **4**
**table** *f* [tabl] Tisch **8**
**tableau** *m* [tablo] Tabelle **27**
**tache** *f* [taʃ] Fleck **4**
**taille** *f* [taj/tɑj] Größe **26**
**tant pis** [tɑ̃pi] da kann man nichts machen; schade **11**
**tante** *f* [tɑ̃t] Tante **4**
**tard** [taʀ] spät **16**
**tartiflette** *f* [taʀtiflɛt] Ofengericht mit Kartoffeln, Zwiebeln und Käse **8**
**taxi** *m* [taksi] Taxi **16**
**te** [t(ə)] dich; dir **2**
**technicien** *m*, **technicienne** *f* [tɛknisjɛ̃, tɛknisjɛn] Techniker(in) **3**
**technologie** *f* [tɛknɔlɔʒi] Technologie **28**
**télécarte** *f* [telekaʀt] Telefonkarte **23**
**télécharger** [teleʃaʀʒe] herunterladen; downloaden **24**
**téléphoner** [telefɔne] telefonieren; anrufen **14**
**témoin** *m* [temwɛ̃] Zeuge **21**
**temps** *m* [tɑ̃] Zeit **7**
**tennis** *m* [tenis] Tennis **6**
**tenue** *f* **de soirée** [t(ə)ny də swaʀe] Abendgarderobe **26**
**terroir** *m* [tɛʀwaʀ] Region **27**
**tête** *f* [tɛt] Kopf **13**
**thé** *m* [te] Tee **4**
**théâtre** *m* [teɑtʀ] Theater **9**
**thermomètre** *m* [tɛʀmomɛtʀ] Thermometer **19**
**tiens !** [tjɛ̃] hier! **19**
**titre** *m* [titʀ] Titel **24**

# Alphabetisches Wörterverzeichnis

**toast** m [tost] Toast **4**
**tomber en panne** [tõbe ã pan] eine Panne haben **21**
**ton** [tõ] dein(e) **9**
**tôt** [to] früh **13**
**toujours** [tuʒuʀ] immer **3**
**tourisme** m [tuʀism(ə)] Tourismus **15**
**touriste** m/f [tuʀist] Tourist(in) **17**
**tourner** [tuʀne] abbiegen **17**
**tournoi** m [tuʀnwa] Turnier **10**
**Toussaint** f [tusɛ̃] Allerheiligen **17**
**tout à coup** [tut a ku] plötzlich **21**
**tout de suite** [tu d sɥit] sofort **4**
**tout droit** [tu dʀwa] geradeaus **17**
**tout le monde** [tu lə mõd] alle **11**
**train** m [tʀɛ̃] Zug **2**
**traitement** m [tʀɛtmã] Behandlung; Aufbereitung **27**
**traiter** [tʀete] verwerten **27**
**tram** m [tʀam] Straßenbahn **16**
**transporter** [tʀãspɔʀte] transportieren **21**
**transports** mPl [tʀãspɔʀ] Verkehrsmittel **16**
**travail** m [tʀavaj] Arbeit **3**
**travailler** [tʀavaje] arbeiten **3**
**traverser** [tʀavɛʀse] überqueren **17**
**treize** [tʀɛz] dreizehn **2**
**trente** [tʀãt] dreißig **3**
**très** [tʀɛ] sehr **14**
**triste** [tʀist] traurig **11**
**trois** [tʀwa] drei **2**
**tromper (se)** [sətʀõpe] sich vertun; sich irren **17**

**trop** [tʀo] zu **10**
**trousse** f **de toilette** [tʀus də twalɛt] Kulturbeutel **16**
**trouver** [tʀuve] finden **5**
**t-shirt** m [tiʃœʀt] T-Shirt **5**
**tu** [ty] du **2**
**tunnel** m [tynɛl] Tunnel **6**
**tutoyer** [tytwaje] duzen **17**
**typique** [tipik] typisch **8**

## U

**un peu** [œ̃pø] ein bisschen **5**
**un, une** [ɛ̃/œ̃, yn] ein(e) **2**
**universitaire** [ynivɛʀsitɛʀ] Universitäts… **28**
**université** f [ynivɛʀsite] Universität; Hochschule **28**
**urgence** f [yʀʒãs] Notfall **21**
**urgent(e)** [yʀʒã, yʀʒãt] dringend **23**

## V

**vacances** fPl [vakãs] Ferien; Urlaub **4**
**valise** f [valiz] Koffer **16**
**vélo** m [velo] Fahrrad **10**
**vendeur** m**, vendeuse** f [vãdœʀ, vãdøz] Verkäufer(in) **7**
**vendredi** m [vãdʀədi] Freitag **15**
**venir** [v(ə)niʀ] kommen **9**
**ventre** m [vãtʀ] Bauch **13**
**vérifier** [veʀifje] überprüfen **29**
**verre** m [vɛʀ] Glas **5**
**vers** [vɛʀ] in der Nähe von; in Richtung **18**
**vert(e)** [vɛʀ, vɛʀt] grün **11**
**veste** f [vɛst] Jacke **11**

# Alphabetisches Wörterverzeichnis

**vêtement** *m* [vɛtmã] Kleidungsstück **5**
**via** [vja] über; via **24**
**viande** *f* [vjɑ̃d] Fleisch **7**
**victime** *f* [viktim] Opfer **21**
**vidéo-projecteur** *m* [videopʀɔʒɛktœʀ] Beamer **25**
**vie** *f* [vi] Leben **29**
**vie** *f* **active** [vi aktiv] Berufsleben **29**
**vieux, vielle** [vjø, vjɛj] alt **3**
**ville** *f* [vil] Stadt **5**
**vin** *m* [vɛ̃] Wein **8**
**vingt** [vɛ̃, *vor Vokalen und stummem h und in den Zahlen 22 bis 29* vɛ̃t] zwanzig **2**
**visite** *f* [vizit] Besuch **19**
**visite** *f* **guidée** [vizit gide] Führung **19**
**visiter** [vizite] besuchen **15**
**vite** [vit] schnell **16**
**vitesse** *f* [vitɛs] Geschwindigkeit **16**
**vivre** [vivʀ(ə)] leben **16**
**voici** [vwasi] hier ist/sind **3**
**voilà** [vwala] hier ist/sind; hier kommt/kommen **4**
**voir** [vwaʀ] sehen **9**
**voisin** *m*, **voisine** *f* [vwazɛ̃, vwazin] Nachbar(in) **21**
**voiture** *f* [vwatyʀ] Auto **2**
**voix** *f* [vwa/vwɑ] Stimme **20**
**vol** *m* [vɔl] Flug **16**
**voler** [vɔle] stehlen **21**
**volley** *m* [vɔlɛ] Volleyball **10**
**volontiers** [vɔlõtje] gerne **9**
**votre** [vɔtʀ] euer/Ihr, eure/Ihre **9**
**vouloir** [vulwaʀ] wollen **5**
**vous** [vu] ihr, sie **2**
**voyage** *m* [vwajaʒ] Reise **2**
**voyage** *m* **d'affaires** [vwajaʒ dafɛʀ] Geschäftsreise **23**
**vrai(e)** [vʀɛ] wahr **2**
**vraiment** [vʀɛmã] wirklich **15**
**vue** *f* [vy] Aussicht **20**

## W

**WC** *mPl* [vese] WC **12**
**week-end** *m* [wikɛnd] Wochenende **5**

## Z

**zéro** [zeʀo] null **2**
**zut** [zyt] verflixt! **4**

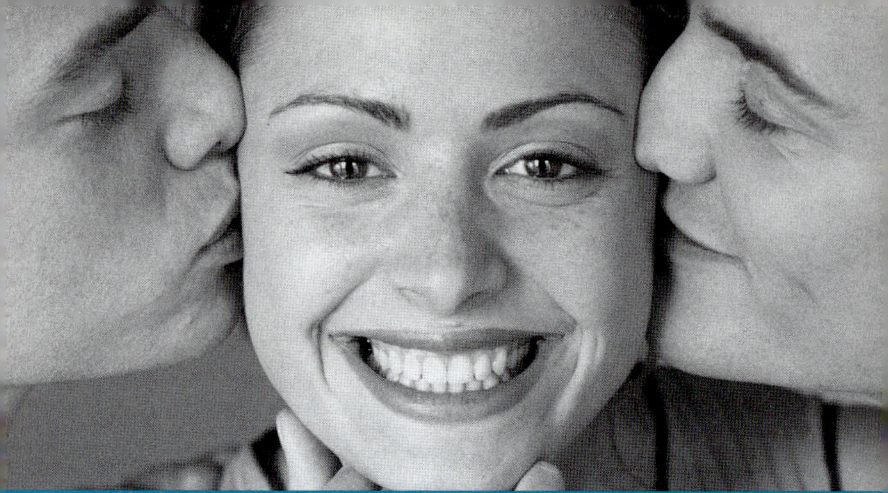

# Sprachen verbinden

Langenscheidt Taschenwörterbücher

**Die millionenfach bewährten Standardwörterbücher für Schule, Alltag und Beruf:**

- bis zu 130.000 Stichwörter und Wendungen
- aktueller Wortschatz mit zahlreichen Anwendungsbeispielen
- Info-Fenster zu Wortschatz, Grammatik und Landeskunde für Englisch, Französisch, Italienisch und Spanisch
- kompakt und übersichtlich

Langenscheidt Taschenwörterbücher gibt es für fast 20 Sprachen.

www.langenscheidt.de